한국의 **국가건설** 단계와 **자유민주주의**의 진로

〈개정증보판〉

[Revised and Expanded Edition]

The Korean Nation-building Stages and the Future of Liberal Democracy

HAHN, BAE HO

ORUEM Publishing House

Seoul, Korea

2022

개정
증보판

한국의
국가건설 단계와
자유민주주의의
진로

한배호 지음

  저자는 이승만 정부에서 시작하여 오늘의 윤석열 정부까지 역대 정부 하에서 살아본 경험이 있다. 권위주의 정권하에서 40년, 민주화 이후 오늘까지 30여 년을 살아오면서 한국정치의 밝은 면과 어두운 면, 기쁜 면과 슬픈 면을 모두 경험한 셈이다.

  근래에 와서, 저자는 지난 70여 년을 되돌아보면서, 내외적으로 어려웠던 상황에서 한국을 당당한 독립국가로, 그리고 세계가 주목하는 경제 강국으로 만드는 데 큰 역할을 한 지도자들과 한국 국민의 업적을 높이 평가하고 그런 국가의 일원임을 자랑스럽게 여기고 있다.

  지난 70여 년은 한국이 새롭게 태어나 근대국가를 건설하는 과정이었다. 일본의 식민지배로 한국은 일시 죽었다가 다시 소생한 국가이기 때문이다. 1948년 독립 후부터 헌법이 "대한민국은 자유민주공화국이다"라고 국호를 선포한 후, 새로운 나라를 건설하는 국가건설nation-building의 단계를 계속 진행해 오고 있다.

  이 책은 한국이 지금까지 지내온 국가건설 단계를 설정하고, 역대 정부가 이룩한 국가건설의 과업을 이해해 보고자 저술한 『한국의 국가건설 단계와 자유민주주의의 진로』의 개정증보판이다. 이번에 개정작업을 하면서 4장을 부분적으로 보완하고 8장을 새롭게 썼다. 특히 마지막 장에서 한국의 지역주의 정치문화, 문재인 정권의 실패 원인, 민주정치와 정의를 회복하기 위한 과제를 다루었다. 한국의 정부나 국민이 과거에 잘한 것이나 못한 것을 깊이 성찰하고, 앞으로 남은 국가건설의 단계들을 성공적으로 달성할 수 있게 되기를 진심으로 바란다.

오랫동안 대학에서 정치학 교수로 있다 보니, 한국정치를 평지보다 조금 높은 곳에서 관망할 수 있는 안목을 갖게 되었다. 변화무쌍한 현실정치의 소용돌이를 넘어서 보다 넓게, 그리고 보다 길게 미래를 바라보게 되었다. 그동안의 우리 역사는 어둡기만 한 것은 아니었다. 오히려 크게 성장한 나라이다. 그래서 미래에 대해 비관하지 않는다. 낙관적이다. 잠시 질서가 무너지고 정의도 해이해졌지만 대한민국의 기반은 약하지 않다. 오늘의 기성세대가 나머지 국가건설 단계인 정치참여와 민주화를 완성하고 정의로운 분배의 단계에 이르도록 노력하면, 우리의 후세에게 자유와 정의가 넘치는 민주국가를 물려줄 수 있을 것이라 믿는다.

어려운 여건 속에서도 나의 책을 여러 권 출판해준 오름의 부성옥 대표에게 고마움을 전한다.

나의 오늘이 있게 한 아내 고㩌 박동숙과 평생 잊지 못할 도움을 준 동료이고 멘토인 고㩌 글렌 D. 페이지 교수, 일찍이 기독교의 진수를 가르쳐주시어 삶의 의미를 찾게 해주신 김형석 교수님에게 이 책을 드립니다.

2022년 5월
한배호

차 례

3. 정치의 본질은 가치의 권위적인 분배

4. 민주주의를 침식한 권위주의 정권

1장

역대 정권이 이룩한 국가건설의 성과

구미 사회과학계에서 발전development이라는 용어가 한때 선풍을 일으킨 것은 1950~60년대이다. 그것을 시작하고 주도한 것은 경제학이었다. 구미 경제학계의 거물급 학자들이 속속 내놓은 저서들이 세계의 경제학과 사회과학 분야에 영향을 미쳤다. 경제학의 발전론은 후진국이 성장하기 위해 거쳐야 할 단계를 논했고 경제성장의 도약take-off을 위한 조건들을 논했다. 경제학에서 자극을 받은 다른 사회과학 분야도 발전론 논의에 가담하였다. 사회학이 사회발전론을, 교육학이 교육발전론을 그리고 정치학도 정치발전론을 논하게 되었다.

정치학도 제3세계라고 부른 신생국가들을 연구대상으로 하였고, 신생국가들 사이의 공통점과 차이점을 논하는 데는 다양한 정치체제를 연구하는 '비교정치학'이 주도적인 역할을 맡았다. 구미 정치학자들의 공동연구를 집대성한 여섯 권의 정치발전론이 출간되기도 했다. 여섯 권 중마지막에 나온 책은 국가건설nation-building에 대한 역사적 고찰을 담은 것인데, 주목을 끄는 점은 신생국의 정치발전을 유럽의 국가건설의 역사와 유사하게 다루고 있는 사실이다. 과거 유럽국가가 겪은 경험과 단계에 비추어 보아 2차 세계대전 후 독립을 획득하여 새롭게 국가를 건설하는 신생국가들이 겪는 과정이 유사하다는 것이다.

한국의 국가발전 또는 건설 과정이나 단계를 논하는 데 참고가 되는 연구 결과이다. 신생국들은 국가마다 처한 위치나 상황이 다르고 문화와 역사가 다르다. 그러면서도 신생국가는 모두 근대국가로 발전하려는 몸부림을 해오고 있다. 그 과정에서 성공하는 경우도 있고 실패하는 경우도 있다. 그런 국가건설 과정을 공통적으로 겪은 나라들도 있다. 그런 과정을 국가건설 과정으로 부를 수 있다.

한국은 1945년 일본식민지배로부터 해방되었으나 남북으로 분단되었다. 유구한 역사를 지닌 단일민족이지만 독립을 잃은 후 신생국으로 다시 태어난 것이다. 과거 '조선'으로 불리던 정치공동체는 양분되면서 70년이 지난 오늘까지도 한반도는 두 개의 국가가 다른 유형의 정치체제와 지배양식을 지닌 채 서로 다른 방향과 내용의 국가건설 과정과 단계를 밟고 있다.

국가nation-state 라는 정치적 실체entity 가 유럽에서 형성되기 시작한 시점을 베스트팔렌체제1648 후로 보는 것이 일반적인 견해이다. 그 체제는 200년 후인 비엔나 회의1815 까지 유럽에 평화를 가져왔다. 그런 과정에서 태어난 국가는 대외적으로 주권을 행사하고 내적으로 질서를 확립하면서 국가로서의 통일체로 발전하게 된다. 처음에는 군주국가로서, 그리고 점차로 입헌군주국가로, 그리고 민주국가로 점진적인 발전을 해왔다. 유럽의 국가들이 오늘과 같은 현대국가가 되기까지 수백 년이 걸린 셈이다. 그동안 유럽의 국가들도 많은 혁명과 전쟁과 재난을 겪었고 수많은 인명이 희생되었다.

다른 유럽국가에 비해 뒤늦게 통일국가를 이룬 것은 독일이다. 1871

년 프러시아의 비스마르크에 의해 통일된 제국이 되었다. 독일제국은 유럽대륙 안에서 세력을 확장하는 과정에서 1917년 1차 세계대전을 일으켜 유럽대륙을 초토화하였다. 그리고 '가장 좋은 헌법'을 가진 나라였던 바이마르 공화국이 잠시 민주주의를 실시하였으나 히틀러에 의해 전복되었다. 폭력과 테러와 선동으로 정권을 장악한 히틀러는 폴란드와 러시아를 침공하여 2차 세계대전을 일으켰다.

아시아에서 일본은 일찍이 근대적인 국가를 수립한 유일한 나라이다. 1868년 '메이지이신明治維新'이라 불리는, 하급무사武士들이 주축이 되어 일으킨 혁명으로 12세기부터 600년 가까이 지속해 온 장군 중심의 봉건체제를 타파하고, 그동안 실권 없는 형식적인 제도로 남아 있던 천황제를 부활시켜 전제專制주의적인 제국을 수립하였다. 다이쇼 천황 시절에는 짧은 기간 민주주의를 실시하기도 했지만 군부에 의해 좌절되었다. 뒤를 이어 군국주의 국가가 된 일본은 조선을 포함해서 여러 나라를 무력으로 침략하여 식민지로 만들었다.

전후 독일과 일본의 국가건설의 교훈

한때 세상에서 가장 잔악하여 전 세계 국민의 저주를 받았던 나라들을 든다면 구소련, 나치독일, 제국주의 일본을 꼽는다. 구소련은 스탈린이 통치하는 동안 대규모 학살의 연속이었다. 수천만 명을 희생하면서 유지한 전체全體주의 정권이었다. 나치독일 역시 역사상 유례없는 잔인한 정권이었다. 인접 국가들을 침략하고 그 나라 국민들을 학살했으며 정확히 집계는 되지 않지만 600만 이상의 유대인을 생체 실험하여 가혹하게 살해한 최악의 정권이었다. 중국도 국공전쟁 중과 그 후 공산정권이 수립되고 마오쩌둥이 '약진운동'과 '문화혁명'을 강행하였을 때 수천만 명이 죽거나 고통을 당했다.

제국주의 국가 일본이 아시아에서 범한 죄악은 아무리 논해도 끝이 없다. 서양 언론이 '일본제국은 조선인에게 세계에서 가장 잔인한 식민지배'를 하고 있다고 혹평할 정도였다. 독립을 원하던 국민을 총칼로 처참하게 죽였다. 청년들을 강제로 만주로, 중국으로, 남태평양으로 보내 일본군의 총알받이가 되도록 했다. 식민지배하는 동안 무자비한 수탈로 더이상 생계를 유지할 수 없었던 가난한 농민들을 만주로 쫓아냈다. 일본 내에서도 신격화한 일본천황에게 충성을 바친다는 구실로 일본에 유학하던 조선인을 강제로 전쟁터에 끌고 가서 희생시켰고 역사상 처음으로 원자폭탄을 맞아 두 도시를 폐허로 만들고 수십만의 인명을 앗아가게 했다.

2차 세계대전 후, 구소련, 중공, 독일, 그리고 일본, 네 나라 가운데 자유민주주의 이념을 택하고 개방된 시장경제로 세계 강국의 반열에 오른 나라는 독일과 일본뿐이다. 두 나라가 택한 자유민주주의의 기본적인 가치는 자유, 인권, 그리고 법치주의이다. 가장 악독하고 전 세계의 저주를 받았던 두 나라가 전후 '새로운 국가'로 다시 태어났다.

독일과 일본에 대한 이런 평가에 이의를 제기할 수도 있을 것이다. 요점은 한 나라가 어떤 가치를 추구하고 어떤 내용의 정치이념을 바탕으로 새롭게 국가와 정권을 건설하느냐에 따라 전혀 다른 나라로 바뀔 수 있다는 것이다. 마르크스주의와 관계없이 모든 폭력적인 수단을 동원하여 전체주의체제라는 괴물을 만들었던 스탈린의 구소련은 1980년대 말 붕괴하였다. 중국은 소련 붕괴의 전철을 피하려고 개방적 경제정책으로 '중국식 사회주의'라는 모순개념을 가지고 경제성장을 이룩하였으나 그 정책의 성과는 한계에 부닥치고 있는 것으로 보이며 점차 확대되는 자유화의 요구를 폭력으로 억압하고 있다. 정권에 반대하는 세력을 더 강력한 전체주의적인 통제로 대응하려 하고 있다.

전후 독일과 일본이 겪은 국가재건의 경험과 과정을 살펴보면 오늘의 한국에게 시사해 주는 바가 많다. 독일은 분단국가였지만 민주국가로서 과거와의 단절을 위한 노력으로 국가정체성을 새롭게 확립하였고, 자유민주주의와 복지를 강조한 시장경제와 건전한 정당정치의 기반 위에 민주적인 복지국가로 재건하는 데 성공하였다. 그것을 바탕으로 독일은 1990년대 초 동·서독이 통일국가가 되었다. 민주적인 독일은 나치 정권이 범한 죄악에 대한 속죄의 의미로 유럽국가 중에서 저개발국에 대한 경제지원을 가장 많이 한 나라가 되었다. 인권 문제에 대해서도 가장 적극적인 관심을 보여왔다. 죄를 뉘우치며 희생자들을 위한 보상과 사업을 했다.

오늘의 일본도 독일과 같은 과정을 밟았다. 제국주의 국가 일본의 패망으로, 비록 미국에 의해 '강요Imposed'된 민주주의였지만, 전후 일본은 자유민주주의를 정치이념으로 수용하고, 그것을 새로운 국가정체성 확립의 바탕으로 삼았다. 천황이 정치에 개입할 수 없도록 하고 이름뿐인 '국가통일의 상징'으로 존속시켜 국민통합의 수단으로 활용하였다. 정치적 자유를 확대하여 공산당과 사회주의 정당의 결성과 활동을 공인하였다. 시장경제를 채택하여 전 세계를 대상으로 무역활동을 전개하여 경제대국이 되었고, 좌파정당들의 정치참여를 허용하면서도 자유선거에 의한 민주정권을 유지해 오고 있다. 그러나 독일과는 대조적으로 일본은 군국주의의 만행으로 희생된 자들에 대한 연민compassion이나 사죄에 매우 소극적이고 인색하다는 비판을 받아왔다.

국가건설의 의미와 단계

전후 독일과 일본이 오늘처럼 강대국이 되기까지는 긴 시간이 걸렸다. 두 나라도 역사적으로 여러 가지 우여곡절을 겪었고 오늘에 이르기까지 적어도 100년 이상의 시간이 걸렸으며 긴 시간을 지내면서 국가건설을 단계적으로 완성해 왔다고 하겠다. 독일과 일본의 경우, 그 기간은 각각 1868년(일본)과 1871년(독일)부터 계산해도 120~130년이 걸렸다고 할 수 있다. 그런 국가건설의 역사적 과정을 거쳐 독일과 일본은 오늘날 '완성된'국가로서 경제와 군사·정치적으로 세계의 경제와 정치에 영향을 미치는 강대국이 되었다.

그런 역사적 시각에서 보면 1948년에 대한민국으로 새로 태어난 한국의 국가건설의 역사는 해방 후부터 따져도 70년 정도이다. 한말에 일본제국주의에 의해 강점된 후 소멸되었던 조선은 1948년 일제 식민지배로부터 해방되면서 대한민국이라는 국호로 다시 독립국가로 태어난 것이다.

국가를, 주권을 갖고 국민을 가지며 국토를 가진 정치적 실체로 본다면, 한국이 국가로 존재하려면 그런 조건을 갖추어야 했다. 그런데 한국은 남북분단으로 국토는 반쪽으로 갈라졌다. 국민도 남북으로 갈라졌다. 그리고 북쪽에는 이념이 다른 정치체제가 수립되었다. 식민지배를 받았어도 유럽 국가가 아닌 아시아 국가인 일본의 식민지였다는 이유로 자동적으로 독립국가가 될 수 없었다.

한반도를 점령한 미·소 간의 대립으로 분단된 한국만이 겪은 독특한 상황이었다. 그래서 일본제국주의로부터 해방된 조선은 전승국인 미·소에 의해 '전 일본식민지'라는 법적 지위만을 받을 수 있었다. 미국과 소련이 대립하자 아시아의 신생국에서는 볼 수 없었던 한국만이 겪어야 했던 특수한 상황이었다.

한국이 독립국가로서 존재하려면 주권, 국토, 그리고 국민을 확보하여 국제사회로부터 독립국가로 인정을 받아야만 했다. 가장 시급한 것이 정부의 수립이었다. 3년 동안 남한에서 미국이 펴온 군정기간(1945~48)을 종식하고 세계(구체적으로 국제연합)로부터 국가로서 승인을 받는 일이 있다. 그리하여 1948년 총선總選을 통해 제헌국회를 형성하여 헌법을 제정하였고 대통령을 선출하여 독립국가로서의 자격을 갖추기 위한 작업을 완수하였다.

신생국의 정치발전론과 유럽의 국가건설의 역사를 연구한 정치학자들이 새롭게 시작하는 신생국가들의 경험을 유럽의 여러 나라들이 겪은 경우와 비교 연구한 결과는 모든 국가가 겪는 국가건설Nation-Building 과정이 다음과 같은 단계를 거쳐 왔다는 사실을 주목하게 되었다. 그 점은 한국도 예외는 아니다. 지금 되돌아볼 때 대한민국도 새롭게 건설하는 국가들이 겪는 단계와 과정을 밟으면서 하나의 근대국가로서 성장해왔으며 앞으로도 독일이나 일본이 보여준 강력하고 완성된 국가를 참고로 성장해 가야 할 것이다. 국가건설의 단계를 다음과 같이 구분하게 된다.

(1) 국가정체성 확립
(2) 국가통합 달성
(3) 정치참여 확대
(4) 분배와 복지

그런데 한국의 국가건설 단계에는 별도로 다섯 번째로 통일의 단계를 추가해야 할 것이다. 5단계 국가건설 단계설을 주장하게 된다. 그런데 강조해야 할 점은 다섯 단계는 경험적으로나 이론적으로 볼 때 어느 한 단계도 가볍게 뛰어넘을 수 있는 것이 아니다. 한 단계에서 다음 단계로 점프해서 가는 것이 아니라 순서대로 진행되는 것으로 보아야 한다. 단계들을 뛰어넘을 수 없다는 것이다.

그러나 한 단계에서 다음 단계로 넘어가는 데 소요되는 시간은 나라마다 다를 수 있다. 빠른 시간에 갈 수도 있고 늦게 갈 수도 있다. 대부분이 영·미나 유럽의 선진국은 네 개의 단계를 달성하는 데 장기간의 시간이 걸렸다. 그런데 현대사회과학계는 '시간의 단축 또는 시간의 접기collapse of time'라는 표현을 쓰고 있다. 과학의 발달속도를 비롯해서 모든 사회변화의 속도가 과거보다 빠르기 때문에 오늘 개발도상국의 발전 속도도 과거의 선진국들보다 빠를 수 있다는 것이다.

국가건설을 단계적으로 다루는 한편 국가건설을 주도할 이념이나 정신 같은 가치관도 생각해 볼 수 있다. 가령 국가정체성의 내용으로 어떤 이념이나 정신적 기반을 택하느냐 하는 것이다. 한국은 이승만 정권하에 그것을 '반공주의'와 자유민주주의로 시작하였다. 유럽 선진민주국가들의 경험에 비추어본다면 민주정치질서가 확립된 후인 20세기 중반에 와서 주로 '분배적 정의'를 현실화할 수 있었다. 정치적 질서의 확립과 분배 단계가 동시에 실현되는 것은 아니라는 것이다. 그러나 정의의 의미를 분배적인 정의에 국한시킬 필요는 없다. 흔히 상식적으로 쓰는 응징과 보복의 의미도 있고 공정fairness의 의미도 있다. 그런 의미의 정의는 주로 법질서의 확립을 의미하는 것이다. 어떤 의미이든 정의가 실현되기 위해서는 먼저 정치질서가 확립되어야 한다는 데는 의문이 여지가 없다.

1948년 대한민국 정부가 수립된 후 한국은 70년이 지나는 동안 독립국가로서 새로운 국가를 건설하는 과정을 밟아왔다. 국가건설 과정에서 역대 정권과 정부는 주어진 역할과 사명을 수행해 왔다. 잘했는지 혹은 못했는지는 간단히 판가름하거나 평하기 어렵다. 앞으로 역사가 객관적으로 평가하는 날이 올 것이다. 그러나 국가건설의 네 단계를 가지고 잠정적이지만 역대 정권에 대한 평가를 시도할 수는 있다.

이승만이 세운 나라의 기틀과 국가정체성

대한민국이 1948년 수립되기 전후 한국의 최대 과제는 국가정체성national identity의 문제와 국민 사이의 정치적 주체성의 문제였다. 남북분단이 한국인을 둘로 갈라놓았고 그 후 김일성의 남침으로 같은 동족을 화해하기 어려운 적대관계로 대립하게 만들었다. 남북한은 군비강화로 막강한 군사력을 갖추게 되면서 전쟁의 위협이 항상 국민을 불안 속에서 살게 했다.

국제정치에서 공산주의와 민주주의 국가들의 긴장과 대립이 격화되면서 한국이 취해야 할 선택도 문제가 되었다. 이런 문제들은 한국의 지도층이나 일반국민이 같이 고민했던 "우리 국가는 지금 어디에 와 있으며, 어느 방향으로 가야 하느냐"와 나는 어느 국가의 국민이냐, 남북한 어느 쪽에 속해야 하느냐의 '정체성' 문제들이었다.

단독정부로 대한민국이 수립된 2년 후 김일성의 남침으로 한국전쟁이 발발하였다. 수백만의 이산가족이 생겨났고 동족을 서로 죽이는 잔인한 학살 행위가 벌어졌다. 일제 식민지배에서 벗어나면 찬란한 미래가 올 것으로 기대하였던 국민은"우리는 과연 누구냐?"라고 자문할 정도로 혼란에 빠져 있었다. 바로 국가와 개개인의 정체성의 위기였다. 한국전쟁은 한국 국민이 남한의 정부를 지지하고 그것과 자신을 일체화함으로써 국가나 개인이 정체성을 갖는 데 중요한 계기가 되기도 했다.

그 결과 한국 국민의 절대다수가 '반공통일'이라는 구호 아래 뭉치게 되었다. 대외적으로 공산권의 국가들에 대해 적대적인 관계를 갖는 한편 미국을 최대 우방으로 여기는 이승만 정부의 친미정책을 지지하게 되었다. 이런 정치적 성향과 주장으로 매우 낮은 수준의 것이었지만 남한의 국민 사이에 국가적 주체성과 일체감이 조성되었다.

그런 관점에서 이승만 정부의 공과를 평한다면 이승만이 정부수립에 있어서 결정적인 역할을 했던 점, 일관성 있게 '반공주의'를 내세워 지지층을 결집시킨 점, 남한 내의 공산주의자들의 무력을 수반한 폭동과 반대에도 불구하고 유엔을 설득하여 남한만이라도 단독정부를 수립한 것, 동서진영으로 갈라진 세계의 국제질서에 명철하고 원대한 안목으로 소련과 동구권을 배척하고 일관되게 서방국가들과 같은 대열에 서서 한국의 대외관계와 안보확보에 크게 기여한 점이다. 좌우를 막론하고 한국의 국민이나 정치인 중 이런 사실을 이승만 정권에 대한 편견이라고 보는 사람은 없을 것이다.

한국의 국가건설 단계라는 시각에서 볼 때 최초로 가장 중요한 시기에 국가정체성 문제를 해결해 준 이승만 대통령의 공적을 빼거나 과소평가할 수 없다. 상하이임시정부는 일제가 조선을 지배하는 동안 해외에서 조선민족의 독립을 위한 활동을 지속하면서 비록 상징적이었지만 조선이 독립국가로 건재하다는 것을 해외에 알리는 역할을 하였다. 그러나 해외에서 국민이 국가와 일체감을 갖도록 할 수는 없었다. 그것은 해방 후 1948년에 건국과 정부 수립을 통해서야 이루어질 수 있었다. 정부와 국민 사이에 일체감이 생기면서 국가정체성 문제의 해소에 도움이 되었다.

이승만 정권은 12년 동안 집권하는 동안 여당의 비리와 횡포로 온갖 비난을 받고 결국 부정선거로 붕괴하였지만 국가건설의 단계에서 국가와 국민의 정체성 문제를 극복하는데 기여한 공적은 긍정적으로 평가받아야 한다. 일본제국주의 시대를 상기한다면 한국 국민을 정치적으로나 심리적으로 새롭게 태어나도록 만들어준 '나쁘다고만 말할 수 없는', 비교적 자유로웠고, 공적도 많았던 정권이었다.

박정희 정권이 이룩한 국가통합과 경제발전

국가통합National Integration은 흔히 언론이나 정계에서 말하는 '국민통합'
과 다르다. 국민통합 또는 국민화합은 국민들 사이의 태도나 정서를 말
한다. 국민 사이에 합의나 동의보다 갈등이 많다든지, 정부에 대해 지지
보다 반대가 많다든지 할 때 국민화합이 필요하다고 말한다.

　국가통합은 "국가가 운영상 필요한 기구들을 통해 전국적으로 공권력
을 확장하는 것"과 국가가 추진하는 정책이 국민 사이에서 긍정적으로
인식되어 정부의 합법성과 정당성이 형성되는 경우를 말한다. 단적으로
국세청을 확대강화하고, 군대조직을 강화하며, 경찰조직을 개편강화하
는 일을 예로 든다. 또한 공공질서를 조성하며 국방, 긴급사태, 기간산업
구조의 조성 등과 같은 집단적 노력을 조정하고 기획하는 것을 말한다.
다시 말하면 국가의 공권력이 국내 전역에 침투하여 효력을 발휘하는 것
을 말한다.

　박정희의 군부정권은 일면 군부권위주의 정권으로서 야당을 탄압하고
언론을 통제하며 국민의 정치참여를 제한하는 '독재적' 측면이 있는 반
면에, 이승만 정권에 비해 전국적인 규모로 공권력을 침투시키면서 국가
통합을 이룬 정권이었다.

　국가통합에는 두 가지 방법이 있을 수 있다. 하나는 강제력과 공권력
과 힘을 가지고 국가를 통합하는 방법이다. 전체주의 국가나 독재국가가
사용하는 방법이다. 이것은 강제와 공포로 이뤄진 통합이다. 기존 정치
체제를 와해하고 새로운 질서를 창출하겠다는 공산국가가 쓰는 방법이
다. 혁명을 달성한 정권이 취하는 방식이다. 소련이 대표적인 예이고 북
한공산정권도 해방 후의 사례처럼 공산당이 테러와 공포와 강권조직을
동원하여 지주층, 중산층, 그리고 지식층을 숙청하고 노동자와 농민만의

단일계급으로 이룩하는 국가로 통합한 경우이다.

또 하나는 어떤 공통된 가치를 중심으로 국민의 자발적인 참여와 동조를 바탕으로 하는 통합방식이다. 그런 통합에는 국민의 정서와 문화적 특질이 영향을 주기 때문에 국민이 공유하는 에토스ethos에 바탕을 둔 것이라 할 수 있다. 선진 민주국가들이 이룩한 국가통합 방식이다. 자유와 민주주의라는 가치를 바탕으로 선거라는 방식으로 국민의 자별적인 정치참여를 유도하면서 정치엘리트가 중심이 되어 국가통합을 창출하는 체제이다. 참여정치 문화가 바탕이 되어 다양한 집단으로 구성된 국민을 "다양성 속에서 일치성"으로 조화시키는 방식이다.

박 정권이 이룩한 국가통합은 그런 선진민주국가들이 취한 국가통합 방식에 의한 것은 아니었다. 그렇다고 북한처럼 단일전체주의 정당이 폭력과 강제력을 써서 통합한 경우도 아니다. 쿠데타 후의 혼란을 수습하는 방식으로 일절의 정치활동을 금지하고 사회질서 내 강권조직을 동원하였다.

쿠데타로 집권하자 박정희와 집권세력은 전국적인 조직망을 지닌 정보기관을 창설하였다. 공권력을 전국적으로 침투시킨 것이다. 동시에 재원을 마련하기 위해 세무기관을 강화하였고 지방행정기구를 군 출신이 장악하도록 하였다. 군사력을 강화하고 경찰조직을 군대조직과 유사하게 개편하였다. 행정부처도 경제기획원을 중심으로 개편하였고 청와대를 정치, 행정, 군사·안보의 사령탑으로 만들어 그곳에 권력을 집중시켰다. 강제력과 힘을 동원한 국가통합 방법이었다.

박 정권의 두드러진 성과는 경제성장이었다. 집권 후 10년이 지난 1970년 초반에 한국경제를 농업국가에서 산업국가로 탈바꿈시켰다. 그러나 경제발전은 그 자체로도 목적이 되었지만 동시에 국가통합에 기여하는 결과도 가져왔다. 박 정권은 이승만의 반공주의와 반일주의를 수용하면서도 대북과 대일관계에서 비교적 유연성을 보였다. 집권 당시 남한이 북한정권에 비해 경제적으로나 군사적으로 열등하다고 본 박정희 대통령은 국가 목표를 과거 일본의 명치유신세력이 사용했던 '부국강병富國強兵'이라는 단순하고 선명한 구호를 목표로 정하고 강력한 경제발전 드라이브로 고도 경제성장을 이룩하면서 대북관계에서 자신감을 갖게 되었고 국민도 북한에 대해 우월감과 정부에 대한 신뢰를 갖게 되었다. 동시에 쿠데타로 집권한 박 정권에 대해 많은 국민이 '정당성'과 '합법성 legitimacy'을 인정하려는 추세도 나타났다.

그런 의미에서 박정희 정권은 국민이 국가에 대해 자긍심과 자신감을 갖도록 했다는 점에서 국가통합에 기여했다고 본다. 많은 사람들이 해외에서 다양한 사업에 종사하면서 국가의 경제발전에 이바지한다는 자긍심을 갖도록 했고, 월남전쟁에 한국군을 파병함으로써 세계 강국인 미군과 함께 전투했다는 사실도 한국군의 사기를 높이고 한국군에 대해 국민의 신뢰를 높이는 데 기여했다.

후에 박 정권의 유신정치가 남겨놓은 해악은 비판의 대상이 되었으나 그 이전에 경제성장의 혜택을 입은 중산층과 '국가통합'과 동시에 국민화합의 수준이 높아졌다. 다시 말해서 박 정권이 이룩한 경제발전은 그 자체가 목적이기도 했지만 정체성 확립과 국가통합을 한층 강화해주는 효과를 냈다는 점에서 긍정적인 평가를 받을 수 있다.

그럼에도 불구하고 박정희 정권은 장기집권하는 동안 호남과 영남 사이의 지역갈등을 해소하는 데 실패하였다. 박 대통령과 김대중 민주당 후보가 대결했던 1971년의 대통령선거가 기존의 영호남 지역주민 간의 편견과 갈등을 더욱 악화시킨 것으로 보는 견해가 지배적이다. 박 정권이 호남지역을 홀대하였다는 반감은 그 정권기간을 통해서 해소되지 않았다.

두 번째 쿠데타에 대해 국민 대다수는 부정적이었다. 많은 국민이 군부의 정치개입을 끝내야 할 때가 되었다고 느끼고 있던 시점에 다시 쿠데타가 발생하였기 때문이었다. 전 정부나 노 정부의 기간에 이룩한 여러 가지 업적이 있었으나 제2의 신군부 쿠데타는 그나마 박 정권이 어렵게 이뤄낸 국민통합을 크게 후퇴시키는 결과를 가져왔다.

'제3의 물결'과 민주화 요구의 폭발

박정희 대통령의 시해 사건 후 국민의 민주화 요구와 열망은 전두환의 신군부에 의한 제2의 쿠데타로 일시 좌절을 겪었으나 1980~90년대를 통해 민주화운동은 소수 운동가들의 활동을 넘어 다수의 학생과 시민층의 호응을 얻기 시작하였다. 전두환 정부의 '6·29 선언'으로 그동안 닫혀 있던 정치참여의 문이 열리기 시작했다. 그런 배경에는 국내에서의 정치적 요인뿐만 아니라 국제정치적인 변화, 특히 소련의 붕괴와 미국의 대외정책변화라는 외적 요인이 복합적으로 작용한 결과였다.

　미국의 정치학자 헌팅턴 S. Huntington 은 그의 저서, 『제3의 물결』에서 세계의 민주화가 세 번의 물결로 나타났고 했다. 첫 번째 민주화의 물결은 1차 세계대전이 끝난 후 주로 유럽을 중심으로 일어났다. 두 번째로 2차 대전 후 신생국을 중심으로 민주화 물결이 있었다. 그러나 대부분의 신생국이 민주주의에서 권위주의로 변질되었고 군부집권이 장기화되었다. 세 번째 민주화의 물결은 신생국에서 군부정권 하에 있는 나라의 민주화 운동을 가져왔다고 했다. 신생국뿐만 아니라 한때 민주주의를 추종했던 중남미 국가들도 다시 민주화 과정을 겪게 되었다.

　헌팅턴은 한국과 필리핀에서 나타난 민주화도 그런 예로 들고 있다.

그리고 그 뒤를 이은 인도네시아와 태국의 민주화운동도 제3의 물결이 가져온 것으로 보고 있다. 그러면서 그가 제3의 민주화 물결이 일어날 수 있었던 배경과 요인으로 지적한 것은 (1) 군부정권 같은 권위주의 정권의 정당성과 합법성에 대한 부정과 위기, (2) 중남미의 경우 군부를 지원하던 보수적인 가톨릭교회의 변화, (3) 신생국에 대한 미국과 소련의 정책 변화, (4) 세계 경제의 호황과 교육 수준의 향상과 중산층의 증대, (5) 선진국들의 전시효과와 매스미디어의 역할을 들고 있다.

이와 같은 객관적이라 할 요인들도 중요하지만 그것만으로 민주화는 발생하지 않는다. 한국은 자생적으로 민주화를 달성한 나라이다. 밖으로부터 강요당한 것이 아니라 국민이 스스로 민주화를 달성한 경우이다. 또한 민주화는 일시에 갑자기 일어난 것이 아니다. 돌아보면 민주화 요구는 1960년대부터 시작해서 한국정치의 저류를 흐르던 물결이었고 그것이 80년대에 이르면서 폭발적으로 솟아올라 급류로 변화 하였다.

1980년대 말에서 90년대 초에 이르러 민주화운동이 폭발하였을 때, 거센 물줄기 속에 오랜 야당 생활을 해온 김영삼과 김대중 두 지도자가 우뚝 서 있었다. 국민들은 군부정권하에 민주화 달성을 위해 가진 탄압과 모진 수난을 겪으면서도 굴하지 않고 싸워온 두 정치적 거인巨人을 존경하고 있었다. 그런 지도자가 있었다는 것은 한국 국민의 행운이었다.

1990년대 초 한국은 국가건설의 제3단계인 '정치참여'의 단계에 도달하게 되었다. 민주화 달성은 곧 정치참여의 개방을 가져왔다. 하지만 민주화가 순탄한 과정을 겪은 것만은 아니었다. 이승만 정부 시절 야당을 비롯해 주로 지식인 집단을 중심으로 민주화운동이 일어났다. 그리고 점차 대학가와 학생들 사이에 독재정치를 비판하는 목소리가 높아갔다. 그러나 이승만 정부의 붕괴를 가져온 것은 민주화가 아니라 이승만 정부의 무능과 비리, 그리고 3·15부정선거였다. 대한민국은 정부수립 후 42년

만에 민주화와 정치참여의 단계에 도달하게 되었다. 이승만의 12년, 박정희 정권과 유신체제 그리고 그 후의 군부정권을 모두 합친 숫자가 42년이 된다.

유럽 역사로 보나 2차 대전 후 신생국들의 경험으로 보나 민주주의의 뿌리를 내리는 일이 단시일에 이루어지기 어렵다. 미국의 우드로 윌슨 대통령이 '민주주의는 세상에서 가장 어려운 정부형태'라고 실토한 사실만 봐도 알 수 있듯이 세련된 것이지만 운영하기 어려운 정부가 민주정치이다. 비관적인 것 같으나 현실적인 관점에서 보아도 민주주의라는 정치체제는 운영하기 어려운, 그러면서도 인간의 창의성에 의해 구현俱現될 수 있는 가능성을 지닌 가장 세련된 정치체제이다.

박정희 군부정부는 노골적으로 민주화에 반대하였던 정권이었다. 군부는 민주주의가 한국에서 실패하였다고 보았다. 나아가 한국에 민주주의가 맞지 않다고 주장하기도 했다. 자유민주주의를 불신하였고 정당정치가 부정부패의 온상이라고 정치를 혐오했다. 그런 속에서 군부정권의 장기집권을 반대하던 세력을 탄압하면서 군부집권에 대한 저항이 일어났다. 박 정부는 안보와 경제발전이라는 쌍두마차를 앞뒤 가리지 않고 몰아갔다. 집권 초기에서 제3공화국까지 대다수의 국민들은 그런 정부를 지지하였다. 그러나 3선 개헌을 계기로 유신체제를 강압적으로 국민에게 강요하게 되자 박 정부의 종말을 재촉하는 반유신정권운동은 더욱 격화되었다.

김영삼 정부와 김대중 정부의 민주화 공로

한국은 40년 동안 이승만 정권과 군부정권이 창출한 '강요'된 정치질서로 살았다. 그리고 지나간 30년은 민주화 과정을 거쳐 자유롭고 개방된 정치질서 속에 살아왔다. 민주적인 정치질서는 다시 말해서 국민이 자유롭고 자율적으로 정치에 참여하고 자유로운 선거를 통해 집권자를 선출하는 정치체제이다. 다시 말해서 국가건설의 관점에서 보면 "정치참여와 민주화"의 단계이기도 하다.

권위주의체제는 국민의 정치참여를 많이 제한하였다. "내가 알아서 하니 너희는 따라만 오라"는 식이었다. 국가의 기본 방향이나 정체에 대해 자유롭게 의견을 개진할 수 없었고, 정부의 시책을 비판할 수도 없었다. 그 체제하에서의 정치참여는 주기적으로 통제하에 실시된 선거에 투표하는 일로 국한되었다. 그러나 정치참여는 단지 자유선거에 참가하는 것을 의미하지 않는다.

정치참여는 정치를 "얼마나 개방하느냐", 정치라는 광장arena에 들어와 정치과정에 참여하도록 허용할 대상이 누구이냐를 다루는 일이다. 정당 같은 조직에 "누구는 참여할 수 있으며, 누구를 허용하지 않느냐"라는 문제이기도 하다. 시민이 선거에는 모두 참여하지만, 정치에 직접 참여하는 것은 금할 수 있는 것이다. 법으로 연령과 자격과 지위와 직책을 기준으로 정치활동에 참여하는 것을 금하기도 한다.

과거 이 정권이나 박 정권은 노동단체의 정치활동을 금했고 교직자들의 정당가입을 금했으며 공무원의 정당가입도 금했다. 정부에 대해 반대시위나, 정책비판이나, 항의운동 같은 활동은 금지하였다. 공개적으로나 법적으로 규정을 만든 것은 아니나, 실제로 지역감정 때문에, 사회적·집단적 편견 때문에 특정지역 출신의 사람들을 관직이나 정치활동 영역에서 정치참여의 기회를 박탈하는 경우도 많았다.

1990년대 초 민주화는 정치참여의 홍수사태를 가져왔다. 그동안 억압되어온 집단들이 갖가지 요구와 주장을 내걸고 정치의 광장에 뛰어들었다. 그러나 정치참여는 정치적 동원도 아니고 그렇다고 아무나 멋대로 정치적으로 행동하라는 것도 아니다. 민주정치하의 정치참여는 법이 규정한 범위 안에서 정부에 항의할 수 있고, 시위하며, 선거와 선거운동에 참여하며, 선거직의 후보가 될 수도 있는 자유로운 활동을 의미한다. 이 것은 북한 같은 공산주의 정권에서는 상상조차 할 수 없는 활동이다. 자유민주주의 체제에서만 허용되는 정치참여이다. 그러나 민주국가 모든 개인이나 집단에게 정치참여를 허용하는 것은 아니다. 특히 헌법을 비롯해서 법을 어긴 사람의 정치참여를 금지시키고 있다. 그런 원칙 없이 아무 단체나 조직이 법을 어기면서 정치과정에 개입하려 한다면 그런 정치체제는 정치적 무질서를 겪을 것이며 혼란과 불안정이 지배하게 될 것이다.

김영삼 정부와 김대중 정부에게 맡겨진 국가건설의 과제는 제3단계로서의 정치참여의 안정된 정착이었다. 달리 말해서 정치참여의 '제도화' 였다. 정치과정에 참여할 집단을 법적으로 적절히 규정하는 동시에 그런 단체들이 "합법적이고 평화로운 방법"으로 민주적인 정치질서를 형성해 가는 데 중추적인 역할을 하도록 정치적이고 법적인 기반을 조성하는 일 이었다. 질서있는 정치참여가 자리를 잡아야 민주적인 정치과정도 원활히 진행될 수 있기 때문이다.

한국은 민주화를 달성함으로써 국가정체성과 국가통합의 단계를 넘어 정치참여 단계에 도달하였다. 분단과 전쟁으로 한때 국가가 존망의 위기에 처했고 빈곤의 악순환 속에서 절망적이었던 때도 있었지만 그런 어두운 역사를 극복하고 한국은 당당한 민주국가로 발전하게 되었다. 이제는 과거 이 정권과 박 정권의 업적을 토대로 오랜 권위주의지배와 군부지배에서 벗어나 진정한 의미의 민주적인 정치참여를 바탕으로 새로운 정치질서를 창출하는 단계에 도달하게 되었다.

그런데 지적해야 할 것은 한국이 국가정체성과 국가통합을 이루지 못했다면 민주화를 달성하는 일이 쉽지 않았을 것이라는 사실이다. 실제로 그런 선행조건들이 없기 때문에 민주화에 실패하거나 좌절을 겪고 있는 신생국이 많다. 그런 점에서 한국은 매우 다행스러운 경우이다. 그러나 한국의 그런 성공적인 사례 뒤에는 두 사람의 뛰어난 지도자가 있었기 때문이라는 것을 부정할 수 없다.

독재자라는 낙인을 찍으며 온갖 욕설로 매도하고 있지만 이승만과 박정희의 업적을 냉정하게 재평가해야 할 필요가 있다. 이념이나 증오심이나 단순한 감정의 차원을 벗어나 객관적이고 중립적인 입장에서 이승만의 국가정체성 확립과, 박정희의 국가통합이 이룩한 업적을 공정하게 평가해야 한다.

이승만의 정체성 위기의 극복과 박정희의 경제발전을 통한 국가통합이 없었더라면 한국은 어떻게 되었을까 생각해 봐야 한다. 한국의 민주화는 달성될 수 없었을 가능성이 크다. 물론 그런 성공사례의 배후에는 국민이 흘린 피땀이 원동력이 되었지만 한국이 어엿한 국가로 건설될 수 있었던 데에는 이승만과 박정희 두 사람의 공이 절대적으로 컸다. 아무리 그들의 죄목을 잡아서 온갖 욕설이나 규탄과 악담을 퍼부어도, 또 상당 부분 그것들이 사실이었다는 것을 인정한다고 하여도, 그래도 이승만과 박정희 두 지도자가 이룩한 공적은 그런 과오를 다 상쇄하고도 남을 정도로 크다고 할 수 있다. 그렇게 그들을 평가하는 것이 성숙된 민주국가의 시민으로 냉철하게 역사를 보는 자세이다.

42년간의 권위주의적인 지배 끝에 1992년 5년 단임제 직선대통령으로 김영삼이 대통령으로 당선되어 취임하였다. 민간인의 민주정권 출범을 계기로 민주화와 정치참여의 목적과 방법을 놓고 다양하고 상반된 의견들이 속출하였다. 군부정권을 종식시킨다는 목표는 확실하고 명확하였으나 앞으로 새롭게 수립할 민주정치의 진로는 어떤 것이며 어떤 방법으로 민주적인 정치질서를 창출하느냐의 문제는 쉽지 않았다.

  김영삼 정부와 김대중 정부가 집권한 1990년대와 2000년대 초는 정치참여를 통해 민주정치질서의 확립이라는 과제를 달성해야 할 국가건설 단계였다. 그 과제는 그동안 무너졌던 '3권분립'의 원칙을 바로 세우는 것이었다. 한국에서 3부 간의 분립과 독립이 무너진 것은 1950년대부터다. 그것은 30년간의 군부정권하에서 거의 와해 수준에 있었다. 입법부인 국회나 사법부 모두가 행정부, 구체적으로는 청와대의 시녀라고 폄하될 정도였다. 권력 3권을 분리하고 제대로 기능하는 제도로 환원시키는 일은 간단치 않았다.

  두 정부에게 부과된 또 다른 과제는 민주정치 실현을 위한 정치개혁이었다. 구체적으로 정당정치의 개혁과 쇄신을 의미했다. 민주개혁은 그동안 국민의 정치참여 없이 집권자와 그 추종세력에 의해 자의恣意로 결정되고 추진되어 온 정치체제를 국민을 대표하는 국회가 제 기능을 하고 사법부가 독립성을 갖고 '법치주의'를 실천하며 정당들이 과거와 같이 극한적인 대립이나 투쟁을 지양하고 공통의 가치와 국민적 합의를 토대로 평화로운 정치적인 경쟁을 하는 체제로 바꾸는 것을 의미하는 것이었다. 민주적인 정치과정을 위한 안정적인 토대를 조성하는 일이었다.

  민주화로 집권한 김영삼과 김대중 두 대통령에게 부과된 국가건설의 3단계 과제는 정체성 확립과 국민통합이 아니라 정치참여와 민주화를 통한 새로운 정치질서의 창출이었다. 김영삼 정부는 국가목표를 정치개혁, 부정부패 일소, 역사 바로 세우기를 내세웠다. 김대중 정부는 '제2의 건국'이라는 구호를 기조로 김 대통령의 평생의 숙원인 남북문제와 통일문제를 주요 과제로 삼고 '햇볕정책'을 추진하였다.

  되돌아볼 때 김영삼 정부의 국정목표였던 정치개혁은 기득권세력에 의해 좌절되었다. 개혁안을 국회에 제출하였으나 부결되었다. 김대중 정부의 국정목표인 남북관계의 개선은 김 대통령의 평양 방문을 성사시키고 남북 간에 교류의 물꼬를 트는 데 성공하였으나 북한의 핵개발로 관계개선은 의도한 만큼의 성과를 거두지 못하였다.

두 정부는 정치개혁을 통해 민주정치제도를 공고화하는 일에 그들의 모든 정치력과 자원을 활용하지는 않았다. 민주화와 정치참여를 통한 새로운 질서의 수립이라는 관점에서 볼 때 국민이 두 정부에게 기대했던 개혁이나 변화는 나타나지 않았다. 군부정권 때 시작하여 오래 묵은 지역감정을 승화시키는 국민화합 달성에 대한 기대도 사라졌다. 두 대통령의 지역 기반을 중심으로 지역주의가 더욱 '구조화'되었다.

그래도 두 대통령은 오랜 군부통치와의 투쟁을 통해 그것을 종식시키는 데 지대한 공적을 남긴 지도자들이다. 김영삼 정부는 하나회를 해산시키고 더이상 군부의 정치개입이 발생하는 것을 허용할 수 없도록 하였다. 김대중 정부는 기대했던 결과는 얻지 못했으나 변천하는 국제 및 국내 상황을 적절하게 이용하여 남북관계에 변화의 물꼬를 터주었다.

두 민주정부는 '정치참여'의 문을 열어 그동안 국가의 절대적 권력에 의해 억눌려온 시민사회를 활성화하는 데 기여하였다. 이것은 국가건설 단계의 3단계에서 이룩한 현저한 공적이다. 두 정부 집권 동안 많은 시민단체들이 등장하였고 여러 종류의 시민운동이 생겨났다. 정치참여가 한층 높은 단계에 도달하고 있음을 보여주었다.

민주화 후 집권한 김영삼과 김대중 두 정부의 공과를 이승만과 박정희 두 정권의 공이나 과와 비교하는 것은 공정하지 못하다. 12년 집권한 이승만과 근 20년 집권한 박정희 두 대통령의 수행력과 성과를 5년 단임제로 묶인 두 정부의 업적과 비교하는 것은 공정치 못하다. 뿐만 아니라 네 지도자에게 부과된 과업이 다르다. 이승만은 주로 국가정체성, 박정희는 경제성장 달성을 통한 국민통합이 부과된 사명과 과업이었고 김영삼과 김대중의 과제는 민주제도의 회복, 지역감정의 해소, 그리고 정치참여의 제도화를 정착시키기 위한 정책과 제도의 수립에 주력하는 일이었다.

김영삼 정부나 김대중 정부의 과업을 공정하게 평가하려면, 두 대통령의 임기가 너무 짧았다는 사실도 감안할 수 있다. 그러나 짧은 임기를 감안하여 정부의 주요 목적을 설정했어야 했다. "개혁은 혁명보다 어렵다"라는 말이 있다. 두 지도자가 개혁을 시도하였을 때 정계로부터 반대와 반발이 적지 않았다. 그럴수록 장애요인들을 극복하고 과감하게 새로운 질서를 창출하지 못한 것은 매우 아쉽다.

두 민주정부의 집권 중 정치참여의 양은 증가했지만 질은 크게 개선되지 않았다. 민주화를 빙자한 많은 비리가 발생하였고 정치참여의 질은 나아지지 않았다. "악화가 양화를 쫓아낸다"는 그레셤Gresham의 법칙은 경제만이 아니라 시민사회에도 적용되었다. 민주라는 이름 아래 잡다한 집단들이 정체를 알 수 없는 '시민단체'를 조직하여 공익이 아니라 사익 추구에 몰두하는 양상이 벌어졌다. 건전한 정치참여를 통한 국민화합을 이루지 못했다. 민주정치가 중우정치衆愚政治라는 악평을 받는 경우가 되었다.

민주화가 되면서 뚫린 댐에서 노도와 같이 흘러나오는 급류같이 많은 시민단체와 이익집단들의 가지각색의 요구가 넘쳐나면서 때로는 폭력까지 수반하는 집단행동을 취하여 심각한 사회·정치적 불안을 조성하게 되었다. 정치참여의 의미가 정치적인 '데모만능'과 동의어同義語로 바뀌었다. 모두가 그것을 오랜 군부지배의 통제 속에서 쌓인 스트레스로 간주하여 관대하게 보았지만 집단들의 자제와 규범에 의한 합법적인 정치참여 테두리를 훨씬 벗어나고 있었다. 그런데 김영삼 정부는 '역사 바로 세우기'와 부정부패의 일소를, 김대중 정부는 '햇볕정책'에 노력을 집중하였다.

그럼에도 불구하고 군부정권의 모진 탄압을 받으면서 민주화투쟁에 앞장선 두 정치지도자가 집권 후 남겨놓은 공적은 높이 평가된다. 5년 단임제의 문제점이 많았다. 장기적인 목표나 계획을 세우기 어려웠다. 집권기간의 반도 지나기 전부터 정계의 결렬한 정치경쟁 때문에 목표달성에 차질이 생기기도 했다. 그런 속에서도 두 지도자는 중요한 업적을 남겨놓았다. 한마디로 군정치를 종식시키고, 남북대화 개선을 위한 과감한 시도를 하였다. 시민사회의 부활을 위해 자유를 확대하고 대외관계를 공고하게 하였다. 북한의 핵무기 개발에 따르는 심각한 안보문제에 봉착하였으나 북한에 경수로를 건설하는 조건으로 수습하였고 김대중 정부는 해방 후 처음으로 한국의 대통령이 평양을 방문하여 남북한 간의 긴장을 완화하는 데 많이 기여하였다.

두 대통령의 정치지도력이란 아무나 따를 수 있는 것은 아니었다. 해방 후부터 정계에서 성장해 왔고, 권위주의 정권에게 맞서 민주화운동을 이끌었던 두 대통령 같은 정치리더는 다른 신생국가에서 찾아보기 어려운 일이었다. 두 지도자의 역할 때문에 한국은 비교적 순조롭게 민주화를 달성할 수 있게 되었다. 그리고 두 지도자는 한국의 국가건설의 3단계인 정치참여와 민주정치 체제가 갈 길을 제시하는 데 크게 공헌하였다.

정치질서도 정의도 무너지고 있다

민주화 후 두 지도자의 뒤를 이어 집권한 민주정부들의 역할은 어떻게 평가할 수 있을까? 군부정권이 종식되고 민주화를 달성하였지만, 뚜렷하게 달라진 것은 무엇인가? 한국은 민주화로 더 안정되고 질서 있는 사회로 변하였는가? 법적 질서가 개선되고, 정의가 더 구현되었는가? 국가건설의 3단계인 정치참여 단계를 통해 민주적인 정치질서를 이룩하는 데 성공하였다고 할 수 있을까?

미국의 신학자이자 정치사상 분야에 많은 걸작을 남겨놓은 라인홀드 니버Reinhold Niebuhr (1892~1971) 교수는 정치를 생각할 때 세 가지 목적을 중심으로 논할 수 있다고 했다. 첫 번째는 '질서'의 확립이다. 니버가 말하는 질서는 법치주의를 포함하는 것으로 이해한다. 그는 민주적인 정치질서를 선호했던 사람이다. 그가 말하는 질서는 자유와 법치와 정의에 바탕을 둔 질서이다. "악법도 법이다"라는 말은 독재자를 옹호하는 데 쓴 말이다. 법에서 정의가 빠지면 그것은 악마나 다름없다. 히틀러의 나치당, 스탈린의 공산당, 일본의 천황제 전제專制 정치가 만들어내는 질서가 아니다. 많은 인간들을 희생하면서 강제로 유지했던 질서이다. 한반도의 북쪽에 그런 식의 일사불란한 질서를 유지하려는 체제가 있다.

니버는 정치의 두 번째 목적으로 정의를 든다. 정의는 죄를 벌하는 징벌만 아니라 인간들을 법 아래에서 평등하고 공정하게 대한다는 내용도 포함하는 개념이다. 그런데 정의에서 사랑이 빠진다면 그런 정의는 무자비할 수 있다. 사랑이 없는 인간사회는 상상할 수 없다. 정치에서 사랑을 실천하기는 어렵다. 그래도 사랑은 한 나라의 사회와 정치에서 정의가 얼마나 실천되고 있는가를 재는 잣대가 될 수 있다는 것이 니버의 주장이다.

니버 교수의 통찰로 보면, 한국에서 지나간 70년은 '질서' 창출의 시기에 해당되는 것으로 볼 수 있다. 아직은 만족스러운 정의구현의 단계에 들어선 것으로 볼 수 없다. 선진국의 경험에 비추어본다면 '질서'는 '인치'가 아니라 '법치'를 뜻했다. 그것은 달리 말해서 제도를 중요시한다는 것이다. 민주정치가 성공하려면 자유주의 상상이나 3권분립주의나 언론과 집회와 표현의 자유 같은 상징적이고 가치적인 요소가 중요하다.

그러나 민주정치를 지탱해주는 것은 그런 요소보다 정치제도가 제대로 운영되고 있느냐에 달려 있다. 민주주의는 민주적인 제도에 의해 운영되는 정치질서이다. 그래서 안정된 기반을 갖추고 있다.

정치제도가 형식적으로만 존재하는 것이 아니라 실제로 설치 목적에 따라 운영되고 그것을 운영하는 데 필요한 규범과 절차가 정착되어 있는 상태를 말한다. 국회, 행정부, 사법부, 정당 같은 정치제도가 제도화를 달성하여 3권분립이 확립되어 있는 것을 의미한다. 국민들의 자유로운 정치참여를 통해 평화로운 정권교체가 이루어지는 것을 의미한다. 이것이 모든 발달된 민주국가가 이룩한 정치질서의 본질이다.

한국의 경우 비록 우여곡절은 있었으나 넓은 의미에서 이승만의 국가정체성 확립, 박정희의 국가통합수립, 그리고 민주화 후 정치참여를 통한 민주화 과정, 그 모두가 민주정치를 위한 '질서' 창출을 위한 역사적인 과정으로 볼 수 있다. 그리고 질서가 확립되었을 때 그다음의 목표는 정의가 넘치는 정치체제로서 국가건설의 4 단계인 "분배"의 단계에 돌입할 수 있는 것이다.

이승만 정권 시절이나 박정희 정권하에서도 나름대로 질서는 있었다. 그러나 그 질서는 '강요'에 의한 질서였지 '자발적인' 질서가 아니었다. 폐쇄된 질서였다. 민주화는 그것을 개방된 질서로 바꾸고 있다. 국민의 자유롭고 자발적인 참여를 바탕으로 하는 민주적인 질서로 전환하는 과정을 밟고 있다.

그런데 오늘날 많은 사람들 사이에 그나마 미완의 자발적인 질서가 무너지고 있다는 우려가 많다. 김영삼과 김대중 정부가 끝난 후 더욱 무질서가 지배하고 있다. 1992년 민주정부가 들어선 지 근 30년에 가깝다. 짧은 기간이 아니다. 이 기간에 역대 정부가 정치참여와 민주화를 통해 안정된 정치질서를 수립하는 데 성공했느냐를 평가할 때 긍정적인 평가보다 부정적인 견해가 앞선다. 민주화를 달성한 후 집권한 역대 정부기간에 한국은 질서도 정의도 무너지고 있다는 비판이 높아가고 있다.

한국은 민주화 이후 30년이 지난 오늘 과거 군부정권시대보다 자유와 인권과 법치주의가 더 자리잡고 있다고 볼 수 있을까? 아니면 극단적으로 말해서 자율적으로 민주적인 정치질서를 창출하는 국민의 능력이 부족하다는 것을 드러내고 있는 것은 아닌가? 자유보다 방종이, 질서보다 혼란이, 정의보다 부정의가 판을 치는 사회로 변해가는 것은 아닌가?

김영삼과 김대중 정부의 뒤를 이은 노무현, 이명박, 박근혜, 그리고 현재의 문재인 정부에 이르기까지, 역대 정부는 가장 기본적이고 핵심적인 과제인 민주적인 정치질서의 확립이나, 법과 정의실현에 있어서 뚜렷한 성과를 올리지 못했다. 정치적 자유가 보장되어서 그런지 모르나 극단적인 이념을 추종하는 세력이 집단적으로 정치에 참여하게 되면서 정치는 정쟁政爭으로 변질되고 있다. 역대 정부가 정치의 기본적인 목표인 법질서를 유지하는 일도 제대로 하지 못했고 정의를 실현하는 데도 성과를 내지 못했다. 소외된 계층과 집단에 대한 적극적 관심과 개선이 이루어지지 않았다. 분배적 의미는 물론 사법적 의미의 정의라는 말도 무색하게 만들었다.

법질서는 무너지고 노동운동이 정치화되어 연일 일어나는 파업으로 사회적 불안을 조성해도 정부는 민주정치의 원칙에 따라 질서를 확립하지 못했다. '민주화'와 '자유'라는 이름으로 집단적으로 공공질서를 위협하고 파괴해도 정부는 속수무책으로 당해왔다. 5년 단임제 임기 동안에 정치권력을 유지하는 데 급급하거나 다음 정권의 구성을 위한 패싸움에 연루되어 아까운 시간과 노력이 허비되기도 했다. 국가의 중대 과제를 일부 국민의 지지를 얻기 위해 적당히 타협하거나 대중영합주의Populism로 다루었다.

임기가 제한된 것도 이유일 수 있으나 역대 정부가 국회와 정부를 중심으로 활발한 '민주적인 정치과정'으로 여와 야가 갈등을 해소하고 공감대를 형성하며 장기적인 안목에서 국가가 가야 할 방향과 목표를 국민 앞에 제시하지 못했다. 의회민주주의 제도의 운영에 실패한 것이다. 당파적 목표는 풍부했으나 국민의 다수가 동의하는 국가적인 목표를 제시하는 데 실패했다. 그러한 목표를 설정하는 '민주적 대화와 토의과정'인 정치과정political process 은 실종되었고 반면에 여야 간에 극한적인 투쟁이 많았다. 이것은 어느 면으로 보나 민주정치는 아니다.

오늘의 한국은 민주화로 전보다 훨씬 자유로운 사회는 되었으나 정치적인 갈등은 더욱 크게 증폭하고 있다. 산업화 과정을 거치면서 사회계층 간의 대립을 부추기는 주장이나 이념이 국민 사이에 분열을 촉발하는 결과를 가져왔다. 노동자와 경영자 사이의 갈등도 극도로 심화되었고 경제도 침체상태에 있다. 국가정체성의 문제까지는 아니라도 확실히 국가통합의 기초는 흔들리고 있다. 한국의 국가건설 과정이 순조롭게 진행되지 못하고 있는 징조다.

그런데 왜 진보와 보수는 서로 타협도 못 하고, 민주적인 룰 속에서 정치질서를 창출하지 못하고 있는가? 문제는 자유민주주의 체제라는 테두리 안에서 정치적 경쟁을 하는 것이 아니라 민주적인 정치질서를 흔드는 것 같은 주장과 언동을 서슴지 않는 과격한 정치세력이 아직 초보적이고 흔들리기 쉬운 민주적 정치질서를 혼란으로 몰아가는 행동을 하고 있기 때문이다. 반군부정권에 공동으로 투쟁하는 과정에서 보수와 진보로 불리는 정치세력 외에 일부 정치세력이 과격한 이념을 추종하고 행동하였다. 그 세력이 민주화 후에도 여전히 과격주의 이념에서 벗어나지 못하고 있는 것이다. 그런 과격주의자들을 빼면 오늘의 한국정치의 진보나 보수 정치세력은 '헌정주의자'들이다. 헌정을 파괴하면서 변화를 추구하는 세력은 아니다. 서로 상대방에 반대하거나 상대를 없애자고 주장하는 진보와 보수는 없다.

한국의 여야 정당은 서로 상대에 대해 '비민주적'이라고 비난하면서 첨예한 대립상태를 유지하고 있다. 그런데 무엇이 '비민주적'인가에 대한 해명은 없다. 군부정권이 끝나 민주화가 된 지 한참인 오늘에도 "무엇이 민주주의인가"를 놓고 여야가 서로 다른 의미와 생각을 하고 있다면 한국의 민주화의 미래는 매우 어둡다고 할 것이다.

서로 생각과 해석이 달라도 여야의 갈등이 민주정치 질서의 테두리를 지키는 범위에서 전개되는 것이라면 그것을 비판할 이유는 없다. 헌정의 태두리 안에서 그리고 무엇보다 자유민주주의가 귀중히 여기는 가치로서 자유와 인권과 법치주의의 가치를 공유하면서 한국의 현재와 미래를 통해 개혁하고 발전시키기 위한 과제를 놓고 진보와 보수가 정책적으로 대립하고 경쟁하는 것은 바람직한 일이다.

공동의 가치를 바탕으로 보수와 진보가 타협정치로 간다면 그런 갈등은 한국정치의 질을 한층 높이게 될 것이다. 그러나 좌나 우의 극단주의 성향의 세력이 그것을 방해하고 저해할 경우, 그리하여 갈등이 서로 용납할 수 없는 이데올로기적인 내용으로 변질할 경우 갈등은 심각한 정치 불안을 가져올 것이다. 국민은 그것을 가장 우려하고 있다.

매일같이 데모가 벌어지고 있는 오늘의 광화문광장의 광경은 한국정치의 현주소가 어디인지를, 민주화 후의 한국정치가 동맥경화증에 걸려 있음을 잘 보여주고 있다. 여야 정치세력의 대결이 대결을 넘어 룰과 대화가 없는 "무한투쟁"으로 변해가고 있다. 대통령을 비롯해서 정부나 국회나 정당이나 시민사회 그리고 시장을 연결하는 통로가 환하게 뚫려 있어야 할 정치과정이 완전히 꽉 막혀버린 것이다.

다시 말해서 국민 다수의 요구와 가치를 권위적인 절차를 통해 정책으로 환원하여 국민들의 지지나 반대로 여과시키는 '프로세스process'가 없다는 것이다. 모든 것이 이와 반대로 일방적인 결정을 국민이 추종하도록 강요하고 있다. 이것은 민주적 정치과정이 아니라 과거의 군부정권이 자행하던 권위주의적인 정치과정과 차이가 없다. 투입과정Input은 없고 산출과정Output만 있는 일방적이고 막힌 정치과정이다. 그것이 정치는 말할 것도 없고 문화·교육·종교 분야에 이르기까지 광범하게 영향을 미치고 있다.

한 나라의 정치가 안정되고 계속 발달하려면 질서가 확립되어 있어야 한다. 특히 민주적인 정치질서가 확고해야 한다. 정치가 무질서한 상황에서 사법권이 공정하고 합법적으로 운영되기를 기대할 수 없다. 사법권이 남용되고 사법이 부패될 때 국민의 '인권'이 보장될 수 없다. 사법권만이 아니라 정치권력이 남용될 때 합법적이고 정당성을 지닌 권력이 공정하게 행사할 수 없고 질서와 정의가 무너질 때 정부와 정치도 함께 파국에 빠지게 된다.

국가건설의 진로를 따라 전진해야 한다

지금 한국에 질서도, 정의도 무너지고 있다는 우려가 높아가고 있다. 그렇다고 한국이 지금 어려운 상황에서 모든 것을 포기하고 국가건설의 과업에서 물러설 수는 없다. 다시 후진국으로, 독재정치시대로 뒷걸음칠 수도 없다. 지금 시련을 겪고 있지만 국가건설의 3단계인 '정치참여와 민주정치의 정착'이라는 단계를 줄기차게 추진하여 성공적으로 끝내야 한다. 한국은 정치참여보다 더 어렵고 중대한 4단계인 '분배시대'와 5단계인 '통일시대'라는 중요한 과제가 앞에서 기다리고 있다.

한국정치가 민주적인 정치질서를 확립하기까지 민주화 과정을 계속해야 한다. 민주적인 정치질서와 정치참여가 자리 잡으려면 민주적 가치를 준수할 줄 아는 정치지도자들로 정부를 구성해야 한다. 자유, 인권, 법치주의의 가치를 구호로서가 아니라 그것을 내면화한 개성을 가진 정치지도자를 선출할 수 있어야 한다. 민주적인 룰rule 을 따라 정당정치를 운영해 갈 지도층이 많아야 한다. 그런 국회의원들이 국회에 다수를 점해야 한다.

노동조합은 지금처럼 정치화되어서는 안 된다. 과거 군부가 정치화되었을 때 노조가 받았던 탄압을 상기하고라도 오히려 민주정치체제하에서 자유로운 노조활동이 보장된다는 사실을 인정하고 민주질서를 지키면서 노사협정을 수단으로 노조의 요구를 달성하도록 노력해야 한다.

노조가 제도권 밖으로 나와 무한투쟁을 계속하는 한 국민의 동정이나 지지를 얻지 못함은 물론 한국사회라는 공동체를 뒷받침하는 고유의 개인과 집단구성원 사이의 유대감과 인간관계를 와해할 수도 있다. 목적을 달성하기 위해 타당한 방법을 사용해야 한다. 지금은 그와 반대로 목적을 위해 수단을 가리지 않는 방향으로 가고 있다는 비난이 높다. 그럴 경우 지금까지 어렵게 형성하고 구축해온 한국의 국가정체성과 국민통합과 국민화합의 기반을 약화시키거나 와해할 수도 있다. 또 지금같이 언론이 정치적 중립을 떠나 정치권력에 편승하여 사실을 외면할 경우, 민주정치가 뿌리내리는 것을 의도적으로 방해하는 행동을 하고 있는 것이다.

역사는 새로운 국가를 건설하는 과정에 진전進展 과 성공만이 있는 것이 아니라 후퇴와 패배도 있음을 보여주고 있다. 전전戰前 의 독일과 일본의 역사도 그런 경우임을 보여준다. 독일은 제국시대에 정체성과 국민통합을 이루었고 군사강국이 되어 1차 대전을 일으켰으나 패전하였다. 일본도 여러 번의 전쟁에서 승리한 후 미일전쟁에서 패전하였다. 두 나라는 자국의 국민들과 이웃나라의 국민을 무참하게 희생시킨 후 비극적인 종말을 겪었다.

역사에 진전도 있지만 후퇴와 뒷걸음질은 더욱 흔하다. 한국이 오늘날까지 이룩한 민주정치질서는 결코 확고한 것이 아니다. 그것이 공고하게 정착될 가능성도 있으나 뒷걸음질 칠 가능성도 높다. 자만하거나 안심할 일이 아니다. 『제3의 물결』의 저자 헌팅턴 교수는 다른 저서에서 신생국 중에서 4분의 3이 민주화에 실패할 것으로 예상하고 있고, 그것이 사실로 드러나고 있다. 중남미에서 대부분의 나라가 그렇게 되었고 아시아에서 태국과 미얀마(구 버마) 민주화가 초기단계의 답보상태에 있다. 실패할 가능성도 없지 않다. 북아프리카에서도 '자스민 혁명'이라 불리던 이집트, 리비아, 튀니지에서 민주화의 촛불이 잠시 반짝하다 꺼지고 말았다.

한국의 민주정치가 그렇게 되지 말라는 법은 없다. 지금 그런 우려가 어느 때보다 높아가고 있다. 그런 우려와 불안이 퍼져가는 이유 중의 하나는 문재인 정부가 해방 후부터 이승만, 박정희, 그리고 김영삼, 김대중 정부를 거쳐 오면서 명시적으로나 묵시적으로 추구해 온, 국가정체성 확립과 국가통합 그리고 민주정치체제의 확립이라는 국가건설의 노선과 단계와 다른 방향으로 가고 있다는 의구심이 광범하게 퍼져 있기 때문이다.

다시 말하면, 현 정부가 들어서서 여러 가지 면에서 기존의 정치와 경제정책 노선에서 크게, 그것도 매우 빠르게, 이탈離脫하면서 비판과 반대를 자초하고 있다는 것이다. '평화'라는 이름의 대북한 유화정책, 월성 1호 원자로 폐기, 소득주도성장정책을 위한 최저임금 상승, 노동시간 제한, 대기업 규제 등과 같이 역대정부가 유지해온 정책을 충분한 논의와 협의과정 없이 뒤집기를 하고 있을 뿐 아니라 기존의 정치·경제체제를 바꾸려고 한다는 우려의 소리도 있다. 현 정부는 대북정책이나 우방국과의 외교안보정책에 있어 기존의 기조基調에서 벗어나는 정책을 실시하고 있다는 견해도 퍼져 있다.

법치주의 원칙을 노골적으로 무시하거나 부정하려는 자세를 보이고 있다는 비판도 있다. 특히 경제 분야에서 집권세력이 임기 중에 경제구조에 큰 변화를 일으켜 정치적 성과를 거두려는 시도가 시장경제에 부정적으로 작용함으로써 경제가 침체상태에 빠지게 되었다는 비판도 있다. 그런 반면에 현 정부에 의해서 정부수립 후 한국이 추구해 온 국가건설의 3단계인 민주정치질서의 확립을 위한 가시적 노력은 보이지 않는다. 이 모든 비판이 사실무근이고 일방적인 비판이라면 그것에 대한 설명책임accountability이나 입증의 짐burden of proof은 전적으로 현 집권층이 해야 할 몫이다.

경제가 국가통합에 있어서 중심적 역할을 한다는 점은 앞에서 언급하였으나 다시 강조할 필요가 있다. 경제와 민주정치 사이에는 특별히 중요한 관계가 있다. 한국에서 민주주의가 정착되지 못한 가장 큰 이유는 후진적인 경제 때문이었다. 빈곤에 허덕이는 국민에게 민주주의라는 정치적 구호가 별로 호소력을 가질 수 없다. 그런 의미에서도 한국의 민주정치가 뒷걸음질 치지 않고 전진前進하려면 경제성장이 그것을 뒷받침해 주어야 한다.

세간에는 '산업화가 민주화를 가져온 원인'인 것 같이 논하는 경우가 많으나, 양자 사이에는 그런 인과관계는 없다. 경제개발이 원인이 되어 그 결과로 민주화가 나타난 것이 아니다. 그런 점에서 정계에서 '산업화세력'과 '민주화세력'이라는 이분법으로 서로를 구별하려는 것은 착각이다. 민주화는 복합적인 요인들의 작용으로 나타난 사회·정치적 변화이며 단일單一 요인에 의한 것은 아니다. 중산층의 증가도 민주화에 작용한 한 요인일 뿐이지 원인은 아니다.

그러나 보다 중요한 사실은 많은 정치학자들이 주장하는 바에 따르면 민주정치체제가 정착되어 안정을 얻게 되고 정치참여가 순조롭게 전개되고 있는 국가의 경우 지속가능한 경제성장이 더욱 확고해질 수 있다는 것이다. 또한 그런 지속가능한 경제성장은 민주정치체제의 기반을 보다 확고부동한 것으로 굳히는 결과를 가져온다는 것이다. 경제성장과 민주정치가 순기능관계를 갖게 된다는 것이다. 민주정치체제가 경제성장을 더욱 촉진시키고 경제성장이 민주체제를 확고부동의 안정된 체제로 뒷받침해 준다는 주장이다. 이것은 역으로 민주체제가 불안정한 상태에 경제성장이 하락하고 후퇴할 경우 민주정치체제도 붕괴하거나 후퇴할 가능성도 높다는 것을 시사해 준다.

이 주장이 갖는 함축적인 의미는 지속가능한 경제성장이 없으면 민주정치의 정착도 어려울 뿐 아니라 국가건설의 네 번째와 다섯 번째 단계인 '분배'와 '통일'단계에 도달할 가능성도 희박해진다는 사실이다. 지속가능한 경제로 경제성장을 유지하고 발전해 갈수록 정치참여 단계 뒤에 있을 분배 단계에 이르러 충분한 자원으로 국가건설의 과업을 원활히 수행할 수 있다. 전후 서독의 국가건설 과정이 그것을 입증해 주고 있다. 서독도 정치질서를 확립시킨 후 경제발전을 통해 분배정의를 실현한 국가이다. 한국이 참고할 만한 적절한 예라고 할 수 있다.

그러기 위해서는 먼저 민주정치질서의 정착을 위한 정치참여의 단계를 순조롭게 달성하여야 한다. 그것이 얼마나 걸릴지는 모른다. 장기화될 수도 있고, 의외로 빠른 시일이 될 수도 있다. 정치참여의 단계를 순조롭게 완성하지 않고서는 한국정치에 질서도 정의도 있을 수 없다. 질서 없이 정의도, 분배도, 그리고 통일도 없다.

대한민국의 지나온 과정을 되돌아볼 때 한국은 70년 동안에 확고부동한 것은 아니지만, 국가정체성과 국민통합을 거쳐 정치참여의 단계에 도달한 자랑스러운 업적을 이루었다. 다른 신생국을 생각할 때 국가건설의 첫 단계와 두 번째 단계를 비교적 성공적으로 달성하였다는 사실은 우리 국민이 자랑할 만한 업적이다. 이것은 지도자뿐 아니라 한국 국민이 피와 땀을 흘려 이룩한, 국가와 국민의 자랑스러운 업적이다.

오늘의 정부나 내일의 정부 모두가 그동안 이룩한 국가정체성이나 국가통합을 지금보다 높은 수준으로 끌어올려야 할 책임이 있다. 뿐만 아니라 앞으로 올 모든 정부가 국가건설 단계의 나머지 정치참여의 완성과 분배 즉, 복지 그리고 마지막으로 국가건설의 완성을 의미하는 통일의 단계를 달성하기까지 계속해서 국민과 함께 목적달성을 위해 전진해야만 한다. 한국의 국가건설은 끝나지 않았다. 이것이 대한민국이 계속해서 국가건설의 목표를 향해 달려야 할 이유인 것이다.

2장

도덕적인 인간과 부도덕한 정치

제목만 봐서는 인간은 도덕적인데 정치가 나빠서 인간을 못살게 군다는 것으로 오해할 수 있다. 그런 의미는 아니다. 복합적이고 이해관계가 얽혀 있는 정치라는 집단적인 차원에서 일어나는 일에 대해 개인의 윤리적인 잣대를 적용하여 가치판단을 하는 것은 갈등과 혼란을 가져올 수 있다는 것을 지적하려는 것이다.

극단적인 예로 인간사회에서 '사랑'은 개인이나 가족 같은 집단구성원 사이에서 공유될 수 있는 귀중한 가치이다. 그러나 사랑을 국가라는 통치기구들의 관계에 적용하여 "국가들이 서로 사랑해야 한다"고 주장하면 그것은 국가와 개인의 서로 다른 차원을 혼동하고 있는 경우이다.

한편 국가가 인간 개인의 도덕성을 무시하거나 부정하는 경우도 있다. 인류 역사에 가장 흔히 나타났던 지배양식은 전제專制 정치였다. 인간의 생명을 마치 짐승같이 다루던 때도 있었다. '인권'이나 '자유'라는 가치가 등장하여 사람들의 마음을 움직여 정치에 영향을 미치기 시작한 것은 몇 세기 전부터이다.

동양과 서양은 인간의 도덕성과 정치관계를 다루는 데 대조적인 면이 있다. 동양에서 보는 인간의 본성과 정치에 대한 견해는 서양에서 다루던 개인과 정치 사이의 도덕성에 대한 견해와 차이가 있는 것 같다. 그것을 간략히 설명할 수는 없으나 단순화해서 말하면 동양이 서양보다 더 낙관적인 경향이 강했다고 할 수 있다. 그것을 중국의 공자孔子는 '수신제가 치국평천하修身齊家 治國平天下'라는 표현으로 집약적으로 나타냈다.

'수신제가 치국평천하'의 이상론

'수신제가'와 '치국평천하'라는 목표는 성취가 불가능하거나 쉽지 않은 목표이다. 두 개의 구절은 극과 극을 이루는 것이다. 상극적이라는 것이다. 한 극점은 자기 자신을 도덕적으로 함양하는 일이다. 다른 극점은 세계를 지배하고 사회와 국가를 개혁하는 일이다. 두 개의 극점은 내적인 것과 외적인 것, 정신과 구체적 행동, 덕과 예禮, 지식(정부)과 행동(교리와 학습)이라는 이원론적인 사고를 내포하고 있다.

이 유교사상의 저변에는 정신과 육체를 통일성으로 보려는 전체성 Holism의 사상이 내재하고 있다. 노력으로 자신을 함양해야 세상을 함양시킬 수 있다는 생각이다. 인간 자아自我와 세상을 합친 전체의 통일을 생각한다. 자아와 세계, 안(자아)과 밖(세계) 사이의 간격을 없애기 위한 노력이 바로 '수신제가'인 것이다. 내적인 것과 외적인 것이 통일을 이루는 것이다. 그러나 개인 자신의 가치와 그의 실제행동과 감정적인 요소들과 정신상태 사이에는 치명적인 불화와 갈등이 있으며 그것을 극복하기란 쉬운 일이 아니다. 수신제가라는 목표를 달성하려면 끝없는 자기교화와 수행이 필요하다.

또 세계를 개혁한다는 '치국평천하'도 '현실적'인 것과 '이상적'인 것 사이의 간격을 없애는 일이 쉬운 일은 아니다. 결국 천하(즉 국가)라는 구조와, 인간사회의 현실은 두 개의 각기 다른 것으로 분리해서 보아야 한다. 그런 양자 사이의 간격을 없앤 이상적인 사회는 없다. 만일 있었다면 중국 고대의 모범적인 천자가 지배했다는 '요순시대堯舜時代'라는 유토피아일지 모른다. 유교사상가들이 동경하며 일종의 향수를 느끼고 있었던 사회가 바로 그런 사회라고 할 수 있다. 매우 이상주의적이다.

'수신제가 치국평천하'의 이상대로 된다면, 인간 개인과 사회에는 완전한 조화가 이루어져야 한다. 그리고 개인과 전체 사이에도 갈등이 없는 '정의로운' 사회가 되어야 한다. 다만 그러기 위해서는 개인의 도덕성이나 이익추구보다 전체의 목적과 이익을 앞세울 필요가 있다는 주장이 나올 수 있다. '전체를 위해서 개인은 희생되어야 한다'는 극단적인 주장도 있을 수 있다. 개인주의가 아니라 전체주의 논리이자 전체주의적 정치사상의 기본 논조이다. 공산 전체주의 사상의 기본 논리이기도 하다.

유교적 사상에 내재하는 일종의 '전체주의적' 사상이 공산주의혁명을 통해 이룩한 오늘날 중국의 전체주의적 정치체제와 무관하다고 단언하기 어렵다. 마오쩌둥이 주도한 중국의 공산혁명은 마르크스주의와 거리가 먼 것이었다. 마오쩌둥은 마르크스의 이론이 중국적인 상황과 맞지 않다고 보았다. 마오쩌둥이 착안한 혁명 전략은 마르크스의 '프롤레타리아 혁명론'이 아니라 농민혁명이었다. 혁명 후에 수립한 중국이 소련과 이념적으로 자주 대립한 것도 그런 역사적 배경과 관련이 있다. 중국은 '중국식' 혁명, '중국식' 사회주의, '중국식' 근대화라는 공식 용어에서 볼 수 있듯이 언제나 자신의 주체성을 강조하려는 의도를 보이고 있다. 중국식 전체주의를 지향하려는 의도가 나타나고 있다.

유교주의자가 꿈꾸던 요순시대에 대한 향수에도 불구하고 인류 역사에서 인간은 선보다 악한 편이고, 착하고 선한 정치보다 악에 가까운 정치가 더 많이 지배해 왔음을 보여주고 있다. 다시 말하면 정치는 유교주의의 주장처럼 덕과 인간의 윤리적 행동에 따라 선한 정치가 되는 것은 아니라는 것이다.

인간과 정치에 대한 윤리 문제를 놓고 현실주의와 이상주의(도덕주의)가 견해를 달리하는 것도 그런 이유일 것이다. 공자의 주장은 이상주의적이고 도덕주의적이다. 그리고 낙관적이다. 동양사상에서는 정치의 기본을 권력이 아니라 윤리와 도덕에 둔다. 즉 예禮, li에 두었다. 예가 사회질서의 유지를 위한 법질서 같은 역할을 했다. 그러면서 정치의 핵심인 권력을 쓰는 것은 덕스럽지 못하고 피해야 할 무엇, 가능한 의존하지 말아야 하는 것, 부정적인 것이었다. 사람을 덕德으로 다스려야 한다는 덕치주의 사상을 강조하였다.

이 점이 서양 정치사상과 다른 점 일이지도 모른다. 서양 정치사상은 권력을 강조했고, 권력의 위험성에 대해서도 잘 알고 있었다. 마키아벨리나 홉스Hobbes는 군주가 필요로 하는 것은 강력한 권력이라고 했다. 그것이 당시 정치사상의 중심적인 생각이었다. 매우 현실적인 견해로 절대군주론을 주장했다. 그러나 마키아벨리나 홉스의 결점은 그들의 강력한 군주가 도덕적으로 부패할 수 있다는 것을 간과했다는 사실이다. 역사는 부패하고 악한 군주가 선한 군주보다 많았다는 것을 말해 주고 있다.

당시의 서양 사상가들은 군주의 도덕성을 논하지 않고 권력을 유지하기 위한 술책만을 제안하였다. 절대군주시대가 지나고 로크Locke, 몽테스키외Montesquieu, 루소Rousseau 같은 18세기 말 사상가들이 군주의 절대적인 권력을 제한해야 한다고 주장하기까지 전제주의가 지배했다. 군주의 권력을 제한하려는 주장들이 높아지면서 19세기에 계몽군주제에서 제헌군주제로의 진화가 이루어졌다. 정치권력에 대한 현실적인 고찰과 주장이 나온 것이다.

동양의 유교사상이나 서양의 정치사상은 모두가 인간본성에 대한 심오한 성찰에 기초하고 있다. 유교사상은 노력으로 덕을 쌓으면, 정치와 사회질서를 조성하는 능력이 생길 수 있다는 점에서 인간의 본성을 긍정적으로 평가하고 있다. 그리고 권력의 본질에 대해 낙관적이다. 반면 서양에서는 인간에 대해 매우 부정적인 성찰을 통해 인간의 본성이 수신修身만으로 변할 수 없을 뿐만 아니라 권력을 장악한 인간이 악해질 수 있음을 갈파하여 해결책으로 권력을 나누도록 하는 '3권분립'의 원칙과 제도를 제안하였다. 즉 권력의 남용과 악용을 막을 수 있는 방법을 집권자의 도덕성에 두지 않고 '제도'에서 찾은 것이다. 영국을 비롯한 서구 국가에서 권력의 제한을 강조하는 민주주의가 시작된 것도 그런 사상과 연관이 있다.

한국은 가장 유교적인 나라였다는 말이 있다. 중국인에게서 '공자의 유교사상보다 더 유교적인 나라'라고 비꼬는 말도 들었다. 그래서 정통성에 대한 논쟁이 사화士禍를 일으키기도 했다. 한국인이 인간과 정치를 보는 관점도 매우 유교적이다. 중국처럼 덕치주의를 강조한다. 이것은 '양심적'이니 '정직하다', '청빈하다'라는 개인 차원의 도덕성을 사회나 정치라는 집단적 차원에 그대로 적용하는 모순에 빠지게 만든다. 평소 살던 동네에서 가장 양심적이고 정직하고 온정적이라는 평을 받았던 사람이 관직에 오른 후 그 전과는 다른 오만하고 부정직한 인간이 되어 결국 철창신세를 지게 되는 예가 많다. 그렇게 되는 이유는 무엇일까? 많은 사상가들이 개인과 정치와 관련해서 생기는 윤리적 차원의 문제에 대해 다양한 주장을 해왔다.

부도덕한 정치를 만드는 권력과 인간의 본성

인간의 도덕성과 사회적 부도덕성 문제를 인간의 본성을 중심으로 다룬 미국의 신학자 라인홀드 니버Reinhold Niebuhr(1892~1971)도 그중 한 사람이다. 그의 초기 저서로 일대 선풍을 일으켰던 『도덕적 인간과 비도덕적 사회Moral Man and Immoral Society』(1932)라는 책이 있다. 니버 교수가 이 책에서 다룬 것은 '불평등' 문제였다. 신학교를 졸업하고 자동차공장의 노동자들이 많이 살던 디트로이트 시에서 목회를 하면서 절감했던 문제였다. 특히 비기술자 노동자들에 대한 회사의 차별을 목격하면서 니버는 저들의 처우개선을 위해 함께 투쟁하기도 했다.

니버는 이 책에서 마르크스의 주장을 따른 것은 아니지만 사회에 불평등이 존재하는 원인으로 특권계급을 들었다. 특권계급에 의한 경제적 불평등이 있는 한 사회 정의를 실현하기 어렵다고 보았다. 특권계급이 없어지지 않는 한 불평등도 없어지지 않는다는 것이다. 그런데 특권계급이 없어질 수 없는 이유로 권력과 인간의 본성이 관련되는 것으로 보았다.

권력과 인간의 본성에 비추어 볼 때 특권계급이 없어질 수 있는 가능성이 적다고 말한 니버 교수의 통찰은 정치와 인간의 본질에 대해 정곡을 찌른 주장이라 할 수 있다. 왜냐하면 공산주의사회는 사유재산제를 없앤 모두가 평등한 사회라고 하였다. 공산주의자들은 사유재산제 때문에 자본주의사회에 특권계급이 형성되는 것으로 주장해 왔다. 그런데 사유재산제를 없앤 후 노동자들만의 이상사회라고 자랑하던 소련을 방문한 유고의 수상首相이었던 밀로반 질라스Djilas 는 소련에서 귀국한 후 『새로운 계급』이라는 저서를 냈다. 소련에 노동자가 아닌 다른 유형의 특권계급이 존재하고 있다고 폭로한 것이다. 공산국가에서도 그러니 사유재산제를 유지하고 있는 부르주아지bourgeoisie 가 지배한다는 자본주의 국가에서 특권계급이 없어질 수 없는 것은 당연하다.

헌법이 명한 대로 정치권력을 행사할 때 그 정권과 정부는 입헌정치를 하고 있다. 헌법의 규정을 무시하고 권력을 행사할 경우 그 정권과 정부는 정당성을 상실하게 되는 것이다. 정치권력의 특징은 그것이 인간들이 추구하는 가치 중의 하나가 될 뿐 아니라 권력을 획득하기 위한 방법도 된다는 것이다. 만일 어떤 부자가 그것을 늘리는 수단으로 돈을 써서 정치권력을 획득했다면 그 사람은 그것을 수단으로 더 많은 부를 얻을 가능성이 크다.

조선조朝鮮朝의 경우를 예로 든다면, 권력과 부의 관계가 얼마나 밀착되어 있었는지 알 수 있다. 그 사회의 자원은 농토로부터 얻는 수확이었다. 토지를 많이 갖는 것이 부를 축적하는 길이었다. 조선조는 왕이 국가의 토지를 소유하고 있었던 가산제국가家産制國家 였다. 왕이 국가를 소유하고 있는 것이고 과거에 뽑힌 신하들은 왕의 가신家臣 이었다. 그런 나라에서 과거시험에 응시하여 급제하면, 왕이 하사하는 토지를 받아 생활하도록 했다. 권력과 아울러 부가 따라올 수 있는 제도였던 것이다. 그러다 보니 장원급제壯元及第 까지는 아니라도 과거시험에 급제하기만 하면 출세의 길이 열리게 되었다. 수년 또는 수십 년 동안 각고의 노력으로 등과登科 하는 것이 사족士族 자손들과 선비들의 꿈이요, 인생 목표였다. 현대사회에서도 정치권력은 많은 사람들이 집요하게 추구하려는 가치이고 욕망을 달성하기 위한 수단이다. 정치권력을 가지면 부와 명예가 따라오고, 또 남다른 존경을 받을 가능성이 크다.

이것이 민주국가에서나 심지어 공산주의 국가에서도 권력이 갖는 매력이고 특성이다. 소련공산당의 최고 간부들도 자본주의 국가의 정치지배층도 정치권력의 달콤한 맛을 향유하는 것은 마찬가지다. 미국의 대통령, 상원과 하원을 구성하는 연방의원들, 주지사들, 50개 주의 주 의회의원들 모두를 합쳐 수만 명이 되는 사람들이 누리는 특권과 특혜는 한두 개가 아니다. 선거로 선출된 공무원직에서 물러난 후에도, 다양한 명예 직이나 높은 소득을 주는 직장들이 그들을 기다리고 있다. 이런 명예와 특혜와 존경을 받을 수 있으니 정계를 쉽게 떠날 수 없다.

미국의 경우 연방정부와 주정부, 국회, 사법부 등 정부기관에서 일하는 사람들의 수는 수십만 명에 이른다. 이들은 직접, 간접으로, 작거나 크거나 중요하거나 낮은 급의 정치권력과 관련이 있다. 다른 말로 표현하면, 정치적 권력이 분산diffuse되어 있다는 것이다. 소수만 중앙에 집중되어 있는 것과 반대현상이다.

정치권력이 소수에게 집중되어 있는 정치체제는 권력이 분산이 아니라 집중되어 있는 현상이다. 특히 강력한 독재자에 집중되어 있다면 정치권력은 분권할 수 없다. 분권은 독재자의 권력을 '약화'시키기 때문이다. 정치권력을 행사할 자리가 제한될수록 그런 자리를 차지하겠다는 경쟁도 치열하다. 그것은 경쟁의 도를 넘어 죽고 사는 극렬한 투쟁이 된다. 그처럼 어렵게 얻은 권력은 쉽사리 내놓기에는 그동안 치른 대가가 너무나 크다. 그것을 기회의 구조structure of opportunity라는 말로 표현한다면 기회의 구조가 협소하거나 제한되고 폐쇄적일수록 정치권력의 순환도 제한되고, 권력이 한 사람이나 소수에게 집중되면 정치적 투쟁의 양상도 치열한 성격을 갖게 된다.

권력 다음으로 인간의 본성이 정치를 비도덕하게 만들 수 있는 또 다른 이유가 될 수 있다. 인간은 유한有限하고 죽을 수밖에 없는 존재이다. 그러나 인간은 무한의 존재같이 행동하고 영원히 살기를 원한다. 인간의 모든 과오와 죄는 바로 자신을 무한無限의 존재로 만들고자 하는 데서 시작된다. 특히 정치의 경우는 더욱 그러하다. 권력을 장악한 인간이 그것을 영원히 지키려고 할 때 모든 정치적 죄악은 시작된다. 인간의 욕심은 끝이 없다. 그래서 자주 인용되는 액튼Acton 경의 "절대적 권력은 절대적 부패를 만든다"라는 격언처럼 되도록 많은 권력을 갖고 싶어 하는 것은 독재자뿐 아니라 모든 지배자에 잠재되어 있는 본능에 가까운 특성이라 하겠다.

니버 교수가 주장하는 인간의 문제는 인간이 '자신이 유한적인 존재라는 것을 잊고 무한적인 존재처럼 행세' 하는 데 있다. 니버는 그것이 인간의 '죄'의 근원이라고 보았다. 인간의 죄가 인간들의 이기주의와 자기중심주의egoism로부터 발생한다는 것이다. 니버는 개인이 도달할 수 있는 가장 고귀한 가치와 덕성은 '자기희생unselfishness'이라고 했다. 이기적이고 자기중심적인 것이 인간이지만, 인간으로서 이룰 수 있는 가장 높은 도덕적 성취는 자기희생이라는 것이다. 여러 해 전이지만, 일본 도쿄의 어느 지하철역에서 달려오던 전차 앞에서 위험에 빠진 사람을 구하려다 죽은 한국 학생의 이야기가 일본인과 한국인 모두를 감동시켰고 그를 의인義人이라 칭했다. 그런 자기희생적인 도덕적 행동을 누구나 할 수 있는 것은 아니다.

니버는 인간의 본성을 논하면서 특별히 강자(지배자)가 갖는 문제를 논하고 있다. 지배자인 강자는 모든 인간이 그렇듯 자신을 하나님으로 자처하려는 유혹에 빠지기 쉬운 존재라고 했다. 강자는 모든 사람이 해야 할 겸손이라는 것을 모른다는 것이다. 그런 교만으로 자신만 아니라 정치나 국가를 망치기도 한다고 했다. 강자는 처음에는 사회적 평화를 창출하고 어느 수준까지는 평화를 유지한다. 그들은 자기가 한 일에 대해 부당한 요구를 하여 사회적 평화와 정의를 파괴하게 된다. 그리고 사회를 심각한 내분으로 내몬다. 국민들에 대한 통제력을 자신의 제국적인 욕망을 만족시키기 위해 사용하기도 한다. 권력에 대한 매우 날카로운 비판이다. "강자를 믿지 말라"는 것이다.

니버 교수가 생각하는 '인간사회가 도달 가능하고 바람직한 정치는 질서와 정의와 사랑을 실천하는 인간집합체의 실현'이다. 그는 인간사회는 진정한 의미의 평화와 형제애와 평등을 실현할 수 없다고 주장했다. 사회나 정치가 추구할 목표는 모든 사람들의 삶에 평등하게 기회를 주자는 것이지만 그것은 불가능한 일이라는 것이다. 그런데 어느 정도의 정의는 시련 가능하다고 했다. 그런데 정의를 실현하려면 먼저 정치가 질서를 갖추어야 한다. 모든 국가가 국민을 안전하게 하는 데 목적을 두고 있다. 그러기 위해 질서가 있어야 한다.

이러한 니버의 권력과 인간본성에 대한 생각에 영향을 준 사람은 4세기의 위대한 사상가로 『고백론』을 쓴 성 아우구스티누스St. Augustinus (354~430)이다. 그는 자기사랑self-love을 죄의 근원으로 보았다. 이로 인해 인간 공동체 안에서는 끊임없이 갈등과 분쟁이 일어나고 피비린내 나는 전쟁이 일어난다고 했다. 따라서 그런 공동체를 유지하려면 '지배 집단'이 있어야 한다고 주장했다. 권력의 중요성을 강조한 것이다. 이것은 강력한 절대군주의 필요성을 강조한 영국의 홉스의 현실주의 주장을 연상시키는 것이다.

아우구스티누스는 사회질서를 위해 지배집단이 필요하지만 그들에게 사회질서 유지의 책임을 부여했다고 해서 그들이 자기 이익을 좇는 부패에서 면역되거나 죄에서 면죄되는 것은 아니라고 강조했다. 이것은 절대 군주의 도덕성을 도외시한 홉스와는 전혀 다른 주장이다. 즉 권력자가 부도덕한 존재가 될 수 있다는 것이다. 또 권력자들이 정치나 사회적으로 죄를 짓는 이유는 자기들이 한 공적에 대해 너무 지나치게 큰 대가를 요구하기 때문이라고 지적했다. 현실주의적이며 또한 도덕적인 내용의 주장도 하고 있다.

사실 그런 강자들은 대가를 요구할 뿐 아니라 자기들이 스스로 차지하였다. 그들이 자기 휘하의 기관들을 장악하고 있기 때문이다. 자기중심주의, 교만과 이기심, 이것들이 인간을 죄 짓게 만드는 근원이다. 정치를 부도덕한 것으로 만드는 가장 큰 이유는 권력욕과 이기심과 자기중심 그리고 나아가 스스로를 초인적인 존재로 착각하는 오만이다.

그런데 질서를 달성하려면 강권 또는 강제력(강권)이 필요하다. 로마제국도 지방의 적대세력을 통제하기 위한 강권지배가 없었다면 유지될 수 없었다. 국가의 주권은 강제성을 띤 것이라 누구나 그 결정에 복종해야 한다. 강권을 바탕으로 유지되는 질서는 엄밀히 말해 '정의'보다 '사법'이라 할 수 있다.

사실 강제성을 띤 정의보다 개인이 스스로 정의를 실현하기 위해 이기주의를 버리고 자신의 이익보다 전체의 이익을 우선시한다면 저절로 질서가 확립되고 나아가 사회정의 실현을 위한 기반이 조성될 것이다. 그러나 이것은 현실과는 너무나 거리가 먼 이상이다. 강권이 없는 사회에서 자발적으로 질서가 확립된 경우는 없다.

정치는 권력과 강권에 기초하고 있다. 합법적이고 정당한 권력에 근거한 권위를 바탕으로 한다. 집권자는 전체 사회를 대신해서 목표를 설정하고 그것을 달성하기 위해 권위에 의존하지만 때로는 단순한 강권에 의존하여야 한다. 그런데 집권자의 목표가 자신의 이익과 겹쳐질 때, 그것을 마치 국가의 목표처럼 위장하거나 국가가 추구해야 할 목표보다 자신의 이익이 관련된 특수한 목적을 위해 강권을 사용할 경우 정치적 도덕성의 문제가 생긴다. 그리고 집권자가 국민의 비판에도 불구하고 자신의 목적을 강제로 추구할 경우 정치는 혼란에 빠지게 된다. 권력자의 권위가 추락하고 반대 세력으로부터 도전을 받게 된다.

정치적 도덕성 문제의 원천이 인간본성과 권력이라는 특이한 속성과도 관련이 있다고 본 유럽의 고전적 자유주의 사상가들은 권력의 남용과 부정을 견제하기 위해 제도적 개혁을 강조했다. 그러나 서구 국가들이나 모든 국가들이 정치적 불안과 혼란을 겪었다는 것이 중요하다. 아무리 좋은 제도를 만들어도 그것을 운영하는 것은 유한한 인간의 도덕성과 관련이 있다. 그래서 서구사회에서 유달리 강자의 권력 낭비와 부도덕성을 막을 수 있는 방법을 찾으려는 노력이 계속되었다.

실패한 이성주의의 '치국평천하'

고대古代부터 종교는 인간이 추구해야 할 덕성으로 사랑과 의무를 강조해왔다. 그런데 사회나 정치적 관점에서 볼 때 그것은 개인의 행동보다 집단적 행동을 중요시하기 때문에 사회 및 정치적 도덕성과 종교적 도덕성은 전혀 정반대의 입장을 취할 수도 있다.

특히 유교는 엄밀히 말해서 종교는 아니지만 공자는 덕을 쌓은 개인이 많을수록 천하도 질서를 갖게 되고 태평해질 수 있다고 말했다. 그것을 개인과 사회의 갈등이나 긴장을 해결하는 방식으로 보려는 것이다. 그러나 이것은 사실 유토피아이고 이상주의다. 기독교에도 '사랑'만 있으면 원수도 사랑할 수 있고 그것으로 악과 갈등을 없애고 정의로운 사회실현도 가능하다고 믿는 교파가 있다. 전쟁도 그런 방식으로 해결할 수 있다고 주장하는 평화주의자도 있다. 이것도 유토피아다.

특별히 중세기 가톨릭교회는 인간의 본성을 종교로 교화시켜 권력을 견제하려는 의도로 절대군주와 갈등을 조성하였으나 결국 정치권력에 굴복하게 되었고 유교사상 역시 도덕적으로 선량한 인간들이 권력을 갖게 함으로써 정치권력을 견제하고 권력의 남용을 막으려는 시도는 모두 실패하였다. 권력의 본질이나 인간의 본성으로 볼 때 도덕성으로 정치적 부도덕성의 문제를 극복하려는 시도는 실패하였다.

실패한 종교의 뒤를 이어 나타난 것이 르네상스 이후 꾸준히 성장하여 서구 문화권을 휩쓸게 된 인간의 '이성reason'으로 유토피아를 건설할 수 있다고 주장한 휴머니즘, 이성주의, 또는 합리주의라고 부르는 사상이었다.

이성주의자는 유교가 추구하려는 '치국평천하'라는 유토피아를 이성으로 실현할 수 있다고 주장하는 사람이다. 유교는 '수신제가'를 통해 자신을 함양하여 나라를 다스릴 덕을 쌓은 사람이 '치국평천하'를 이룰 수 있다고 했다. 서양에서는 르네상스 시기를 거쳐 이성으로 그 문제를 해결하려는 노력이 있었다. 그것으로 파생한 것이 자유주의라는 정치사상이다. 인간의 이성을 중요시하였고 교육을 통해 보다 이성적이 인간이 되면 개인과 사회와 정의의 문제를 해결할 수 있다고 생각했다. 그런 이성을 바탕으로 역사는 계속해서 '진보'할 것이라는 낙관론을 폈다. 자유주의자들과 이성주의자들은 이성이라는 위력을 가지고 사회와 정치의 도덕성 문제도 해결할 수 있다고 믿었다. 즉 인간의 능력을 신뢰하고 인간중심이라는 인본주의人本主義라고도 불렀다.

이성주의는 인간 개개인은 이성적인 존재이며 사회적 조화를 위해서 개인의 이기심이나 자기중심적 욕구를 억제할 줄 아는 존재라고 주장하였다. 또 전체 공동체라는 관점에서 개인의 요구와 주장을 판단하고 조절할 수 있는 능력을 지니고 있기 때문에 사회적 '정의'를 실현하기에 필요한 여건을 판단하기에 적절한 지성을 가지고 있다고 주장하였다.

이것은 이성이 마치 유교의 '수신제가' 같이 도덕적 인간의 덕을 함양시키고 그것으로 천하를 평화롭게 한다는 주장과 일맥상통하는 주장이다. 그러나 사회나 정치 같은 복잡하고 서로 얽힌 관계들을 '덕'으로 해결할 수 없듯이, '이성'으로 문제를 해결한다는 것은 불가능한 것이다. 더구나 권력이 개재介在되는 정치에서 '이성'으로 정치적 정의가 달성된 예는 찾아볼 수 없다.

이런 이성주의의 주장이 서구에서 자유주의 사상을 함양시키는 요인이 되었고 그것이 의회민주주의의 발달에 기여한 것은 사실이다. 그러나 개인과 사회 그리고 정치 사이에 조화보다 부조화가 많은 이유는 개인의 지적 능력이 부족하기 때문이 아니다. 이성주의자는 사회와 개인들 사이의 갈등을 해결하는 데 이성이 중개 역할을 할 수 있다고 주장하고, 그 해결책을 '교육'에서 찾으려 했다. 개인이 교육을 통해 이성을 갖게 되고 사회나 정치문제에 대해 보다 많은 정확한 지식을 갖게 되면 개인과 사회적 조화는 자연히 이루어질 수 있으며 사회는 계속 진보할 수 있다고 주장하였다.

그러나 이성주의자들이 주장하는 것 같이 교육을 많이 받았다고 사회 부조리가 없어지고 사회나 정치가 개혁되어 정의가 실현된다고 보는 것은 너무 단순하고 낙관적인 주장이다. 역사가 계속 진전하고 사회의 지식수준이 올라갈수록 더욱 정의로운 사회가 될 수 있다는 이성주의의 낙관론은 오래 가지 않았다.

1차 세계대전(1917~19)은 그런 이성주의와 무한한 진보를 주장한 낙관론을 산산조각으로 부숴버렸다. 이미 19세기 말부터 서유럽에서 여러 차례 혁명적인 상황이 나타났다. 그러면서 이성주의자들의 낙관론이 붕괴하기 시작했다. 유럽 국가들이 산업화를 이룩하고 자본주의 경제가 발달함에 따라 많은 사회문제가 돌출하기 시작했다. 대표적으로 사회 정의와 정치적 자유를 요구하는 노동자, 농민과 시민들의 봉기가 이어졌다. 이성주의를 뒷받침한 인본주의(휴머니즘)도 같은 이유로 도전을 받았다. 이성에 바탕을 둔 사회질서와 정의 실현과 역사적 진보가 가능하다고 주장한 이성주의의 진보사상은 역시 하나의 유토피아에 불과하였다.

'가난한 사람만 믿으라'는 마르크스

종교나 이성주의가 불신을 받고, 산업 사회의 온갖 문제가 대두되는 가운데, 유럽 사회가 비관주의에 빠져 있던 19세기 말 어떤 젊은 철학자가 또 다른 이성주의와 낙관주의를 가지고 유럽사회의 문제를 해결하겠다고 나섰다. 종교로도, 이성주의로도, 인간을 믿어도, '치국평천하'를 달성할 수 없다는 것이 만천하에 드러난 때에 모든 인간이 아니라 오직 '가난한 사람'만 믿으면 '치국평천하'를 만들 수 있다고 주장한 사람이 나온 것이다. 독일에서 철학을 공부하고 잡지사의 편집인으로 있다가 프랑스로 망명한 젊은 사회주의 사상가 카를 마르크스라는 유대인 철학자였다.

마르크스는 유럽 사회가 봉착하고 있던 인간과 정치권력과 도덕성의 모순과 문제점을 '단번'에 풀 수 있는 방법이 있다고 공언하였다. 그의 메시지는 단순했다. "가난한 사람을 믿어라!"이었다. 마르크스가 무산계급에게 새로운 사회, 평등한 사회를 창조하는 메시아(구원자)의 역할과 책임을 맡기겠다는 것이었다. 그래서 '가난한 사람'을 믿으라는 것이다. 후에 그의 주장은 전 세계의 노동자들을 흥분시킨 "만국의 노동자여, 단결하라!"는 공산주의자 선언Communist Manifesto 의 서두에 정치적 구호로 다시 나타나게 된다.

마르크스는 사회를 두 계급으로 나누었다. 하지만 사회를 두 개의 집단으로 나누는 것은 문제가 있다. 그러나 마르크스는 무산계급인 프롤레타리아트에게 역사적 전환과 새로운 시대 건설의 중책을 맡겼다. 프롤레타리아 독재론이다. 무산계급이 새로운 시대를 열어주는 '구세주' 즉 '메시아'가 된다는 것이다.

그에 의하면, 무산계급은 소위 현명하다고 하는 사람이 볼 수 없는 것이나, 그런 사람이 보려고 하지 않는 '사회적 위기'를 볼 수 있는 운명을 지니고 있다고 했다. 그래서 새로운 메시아로서 "가난한 무산계급을 믿으라"고 주장한 것이다. 마르크스가 주장한 새로운 낙관론은 자유주의의 낙관론처럼 단순하지 않고 사실에 맞는 것도 많았다. 마르크스는 자본주의 경제가 초래한 불평등과 노동계급의 소외 문제를 다루었고, 역사 속에서 그것을 해결한 '정의로운 사회'가 실현될 수 있다고 믿었던 사람이다.

그래서 유럽사회가 앓고 있는 병폐의 원인인 '사유재산제도'와 자본주의의 모순을 해결해 줄 대안으로 제시한 것이 '과학적 사회주의'와 '프롤레타리아 혁명'이라는 행동원리와 처방이었다. 마르크스가 진단한 사회병폐의 원인은 사람들이 속을 정도로 매우 단순한 것이었다. 모든 사회부정의 원천은 한 가지, 그것은 바로 '사유재산제도'라는 것이었다. 그것이 모든 사회악의 원천이고 자본가계급이라는 한 특권계급이 존재하는 한 사회적 불평등과 사회악은 해결할 수 없다고 주장했다.

또 자본주의 경제에 대한 비판에서 생산양식Mode of Production 을 중요시했다. 마르크스의 경제결정론적 주장에 의하면, 인간 개인은 생산양식에 따라 형성되는 계급구조의 한낱 '종속물'에 불과하다. 노동계급은, 인간들로부터, 그리고 노동자들 서로 간에, 심지어 그가 쓰는 기계들로부터 소외된 인간이다. 인간이 계급구조의 한낱 종속물이라면, 인간의 도덕성이니 이상이니 하는 것은 모두가 자본주의사회의 지배계급이 자신들의 이익을 옹호하고 합리화하려는 '허구적인 주장'일 뿐이라고 하였다.

마르크스는 이데올로기를 '그릇된false 사상'으로 규정하고 '이데올로기'의 의미를 원래의 뜻과 전혀 다르게 사용했다. 이데올로기를 지배계급이 지배수단으로 쓰는 '거짓된 사상이나 생각'이라고 했다. 그것이 마르크스의 이데올로기 개념 규정이다. 또 그것을 '환상'이라 했다. 자본주의라는 인간을 억압하기 위해 만든 이데올로기나 정치사상이나 도덕론 같은 '거짓된 생각'은 모두가 지배층의 권력을 옹호하고 정당화하기 위해 지어낸 '허구적'인 주장이라고 했다.

마르크스에게 인간의 본성에 대한 성찰은 아무 의미가 없다. 그는 역사를 '인간의 이해관계를 둘러싼 계급투쟁의 연속'으로 보았다. '도덕성 자체'가 특권계급의 이익을 옹호하고 특권 지배계급의 지배를 정당화하기 위해 만들어낸 것이라고 했다. 보다 중요한 것은 '평등'이다. 사유재산이 없어지고 특권계급이 없어져서 무산계급 하나만 남으면, 투쟁할 상대와 이유가 없고, 갈등도 없고 도덕 문제도 없다. 자연히 사회질서도 확립된다.

국가가 지배계급을 대신해서 무산계급을 억압해 왔으나 지배계급이 사라지면 국가도 필요 없고 계급갈등도 없다. 갈등이 없으니 정치도 필요 없다. 계급투쟁이 없는 상황에서 국가의 억압이 있을 필요가 없다. 억압이 없으니 지배자를 옹호하는 도덕론은 사라지고 그 대신 오직 평등이라는 정의가 실현된다. 이것이 마르크스 판version '수신제가 치국평천하'론이다. 공자의 '수신제가'를 사유제산제도의 폐지로 대치하고 그것을 '가난한 자'로 바꾸면, '가난한 자'인 메시아에 의해 '요순시대'를 방불케 하는 공산주의에 의한 '치국평천하'가 된다는 주장이다.

마르크스의 진단과 그에 따른 처방은 간단하면서도 사람의 생각을 사로잡을 정도로 설득력이 있었다. 하지만 그의 진단은 오류가 있었고 그의 처방에는 더욱 오류가 많았다. 마르크스의 주장대로, 사유재산제도가 모든 불평등과 억압과 계급투쟁의 원인이라는 대전제가 맞는다면, 혁명으로 사유재산제를 없애고 계급 없는 사회가 되면 사회정의가 실현되고 국가라는 억압적 기관도 사라지게 된다는 '결론'이 나와야 한다. 그런데 이런 마르크스의 논법대로 사유재산제도를 없앤 결과, 그가 예언한 것 같은 미래가 나타났느냐 하는 것이다. 그의 대전제와는 상반된 결론이 나왔을 뿐이다.

프롤레타리아트가 지배하는 국가를 꿈꾸는 공산사회라는 유토피아를 실현하기 위한 처음이자 마지막 시도는 유럽에서가 아니라 러시아제국을 붕괴시킨 혁명가 레닌Lenin(1870~1924)에 의해 실험대에 올랐다. 소련 공산정권의 수립이었다. 그런데 러시아제국을 뒤엎고 그 자리에 들어선 공산정권은 마르크스가 "가난한 사람만 믿으라"고 약속했던 지상낙원은 아니었다. 그가 꿈꾸던 '치국평천하'인 공산주의 사회는 레닌과 그 후 스탈린(1879~1953)에 의해 전대미문前代未聞의 괴물인 전체주의적 독재국가로 둔갑하였다. 그들이 만들어낸 괴물의 본질은 다음 세 가지 특징으로 집약할 수 있다.

첫째로 정치체제로서 정치권력은 완전히 한 사람에게 집중되었다. 소련도 초기에 레닌의 생존 시에는 집단지도체제를 취했다. 그가 죽자 스탈린은 비밀경찰 수장이었던 베리아Beria를 시켜 정적과 경쟁자들을 모두 숙청했다. 소련혁명의 공로자인 트로츠키L. Trotsky는 남미로 피신하였으나 스탈린은 끝까지 그를 추적해서 암살했다. 모든 적대세력을 제거한 스탈린은 악랄한 일인독재자가 되었다.

권력투쟁이 치열한 만큼 정적들에 대한 보복도 잔인하다. 스탈린은 신경제계획NEP을 추진하면서 비협조적이라고 낙인찍힌 사람들을 죽이거나 시베리아의 집단수용소로 추방했지만 그의 주변이나 공산당 내에서 누구도 그를 비인간적이라고 비판하지 않았다. 죽기 얼마 전에는 심한 편집증paranoia에 걸린 스탈린이 의사들이 짜고 자기를 독살하려 한다며 비밀경찰 책임자인 베리아를 시켜 2000명의 모스크바 거주 의사들을 희생시키기도 했다.

둘째로, 사유재산제도만 없애면 평등이 온다던 마르크스의 주장과는 달리 사유재산의 국유화로 경제력은 소수의 집권세력에게 집중되었다. 마르크스는 독점하던 자본계급이 사라지면 경제권력도 동시에 없어진다고 했다. 그러나 재산을 국유화하자 단일의 과두지배세력이 정치권력뿐 아니라 경제권력도 독점하였다. '노동자들의 천국'이라는 소련에서 사회화된 공장의 노동자는 이론상 그 재산의 공동소유자이지 실제로는 아무 권한이 없고, 공장을 관리하는 세력의 지배를 받는 무력한 존재가 되었다.

셋째로, 세뇌공작을 통한 독재체제의 장기집권이다. 전체주의 체제인 소련 공산정권을 지탱하려면 공산주의라는 '유토피아'를 위한 이데올로기가 필요했다. 사유재산을 없애고 국가통제 경제로 전환한 소련은 '일 세대 안에 서구국가들을 능가할 공업국가'로 만들 수 있다는 환상을 국민에게 불어넣어야 했다. 하지만 테러와 공포, 비밀경찰만으로 체제를 유지하는 데는 한계가 있었다. 독재자와 소수 과두지배세력이 공산체제를 강화하는 방법은 국민을 철저하게 이념적으로 세뇌洗腦시키는 것이었다. 러시아의 심리학자 파블로프Pavlov가 개를 가지고 실험한 '조건반사 conditioned reflex' 이론이 세뇌작업에 활용되었다는 설이 돌았다. 계속적인 반복을 통해 개가 주인의 지시대로 행동하게 된다는 설이다. 인간을 순종하게 만드는 방법으로 국민을 세뇌시켰던 것이다.

세뇌공작을 통해 국민에게 주입시킨 내용은 공산주의를 지상낙원처럼 미화하고 미래에 대한 찬란한 유토피아적 환상을 갖도록 하는 동시에 그들을 해치려는 자본주의 국가에 대해 강한 적개심을 갖도록 하는 것이었다. 그와 동시에 소련 국민들 서로를 철저하게 감시하도록 했다. 나치즘 치하의 독일에서도 이처럼 철저한 감시체제는 없었다. 나치즘의 유대인 학살 같은 잔인성을 감안하더라도 소련의 폭정과 잔인성, 통제와 감시는 질적·양적으로 독일의 나치즘을 능가하는 것이었다. 그런 스탈린이 구소련을 모델로 찍어낸 복제품replica의 하나가 김일성에서 시작해서 김정일과 김정은에 이르는 "아주 작은 소련"으로서의 북한의 '세습형' 공산주의 체제이다.

'목적이 수단을 정당화한다'는 반도덕주의 사상

공산주의 정권인 구소련은 인간의 도덕성과 정치 부도덕성의 문제를 가장 극명하게 보여준 사례가 된다. 소련 공산정권이 인간의 권리를 존중했다는 말을 들어본 적이 없다. 인간 개인은 정권이라는 거대한 기계 안에서 그것에 맞물려 돌아가는 부품일 뿐이었다. 가난한 사람의 낙원을 만든다고 했던 정권이 실상은 인간으로부터 자유를 빼앗고 인간을 정권의 노예로 만들었다. 공산정권에서 인간의 도덕성은 큰 의미가 없다. 가장 중요한 것은 집권자와 공산당에 대한 충성과 복종이다. 그것으로 자신의 '성취'감을 느끼게 된다.

공산주의 사상에서 '도덕'의 의미는 비공산주의 사회가 이해하는 의미와 다르다. 공산주의자에게 최상의 목표는 혁명이라는 방법과 수단으로 사회주의 국가를 건설하는 일이다. 그런 숭고한 목적을 달성하는 데 있어서 방법이나 수단이 중요할 뿐 '도덕성'은 아무 의미가 없다. 목적이 옳으면 그것을 달성하기 위해서는 어떤 수단도 정당화될 수 있다는 것이 공산당의 혁명논리다. 거기에 도덕성이 들어갈 여지는 없다.

그들에게 도덕이란 자본주의 사회의 지배계급이 자신들의 지배를 정당화하기 위해 만들어 낸 창작물이다. 소위 상부구조이다. 하부구조를 구성하는 노동계급을 억압하기 위한 지배수단으로 본다. 공산혁명이 성공하면 낡은 지배계급 대신에 새로운 인간형이 나타나는데 그것은 '공산주의형 인간'이라는 이상적인 인간형이다. 그런 인간에게 요구되는 것은 도덕적인 자질이 아니라 공산당에 얼마나 충성하느냐 하는 것이다.

공산체제의 권력자에게 도덕주의는 공론일 뿐이다. 그들에게 덕성을 가지고 통치해야 한다는 유교적 정치관은 엉뚱한 소리에 지나지 않는다. 크렘린Kremlin과 북한의 '주석궁' 안에서 벌어지는 세계는 도덕의 세계와는 거리가 먼 것이다. 철저하게 가려져 있다. 공산주의자는 "공산혁명으로 국가가 없어진 이상 억압도 없다"고 믿는다. 집권한 엘리트의 사명과 책임은 혁명정부의 방향과 구체적인 정책을 결정하고 역사의 방향을 올바르게 파악하면 된다.

혁명은 반대세력의 이념이나 도덕적 판단의 대상이 될 수 없다. 공산주의혁명을 완수하기 위한 노력만 평가할 수 있다. 그들에게 도덕적 자질을 요구할 필요도 없다. 혁명을 위해 얼마나 헌신하며, 당에 충성하고 역사적 사명을 다하느냐가 지배자나 그의 충실한 추종자들이 갖추어야 할 자질이다. 그러므로 공산정치에는 '정치적 부도덕이란 없다'. 오직 독재자를 향한 충성심만 필요하다.

공산정권은 "부도덕한 정치는 없다"고 주장한다. 그런데 세계에서 부정부패가 가장 심한 정권이 공산정권이다. 공산당 간부와 관료의 부정부패 수준은 자본주의 국가를 뛰어넘는다. 두 기관이 정권의 모든 규제를 장악하고 있기 때문에, 그 기관으로부터 허가를 받으려면 뇌물 없이는 불가능하다. 최고위층에서 최하위층에 이르기까지 국민의 뇌물 행위가 구조화되어 있는 나라가 바로 공산국가다. 그럼에도 여전히 부도덕한 정치는 없다고 강변하고 있다.

스탈린, 마오쩌둥, 김일성을 우상화하는 것은 그들이 도덕적으로 존경받아서가 아니다. 그들을 국민 통제와 공포심 유발의 수단으로 사용하기 위해서다. 그들이 도덕적으로 인정받을 만한 정치를 해서가 아니라 정권을 유지하기 위해 그리고 집권자인 자신을 지키기 위해 전국에 그들의 동상을 세워 우상화 운동을 벌였다. 그러나 이들은 살아 있는 동안 수천만 명의 생명을 죽이거나, 형무소에 가두거나, 강제수용소로 보내 죽게 하거나, 굶겨 죽인 어두운 과거의 그늘이 있다. 그들의 우상화는 인간 학살과 도륙屠戮의 기록을 숨기려는 얕은 수작에 불과하다.

마르크스가 예견한 프롤레타리아 독재와 무산계급의 낙원이라던 공산주의 사회는 1990년 초 붕괴하였다. 마르크스의 유토피아는 하나의 '공상적空想的 유토피아'였던 것이다. 공산사회라는 '가난한 사람들의 천국'은 현실에선 세상에서 가장 혹독하고 추악한 전체주의체제 국가였다. 마르크스가 자기 나름대로, 국가라는 탄압과 억압의 조직을 없애고 인민이 스스로 자기를 지배하고 착취가 없는 평등사회를 창조한다고 한 것은 '한여름 밤의 꿈'이었다. 구소련과 오늘의 북한에서와 같은 가장 부도덕하고 잔인하며 인간을 짓밟아 버리는 정치를 만들어놓는 데 간접적으로 기여했을 뿐이다.

　역사를 되돌아볼 때 인간을 지배해 온 정치가 얼마나 '도덕적'이었을까 라는 의문이 생긴다. 인간을 지배해 온 형태는 각양각색이지만 본질은 모두가 독재자가 제멋대로auto 하는 전제정치autocracy다. 통치자의 일방적인 지배형식이다. 통치자의 자비심에 피지배자들의 운명이 달려 있었던 지배양식이다. 인간인 통치자에게 무제한의 권한을 줄 경우 나타나는 문제들이 오늘날 중국과 북한에서 극명하게 나타나고 있다. 제3세계라 불리는 저개발 국가들이나 군사정권 같은 소수 지배세력에 의한 정치체제의 도덕성도 매우 심각한 문제지만, 폭력과 테러와 감시의 정도로 본다면 그런 국가들의 독재정치가 초래한 부정적인 결과는 전체주의체제들이 범한 악과는 비교할 수 없이 낮은 수준의 것이다. 남한의 군부독재정치를 북한의 일당 공산정치와 비교한다면 그 의미를 이해하기 쉬울 것이다.

정치의 부도덕성을 견제하는 법치주의

인간에게 권력이라는 요소를 주면 그것을 착하게 사용하기보다 부도덕하게 사용할 가능성이 매우 높다. 정치에서 법치보다 '인치人治'가 문제가 되는 이유다. 그런데 한국은 그런 인치가 정치 전통이 되어온 나라다. 민주화를 달성했다는 한국정치가 아직 '인치'를 벗어나지 못하고 있다. 인치를 부추기는 요소는 제한없는 권력이다. 특히 권력의 집중현상이다. 대통령제 아래 모든 권력이 한 사람에게 집중되고 있고 그런 집중된 권력과 인치가 상승작용을 일으키며 야기하고 있는 부정부패를 제거한다는 것은 불가능하다. 어느 나라의 정치도 부정으로부터 면역되어 있는 나라는 없다. 모두 부패와 부정에 감염되어 있는 상태다. 그러나 통제할 수 없는 권력을 행사하는 나라일수록 부정부패 문제는 더욱 심각하다.

권력이 개입된 정치도 사정은 마찬가지이다. 도덕적으로 완벽하고 선한 정치는 이상일 뿐 현실이 아니다. 집권자의 탐욕 때문에, 또는 집권자 자신의 약점을 노출하기 싫은 체면 때문에, 또는 한번 잡은 권력을 죽을 때까지 놓고 싶지 않기 때문에, 인간이 관여하는 정치는 언제나 부도덕해질 가능성이 높다. 단순히 독재자만 그런 게 아니다. 민주적으로 선출된 정치인들도 계속 그 자리에서 영광을 누리기 위해 법을 어기거나 부도덕한 방법으로 권력을 유지하려다가 모든 것을 잃는 경우가 많다. 민주주의가 가장 발달했다는 영국의 내각 각료들과 미국의 대통령들의 측근들도 스캔들을 일으키거나 도덕성 문제로 감옥에 가는 일이 비일비재하다. 인간은 도덕적이지만 완벽할 수 없다. 아무리 노력해도 인간이 성인이 되기는 어렵다.

요즘에 한국에서 자주 언급되는 말로 '적폐積弊'라는 용어가 있다. 이전에는 언론과 정치계에 '부정부패' 또는 '비리'라는 말이 통용되었는데 언제부터인가 부정부패의 수준이나 차원을 넘은 범죄라는 의미를 담은 '적폐'라는 말이 사용되었다. 이 말은 주로 공직자의 부도덕성과 연관된다. 노무현 정권 당시, 누적된 폐해를 청산한다는 취지로 '과거사 청산위원회'라는 이름 아래 이전 정권하에서 일어난 비리나 부정행위를 재조사하고 사법처리하는 경우가 있었다.

'적폐'라는 용어는 그동안 누적되어온 폐단을 일컫는 말이다. 매우 도덕주의적이고 독선주의적인 내용을 함축한 말이다. 사법부가 건재하다면 비리가 일어난 그때 처리하거나 그 후 사법부가 계속 처리하면 되는 것이지 정권이 바뀔 때마다 과거로 돌아가 보복적 성격의 처벌을 하는 것은 법치국가에서는 찾아볼 수 없는 일이다. 독재국가나 '인치' 국가에서나 볼 수 있는 현상이다.

이것은 잘못하면 독선주의적인 과오를 범할 수 있다. 어느 정권도 부패와 부정에서 면역될 수 없다. 새로 집권하면서 그 이전 정부의 과오를 '적폐청산'한다면 그것은 정치적 복수와 다름없다. 자신은 깨끗한데 그 이전 정부는 '부정하고 부패했다'고 주장한다면 그것은 최악의 독선주의다. 유교국가인 한국에서 정치를 도덕주의적 내용과 본질로 다루는 경향이 매우 강하다. 즉 정치를 '선'과 '악'으로 흑백처럼 가른다. 독선주의적 사고이다. 나는 옳고 너는 옳지 않다는 오랜 도덕주의와 독선주의에서 유래된 것이다.

한국의 정치인들은 자신의 행동이나 자기의 경쟁자나 정적에 대해 도덕주의적인 표현으로 자신을 감싸거나 다른 사람을 비방하기 일쑤다. 어떤 정책이나 정치적 행동에 대한 공정하고 정당한 비판이 아니라 인신공격적인 내용으로 상대방을 비방한다. 그것이 대통령에서부터 정치인들에 이르기까지 흔히 쓰는 공격방식이기도 하다. 그러나 인간의 본성을 제대로 이해하는 사람이라면 인간이 얼마나 도덕적으로 불완전하고 이

중적인 윤리를 따르며 권력 앞에서 비굴해질 수 있는가를 알고 있다. 자기중심적이고 자기이익을 추구하는 불완전한 존재임을 안다.

정치를 보다 도덕적으로 만드는 길은 계속되는 적폐추궁에 있지 않다. 한 정권이 적폐청산을 하다 임기가 끝나면 그다음 정권이 전 정권을 대상으로 적폐청산을 하는 악순환이 계속될 것이다. 복수는 또 다른 복수를 낳는다. 정치에서 특히 심하다. 한국정치는 복수정치의 역사였다라고 해도 과언이 아니다. 그런 어두운 역사에서 탈피해야 한다. 철저한 법치주의에 따라 사법부가 지금보다 더욱 독립되고 공정하다면, 그 악순환을 끊는 역할을 할 수 있다. 권력을 남용하거나 부정을 행한 사람을 엄정한 법적 심판이 아니라 '적폐'로 다스리는 것은 긴 안목으로 볼 때 민주정치의 권력분립 원칙을 파괴하는 결과를 가져올 수 있다.

모든 나라가 정도의 차이는 있으나 부정에 오염되어 있다. 그것은 그런 나라에 사법부가 없어서가 아니다. 권력을 둘러싼 인간 본성에서 나타나는 부도덕한 정치가 지니는 보편적인 현상인 것이다. 어떤 나라도 도덕적으로 완전한 정치를 보장해 주지 않는다. 한국처럼 '법치'가 아니고 '인치'로 통치해 온 오랜 역사를 가진 정치에서 부도덕한 정치를 막는 일은 더욱 어렵다. '인치'가 이승만 정부 때나 박정희 정부 때나 그 후 나타난 모든 비리의 원인이었다.

인간 개인의 도덕이나 윤리기준을 국가나 정부와 정책 같은 집단에 적용하는 것은 모순이라고 앞에서 지적하였다. 특히 국내정치도 그렇지만 외교정책에 대한 논의를 할 때, "좋은 나라", "나쁜 나라" 식의 단순한 가치판단을 하거나, "우리와의 의리를 보아서"라고 하든지, "그 나라 국민은 상종할 수 없이 나쁘다"라는 개인의 특수한 경험을 일반화해서 판단하는 것처럼 어리석은 일은 없다. 국가 간의 관계는 개인적인 차원의 윤리나 도덕기준에 따라 좌우되는 것이 아니다.

이 장의 글 맨 앞에서 지적했지만, "사랑"은 국가 간의 관계에 통하지 않는다. 국가끼리 "사랑하라"는 표현처럼 우스꽝스러운 것은 없다. 국가들은 협상할 때 엄격한 실리를 따진다. 국가이익national interest 이라고 한다. 그런 점에서 국가 간의 거래나 협상처럼 냉담하고 철저하게 계산적일 수 없다. 그런 현실을 무시하고 도덕주의적인 판단이나 일방적인 주장으로 국가 간의 쟁점에 대해 찬반을 논하는 것은 국가의 위신을 떨어트릴 수 있다.

평화도 평등도 불가능하나, 정의는 가능하다

종교도, 도덕주의도, 이성주의도, 마르크스주의도, 민주주의도 정치권력의 부도덕성을 막을 수 없다. 정치적 부정과 비리를 막을 수 없다. 사랑으로도, 덕으로도, 높은 교육 수준으로도, 그리고 마르크스가 꿈꾸던 평등으로도 정치부정을 막을 수 없다. 그것이 현실에 나타난 진실이다. 그 이유는 인간의 권력욕이란 스스로 자제할 수 있는 것이 아니기 때문이다. 권력을 행사하는 자의 양심에, 도덕성에, 교육에, 혁명정신에 기대해도 불가능하다. 그도 인간이기 때문이다. 뿐만 아니라 인간사회란 불평등하고 평화롭지도 않다. 어느 사회나 다른 사람보다 더 부유한 사람이 있고, 가치의 분배를 놓고 갈등이 있게 마련이다.

신학자요 정치사상가인 니버 교수는 아무리 발달되고 비교적 높은 도덕적 수준을 지녔다고 자처하는 유럽의 선진민주국가에서 정권과 권력을 가진 자들도 자기 스스로 통제하려 하지 않는다고 했다. 그 이유를 다음과 같이 설명하고 있다.

> 인간사회는 무정부상태와 폭군정치를 피하기 어렵다. … (중략)
>
> 권력을 통제하는 방법으로 사회가 직면하는 문제는 권력을 축소하면서 도덕적으로 그리고 이성적으로 사회생활을 조직할 요인들을 만들어야 하고 그런 권력을 사회 전체의 책임 아래 두도록 해야 한다. … (중략)
>
> 사회적으로 무책임한 권력을 파괴할 수 있어야 하고 도덕적 자제력을 지닌 유형의 권력을 완전히 사회적 통제하에 두어야 한다. … (중략)
>
> 그런데 이런 모든 방법이 제한점을 지니고 있다. 그러기 때문에 '영원'한 평화나 인간의 형제애라는 꿈은 결코 실현될 수 없다는 예언을 해도 잘못이라는 비난을 받을 위험성은 없다. 영원한 평화나 형제애나 평등은 불가능하다. 그보다 정의가 충분한 사회를 논하는 것이 바람직하다.

영원한 평화도 형제애라는 인간사회의 가치도 실현될 수 없고, 만약 바랄 수 있다면 정의를 실현하는 일이라는 니버 교수의 주장은 비관적이라기보다 매우 현실적인 관찰이다. 모든 집권자가 갖고 있는 인간의 본성 때문이다. 권력을 스스로 제한하거나 책임성 있게 행사하기보다 더 많은 권력을 갖기를 원한다. 특히 권력을 견제하는 장치가 없거나 있어도 기능을 발휘하지 못하는 정치일수록 그런 문제를 지니고 있다.

역사적으로 긴 인치人治 전통을 가진 한국에서 그것을 벗어나는 일은 매우 어려운 일이다. 인치로 다스려온 이승만과 박정희의 시대를 거쳐 이제 한국은 민주적인 정치체제를 정착시키는 과정을 밟아가고 있다. 지금 인치가 아니라 법치가 뿌리를 내리는 과정이 되어야 한다. 한국의 민주정치는 아직도 초보단계에 있다. 여전히 민주적 제도들이 설립 목적대로 운영되지 않고 사람의 의도대로 운영되는 경우가 많다. 인치의 뿌리가 너무나 깊다.

한국이 민주화되면서 시민들의 정치참여가 늘어나고 있다. 그리고 정부의 정책이나 집권자의 도덕성문제에 대해 보다 관심을 갖게 되었다. 시민들은 한국정치가 보다 "깨끗"하고 도덕적이기를 바란다. 보다 양심적인 사람들이 정치를 하면, 정치가 더 양심적이 되리라는 기대를 가질 수도 있다. 정직한 사람을 국회의원으로 뽑으면 정치도 공정하게 될 것으로 착각할 수도 있다.

그러나 이것은 잘못된 생각이다. 인간의 개인적 차원의 도덕성을 공적인 조직인 정부나 정책의 논의에 적용하는 우를 범하는 것이다. 공공조직을 운영하는 정치인과 관료들도 인간이다. 그들은 온갖 유혹을 받으며 이기심을 지닌 교만하고 탐욕적인 인간이다. 정치권력을 갖고 싶은 것은 인간 공통으로 갖고 있는 욕망이다. 그러나 아무리 자제력을 가진 인간도 정치권력을 장악하였을 때 스스로 그것의 사용을 통제하려고 하지 않는다. 그것이 권력의 본질이라 할 수 있다. 그래서 착하고 겸손했던 사람이 권력을 쥐었을 때 전혀 다른 사람으로 변하기 쉬운 것이다.

정부와 정치인들이 시민에게 약속한 정책수행의 효과와 업적 평가, 그리고 정치인들이 권력을 남용할 경우 '책임'을 묻고 그들을 갈아치울 수 있는 활동에 노력을 집중하는 것이 바람직하다. 그런데 한국에서 정치인이나 지도층이 책임을 지려하지 않는 것은 너무나 잘 알려진 사실이다. 그들을 바꾸는 방법은 정부나 정치에 있지 않고 시민들의 정치활동에 달려 있다. 이것이 정치적 '정의'를 실현하는 길이다.

정부에게 정치적 책임을 묻고 정의를 실현하려면 그 나라의 매스컴(언론)이 살아 있어야 한다. 진실을 보도할 수 있어야 한다. 부패하고 중립성을 잃은 언론은 부패한 정부만 키운다. 신문·방송이 정부의 일방적인 선전만을 보도한다면 심지어 민주정치가 발달한 미국의 수도 워싱턴 정가政街도 썩은 냄새가 진동할 것이다. 같은 말을 한국의 언론계에 대해서도 할 수 있다. 언론이 부패하면, 썩은 냄새가 우리 사회에 진동할 것이다. 언론이 진실을 보도하는 책임을 저버릴 때 그 사회는 도저히 회복할 수 없는 부패와 부정의 늪으로 빠지게 된다. 아무리 선진국이라도 공익을 외면한 언론은 죽은 언론이고, 무책임한 언론이고, 국민을 장님으로 만드는 언론으로 타락할 수 있다.

인간의 본성은 근본적으로 이기적이고 자기중심적이지만, 다른 한편으로 인간은 자유를 누리고 창조적인 일과 활동을 할 수 있는 존재이기도 하다. 한국 국민은 자유를 가지고 보다 도덕적이고 책임 있는 정치, 국민들의 요구와 열망에 보다 호응적인 정치, 자신들의 시민적인 책임을 다하는 민주적인 정치를 창조할 수 있는 창의성을 가지고 있는 국민이다. 인간에게 자유와 아울러 이기주의가 있고, 또 창의성도 있기 때문에, '민주주의가 필요하지만 또 창의성도 가지고 있기 때문에 민주주의 같은 매우 어려운 정치체제를 창조'할 능력도 가지고 있다는 것이다.

미국 역사상 처음으로 흑인 미국 대통령이 된 오바마Obama는 4년 임기를 연임했다. 그동안 미국에는 4년 단임으로 끝난 대통령이 많았다. 그것만 보아도 그가 흑인과 백인으로부터 널리 지지를 받았음을 알 수 있다. 2008년 첫 번째 대통령 임기를 시작하기 전, 뉴욕타임스 기자와의 대화에서 오바마 대통령은 "나에게는 니버 교수라는 내가 가장 존경하는 철학자가 있다"라고 말했다. 그 말이 퍼지자 미국 언론이 "니버가 누구냐?"라는 요란한 취재전을 벌이기도 했다. 인권운동가 마틴 루터 킹Martin Luther King Jr. 목사도 감옥에서 동료에게 보낸 옥중편지에서 니버의 책『도덕적 인간과 부도덕한 사회』를 사서 읽으라고 권했다고 한다.

니버 교수는 미국의 신학자요 또 사회윤리사상가이기도 하다. 정치와 역사에 대해 해박한 지식을 지녔던 신학자였다. 오바마 대통령은 NYT 기자와의 대담에서 "인간사회에 심각한 죄악과 고통과 고난이 있다는 것을 인정해야 한다. 그리고 그런 것들을 제거할 수 있다는 생각을 갖기 전에 겸손하고 신중해야 한다. 순진한 이상주의와 쓰라린 현실주의 사이를 방황하지 않으면서 어려운 문제들을 다루도록 노력해야 한다"라고 말했다. 니버의 주장을 다시 듣는 것 같은 내용이다.

오슬로에서 노벨 평화상을 수상한 후, 오바마 대통령은 수상 인사를 통해 현실주의와 이상주의 사이의 균형을 강조하였다. 니버의 '기독교 현실주의'라는 정치사상에 심취했던 오바마 대통령은 마틴 루터 킹 목사를 비폭력이라는 도덕적 힘의 산 증인이라며 존경하고 따랐다. 그러나 현실주의자인 오바마는 "정치 문제를 다루는 데 있어 때론 힘(강권)도 필요하다"고 했다. 임기 중 미국의 숙제였던 알카에다의 리더였던 오사마 빈 라덴을 제거한 사람도 오바마 대통령이다. 그는 재직 중 건강보험 문제에서부터 테러 문제에 이르는 수없이 많은 정치문제를 다루면서도 인간의 도덕성과 정치권력의 도덕성 문제를 깊이 있게 성찰하던 미국 대통령으로 기억될 것이다.

3장

정치의 본질은 가치의 권위적인 분배

정치학에 영향을 준 두 개의 철학적 가정假定으로 기계론과 유기체론organism 이 있다. 기계론mechanism은 13세기 말 시계가 발달한 후, 시계가 여러 개의 작은 기계들이 결합하여 하나로 움직이고 있는 것 같이, 사회도 기계와 같다고 주장했다. 하비Harvey라는 의사는 밸브와 펌프를 비유로 들어 처음으로 혈액순환에 대한 글을 썼으며, 그런 비유를 바탕으로 심장의 운동에 대한 과학적 논문으로 기계론을 뒷받침하기도 했다.

그리고 뉴턴Newton의 태양계 인력법칙으로 원자의 집합과 태양계 안의 위성 같이, 인간사회를 그와 유사한 연합체로 간주할 수 있다는 주장이 나오게 되었다. 물체와 같이 흡인력과 거부능력, 균형과 평형, 힘과 관성이라는 개념으로 인간의 집단을 설명할 수 있다고 생각했다. 이런 고전적인 기계론은 단순한 법칙에 의존하여 불변한 요소를 발견하려는 시도였다.

정치사상에 영향을 준 기계론과 유기체론

정치학에서 이런 기계론적인 사고를 정치현상에 적용한 사상가는 마키아벨리와 토마스 홉스이다. 두 정치철학자가 주장한 것도 그런 단순한 불변의 법칙이라는 가정이었다. 마키아벨리의 『군주론』은 평민들이 군주를 사랑하기보다 두려워해야 집권을 계속할 수 있다고 가정한다. 그런 마키아벨리의 주장은 "평민들은 정치에 무관심하다"는 전제에서 비롯된 것이었다. 그것은 단순하면서도 변하지 않는 법칙이었다. 군중이 정치에 무관심한 동안은 그 법칙이 맞을 수 있으나, 군중이 과도하게 정치에 관심을 갖게 되어도 그 법칙이 타당한가라는 의문을 제기할 수 있다. 토마스 홉스의 『절대군주론*Leviathan*』은 이 질문에 대한 홉스의 해답이었다.

마키아벨리보다 1세기 후에 태어난 홉스는 영국에서 혁명과 정치적 혼란을 직접 겪었다. 그가 발견한 불변의 법칙은 마키아벨리가 주장한 것과 정반대의 것이었다. 대중이 정치에 무관심한 것이 아니라 지나치게 활동적이라는 것이 가정이었다. 그래서 그들을 그대로 두면, 늑대들처럼 서로 싸워서 죽일 수 있다는 것이 홉스의 주장이었다. 두 사람의 현상에 대한 분석은 정반대였다. 그렇지만 두 사람의 결론은 같았다. 해결책으로 제안한 것은 '절대군주제'였다. 절대적인 정치권력을 쥔 군주가 마치 시곗바늘이 그 안의 작은 기계들과 복합적으로 상호작용을 하며 움직이듯이, 대중의 무관심과 지나친 활동력만 다스리면, 군주의 지배는 영원히 순조로울 수 있다는 것이었다. 두 사람은 고전적 기계론을 바탕으로 정치이론을 편 정치사상가였다.

그런 기계론적인 정치이론을 비판한 것은 역사진화론이었다. 기계론은 뉴턴의 태양계처럼 사회가 불변하고 고정적이라는 가정을 토대로 하고 있으나, 역사진화론자는 사회는 고정적이고 불변하는 것이 아니라고 비판한 것이다. 역사진화론은 사회현상이 인간과 제도 사이의 상호작용과 상호조절의 현상이며 그것은 역사적 시기마다 새로운 형태로 나타나게 된다고 주장하였다.

그 후 몇 세대가 지나, 사회현상을 기계론이 아니라 살아 있는 생명체처럼 보려는 고전적인 유기체론이 등장하게 되었다. 19세기에 이르러, 생물학의 발달에 자극 받아 사회현상을 전체whole, 전체와 부분의 상호의존, 성장, 그리고 진화라는 개념으로 보는 경향이 나타났다. 그리고 전체와 부분 사이가 일정한 의존관계를 형성하고 있는 것으로 간주하고 부분이 기능을 상실하면, 전체가 그것을 보충하고 일정하게 균형과 의존관계를 유지하게 한다는 것이다. 그것을 항상성恒常性, homeostasis이라 부른다. 부분들에게 주어진 기능을 다른 기능으로 수행하려 할 경우 생명체는 파괴된다는 것이다.

고전적인 유기체론은 유기체와 그것을 둘러싼 환경의 관계를 중요시했다. 둘 사이에 계속적으로 관계가 있다는 것이다. 특히 '환경결정론'을 주장하는 사람은 환경이 유기체에 미치는 영향이 결정적인 것으로 주장하기도 한다. 기계론자는 물체가 기억을 할 수 없다고 보지만, 유기체론은 유기체가 '과거'와 '역사'에 대해 기억할 수 있다고 주장한다.

이와 같은 고전적인 유기체론을 가지고 정치현상을 다룬 사람이 영국의 에드먼드 버크Burke이다. 버크는 프랑스혁명을 비판했던 보수주의 정치사상가이자 정치가로, 그의 주장의 근거에는 유기체론적인 관점에서 정치를 태생·성숙·죽음으로 비유하려는 생각이 있었다. 그가 볼 때, 국가는 과거와 역사를 가지고 있고, 그런 국가는 점진적으로 '성숙'을 목표로 진화한다고 생각했다. 따라서 한 나라의 역사와 전통을 존중하고 그로부터 배워야 한다고 주장하고 역사를 송두리째 없애려는 프랑스 혁명가들을 맹렬히 비판했다.

루소도 유기체론자였다. 정치를 인체에 비유해 하나의 살아 있는 육체로 간주하였다. 국가의 주권이 '머리'이고, 법과 관례·관습을 '뇌'로 간주하였다. 시민들은 '몸체'이며 그들이 일함으로써 사회가 돌아간다고 생각했다. 인체의 어떤 부분이 상처를 입을 경우, 그 고통은 곧 뇌로 전달되며 그것을 일반의지라고 말했다. 이 '일반의지'로 인해 국가는 어느 구성원이든 상처를 받거나 파괴되는 일에 동의하지 않는다고 했다. '하나는 모두를 위해, 모두는 하나를 위해'라는 표현이 그것을 말해주었다. 일부 학자들은 이런 루소의 일반의지론이 카를 마르크스에게 영향을 주었고, 공산주의사회라는 유토피아에 대한 환상을 갖도록 했다고 주장한다.

에드먼드 버크와 루소는 유기체론의 비유를 사회현상에 직접 적용하여 사회집단을 인격화함으로써 인간처럼 행동하는 것으로 보고 있지만, 이것은 사실과 다르다. 또 유기체론자들은 사회가 고도의 결속력을 지닌 것으로 가정하고 있으나 이것도 현실과 먼 주장이다. 사회는 결속보다 혼란으로 가득찬 인간집합체이다. 유기체론자는 구조와 기능이라는 개념으로 사회현상의 상호의존성과 조화를 강조하고 있으나, 사회가 내부적으로 기존 조직을 재조직하는 가능성을 제시하지는 못했다. '성숙'이라는 막연하고 유토피아적인 목표를 넘어선 진화 가능성도 논의에서 배제되는 약점을 지녔다.

20세기 후반에 와서 고전적 유기체론을 비판하고, 제한된 의미와 내용으로 유기체론을 원용한 인류학과 사회학이 등장하면서, 구조-기능주의로 불리는 새로운 이론을 주장하는 학자들이 많아졌다. 특히 문화인류학자들은 원시 사회연구를 통해 '보편적인 해당기능universal functional equiv-alent'이라는 개념을 제시하였는데 사회마다 구조는 다르지만 사회가 수행하는 기능은 다 같다는 전제를 내세웠다. 인류학의 주장을 수용한 사회기능주의자는 모든 사회가 경제·정치·교육·번식이라는 네 개의 보편적이고 공통된 기능을 수행해야 생존할 수 있다고 주장했다. 그런 보편적인 기능을 하는 구조는 원시사회부터 현대사회까지 다양한 형태로 나타나고 있으나 하는 기능은 보편적인 기능에 해당된다는 주장이었다.

기계론의 제한점에 대해서는 이미 앞에서 밝혔고, 고전적 기계론을 비판하고 그 약점을 보완하는 것으로 역사진화론을 언급했다. 역사진화론의 주장을 기계론에 도입하면 기계가 낡아 고장이 나면 새로운 부품으로 그것을 대체할 수 있다는 것이다. 즉 기계에 대한 설계도와 청사진만 있으면 얼마든지 새로운 기계를 만들 수 있다는 것이다. 그 주장을 정치현상에 적용할 수 있다. 설계도처럼 어떤 목적을 위해 정치제도를 만들면 시간이 지나고 상황에 변화가 생겨 그 목적이나 용도가 사라질 경우 기존의 청사진을 없애고 새로운 제도를 설치할 수 있다는 것이다. 이런 기계론의 주장은 생명체가 태생·성숙·죽음이라는 과정을 되돌릴 수 없다는 불가역적不可逆的 유기체론의 주장과는 대조적인 것이다.

법·제도 연구에 미친 기계론의 영향

19세기 중엽에 자유주의 사상이 유럽 전역을 휩쓸게 되면서 유럽의 여러 나라가 서로 다투듯이 헌법을 채택하고, 과거의 군주국가에서 입헌군주국가로 전환하기 시작하였다. 그런 변화 속에서 정치학 연구의 주류도 법률과 제도에 대한 연구로 집중되었다. 법·제도 연구에서 가장 기본이 되는 개념은 국가였다. 즉 국가의 조직을 분석하는 일이었다. 그러면서 국가는 독특한 조직이고 고유한 현상이라고 보았다. 독특하다는 것은 국가만이 독특한 구성원을 가지고 있으며, 국가만이 구성원과의 관계에서 강권을 사용할 수 있고, 국가만이 전 사회를 통제하고 통합기능을 발휘할 수 있으며, 사회의 하위 집단들의 관계를 조종할 수 있기 때문이다.

당시 또 하나의 주장으로 국가라는 독특한 존재 속에서 정치행동이나 정치체제의 활동을 알려면 무엇보다 그 체제를 뒷받침하고 있는 법적, 제도적 규칙을 알아야 한다고 하였다. 정치체제의 법규만 알면 정치체제 자체를 잘 알 수 있다고 했다. 정치체제를 뒷받침하고 있는 최고의 법규는 헌법이다. 헌법이 체제의 성격을 규정하고 있고, 체제를 어떻게 조직할 것인가를 규정하고 있다. 따라서 법적·제도적 연구의 초점은 헌법에 대한 연구로 귀착되었다.

헌법만 아니라 정치체제 운영을 위한 다양한 내용의 법을 제정하게 되면서, 사회를 유기체론으로 보려는 경향에서 기계론의 시각으로 보려는 경향이 지배하였다. 사회를 하나의 '메커니즘'으로 간주하는 경향이다. 기계를 만들 때 일정한 성질과 목적대로 기능을 발휘하게 해야 하는데 유기체와는 달리, 기계는 뜯어 고칠 수 있고 다시 제조할 수도 있다. 따라서 정치체제를 하나의 기계에 비유해서 생각하는 사람에게는, 그것을 제조하는 데 있어 청사진blueprint 만 있으면 충분하다. 그런 청사진 역할을 하는 것이 헌법이다. 청사진 격인 헌법은 필요하면 뜯어고칠 수 있고 새로 만들 수도 있다. 마찬가지로 정치체제의 재건이나 운영 개선도 법규 조작만으로 충분하다는 결론이 나온다.

이런 기계론적 사회관을 반영한 법률 제도 연구를 촉진시킨 것은 유럽 여러 국가들이 헌법을 제정하면서부터였다. 특히 독일을 중심으로 국가학staatslehre 이 발달하게 되었고, 헌법과 국가에 대한 법학 연구가 성행하게 되었다. 유럽의 국가들이 채택한 헌법은 모두가 성문헌법이었다. 유럽에서 법·제도학파라는 정치학자 집단이 형성되었고 그 후 정치학 연구에 큰 영향을 미쳤다. 당시 유럽이 겪은 사회·정치적 변화 속에서, 국가의 정치체제는 절대군주제를 폐지하는 과정에서 입헌군주제로 변화하였고, 그 과정에서 헌법이 중대한 역할을 하였으며, 헌법 연구를 통해 국가학 연구와 정치학 연구의 발판을 만들어 주었다. 오늘도 유럽과 영미의 정치학은 민주정치체제를 '헌법 질서'라 부르고 헌법과 민주정치와의 관계를 매우 중요시하고 있다. 법치주의를 흔들리지 않는 '신조'로 삼고 있는 것이다.

가치의 '권위'적인 분배로서 정치

역사를 보면 인간 역사는 무정부상태anarchy와 전제정치autocracy 사이를 오고 가는 정치활동을 반복했다고 볼 수 있다. 중국과 한국 등에서 볼 수 있듯 동양에서는 한 왕조가 지배하다 그것을 뒤엎고 다른 왕조가 들어서는 역사가 반복되었다. 독일의 철학자 헤겔은 동양의 역사를 비변증법非辨證法적 역사라고 평한 바 있다. 진전이 없는, 정체성의 역사라는 것이다. 여러 형태의 혁명과 전쟁 같은 격돌을 겪으며 한 형태에서 다른 형태로, 변증법적으로 진화한 서구역사를 동양의 역사와 대조하여 논한 것이다.

무정부상태에서나 전제정치에서나, 지배와 피지배의 관계는 존재한다. 전제정치처럼 무정부상태보다 지배양식이 비교적 발달한 정치는 지배자의 권력이 무한적이고 광범위했다. 전제적인 지배자는 자신의 지배를 합법화하고 정당화하기 위해 자기 나라의 신화나 종교적 상징물을 정치적으로 활용하였다. 중국은 전제정치의 대의명분으로 '천명' 즉, 하늘이 주는 명령이라 주장했고, 서구 전제정치에서는 왕은 신이 주신 신성불가침神聖不可侵의 권리라는 '왕권신수설'을 주장했다. 일본도 전쟁에서 패한 1945년까지 일본을 '아마데라스 오미까미天照大神', 즉 하늘에서 내려온 여신이 세운 나라라는 일본판 '신수설'로 천황제도를 정당화하였다. 전제정치의 지배자가 자신의 '벌거숭이' 권력을 어떤 신비스럽고 초인적인 옷으로 감싸거나 덮으려 했던 것이다.

정치를 이해하기 위해 두 개의 관점에서 접근할 수 있다. 하나는 공식적인 기구와 제도로서 국가·정권·정부를 공식적인 권력기제의 중심으로 보는 일이다. 공식기구 안에서 전개되는 정치에 대한 논의는 주로 정부에 초점을 맞추게 된다. 어떤 권한과 형태의 정부를 구성하려고 할 때, 대통령제냐 내각제냐, 또는 양자를 절충한 제3의 형태로 하느냐를 정한다.

정치학에서는 '비교정부론'이라는 분야가 오랫동안 그런 문제들을 갖고 영미와 유럽대륙 정부들을 대상으로 비교 연구해 왔다. 그 연구에서 관심을 끄는 질문은, 어떤 조건 아래 정부를 구성해야 행정·사법·입법 3부의 권력 사이에 균형과 견제라는 안정된 정치체제를 유지하느냐 하는 것이었다.

또 하나의 접근은, 정부 밖에서 전개되는 정치를 다루는 일이다. 정부 밖이지만 동시에 정부와 접촉하고 관계를 형성하여 정부를 통해서 가치와 특정이익을 추구 하려는 개인이나 단체가 관련되는 정치에 대한 것이다. 공식기구와 비정부기구가 여러 행태의 상호작용을 하고 그 '과정'에서 정부정책에 영향을 미치기 위해 가용할 수 있는 영향력(사적 권력)을 동원하게 된다.

이런 관점에서 정치를 논할 때, 권력·집단·가치·갈등·대표성·합의·정당party·이익 같은 용어가 보다 유용한 개념이 된다. 이것은 정치를 공식 통치기구로서 국가·정권·정부라는 제도를 중심으로 보는 것보다 정부를 둘러싸고 정부와 시민사회, 그리고 시장 사이에 전개되는 정치적 결정 과정에 초점을 맞추려는 접근이다.

현대정치학은 두 가지 접근을 종합해서 '정치란 무엇인가'라는 질문을 다루고 있다. 이 질문에 대해 명쾌한 해답을 내린 사람은 미국 정치학자로 시카고학파의 대표로 불리던 헤럴드 라스웰Harold Lasswell 이었다. 그의 초기 저서인 『정치: 누가, 무엇을, 언제, 어떻게 얻느냐? *Poliitics: Who Gets What, When, How*』는 정치학의 고전으로 인정받고 있다.

라스웰은 정치를 '권력 획득을 위한 활동'이라고 했다. 정치를 권력 현상으로 본 것이다. 그러나 그 후 공저로 낸 『권력과 사회』에서는 정치를 보다 폭넓게 보고 있다. 그는 여기서 정치를 여덟 개의 가치를 추구하는 데 목적을 둔 것으로 서술했다. 여덟 개의 가치란 인간이 추구하려는 기본적인 가치들로 권력, 부, 존경, 정의, 건강과 행복, 교화enlightenment , 기술skill , 애정·사랑affection 등이다. 라스웰의 후배 교수였고 미국정치학을 대표했던 데이비드 이스턴David Easton 은 그의 『정치체제론』에서 정치를 '가치의 권위적인 분배authoritative allocation of value'로 규정했다.

라스웰처럼 이스턴도 정치를 사회를 위해 다양한 가치를 권위적으로 분배하는 현상으로 규정했다. 가치는 사람들이 소중하게 여기는 것이다. 그런데 사회마다 문화적 차이 때문에 어떤 가치를 소중히 여기느냐가 다를 수 있다. 원시사회에서는 '힘', 즉 권력이 가장 귀중한 가치가 될 수 있다. 항시적인 위협에 노출되어 있을수록, 힘과 권력을 필수적인 가치로 여기게 되는 것이다. 일반적으로 사람들은 권력과 부를 소중한 가치로 여긴다. 부를 축적해서 삶이 풍요로워질수록 건강하고 행복한 인생이라고 여기는 사람도 있다.

사회라는 거대한 공동체를 합법적으로 지배하기 위해서는 권력이 필요하다. 그런 의미에서 권력은 모든 정치에 필요한 가치이며 가치 추구를 위한 수단이 되기도 한다. 그런 수단으로서의 정치는 공동체 전체가 추구하고 지켜가야 할 목표와 규칙을 결정하는 다른 어떤 집단도 할 수 없는 독특한 권력을 행사하게 된다.

이것은 경제도 사회의 어떤 집단도 할 수 없는 일이다. 오직 정치에게만 부과된 특별한 책임이고 역할이다. 그래서 이스턴은 '권위적'이라는 표현을 썼다. 여기서 가장 핵심이 되는 것은 '권위적'이라는 개념이다. 권위는 단순하게 말하면 '권력'과 '합법성'을 합친 말이다. 권력만 있고 합법성이나 정당성이 없으면 권력만 남고 권위는 없다. 권위가 없는 권력은 '폭력'으로 바뀔 가능성이 크다. 권력정치라는 용어는 중국사상의 패도覇道라는 뜻에 가깝다. 정치가 권력 자체만을 추구한다는 뜻으로 주로 국제정치처럼 국가들이 서로 강력한 군사력을 갖고 다른 국가를 제압하려던 정치를 가리켜 쓴 말이다.

정권이 합법성이 없거나 정당성을 결여하고 있으면, 그 정권은 권력에만 크게 의존할 수밖에 없다. 그런 정권은 권력 이외에 다른 가치들을 정치의 목표로 삼을 여지도 없다. 권력유지가 최대 목표다. 그런 독재정치를 정치학에서는 '권위주의 정권authoritarian regime'이라 칭한다. 집권자에게 권위가 있어서가 아니라 오히려 권위가 없어서 권력에 전적으로 의존할 수밖에 없는 정권이라는 뜻으로 사용되고 있다. 집권자가 "내가 다 알아서 할 테니 너희들은 잠자코 있으라"는 식으로 국민의 요구와 참여를 봉쇄하고 통제하는 지배양식이다. 이것은 신생국에서 주로 나타나는 독재정권으로 세계 여러 지역에서 자주 일어나고 있는 쿠데타로 집권한 군부 정권의 경우가 이런 유형에 속한다.

라스웰과 이스턴의 견해를 합치면, 정치란 가치를 권위 있게 분배하는 것과 그렇지 않은 것으로 구별할 수 있다. 권위 있게 하면 정치이고, 권위 없이 하는 것은 폭력이다. 과거에 중국에서는 왕이 천명을 따라 하는 것과 그것을 저버리고 권력만 사용한 경우를, 왕도王道와 패도라는 말로 구별하였다. 이것은 정당함이나 정의로움이나 합법적이라는 '윤리와 도덕성'의 문제가 정치와 깊이 연관되어 있음을 시사해준다. 다시 말해서 이스턴 교수의 '권위적'이라는 표현은 합법성과 더불어 도덕성(정당성)을 포함하는 개념이다. 권위를 잃고 권력에만 의존하는 정치는 패도가 되는 것이다.

국가, 정권 그리고 시민사회

일본제국이 대한제국을 강점하여 조선인을 36년간 지배하였다. 그동안 조선민족은 조선반도에서 살았지만 대한제국은 사라졌다. 주권을 빼앗겨 대한제국이 더 이상 국가로서 기능할 수 없었기 때문이다. 다른 국가들이 대한제국이라는 국가의 존재를 인정하지 않았다. 지도상으로 일본과 조선은 같은 색으로 표시되었다. 대한제국은 사라졌고 일본제국이 조선민족을 대신해서 주권을 행사하는 국가로 자처하였다.

　이것은 주권이라는 개념의 의미를 실감나게 해주는 역사적 사실이다. 국가state란 전통적인 의미에서 주권, 영토, 국민이라는 요소를 갖춘 정치적 단위로서 국가만이 가질 수 있는 독특 *sui generis*하고 제한 없는 권력을 행사하는 기관으로 이해되어 왔다. 그러나 시간이 지나 선진유럽 국가를 제외한 다수의 지역, 즉, 일정한 국토를 가졌거나 같은 국민이 사는 지역이 아니라, 식민지배자에 의해 인위적으로 혹은 자의적으로 획정된 지역과 분열된 주민이 많은 아프리카나 중동지역에서, 그런 특수한 조건을 갖춘 나라가 없다는 사실을 알게 되었다. '국가가 없는 사회' 또는 '무국가 사회 stateless society'가 존재한다는 사실을 발견하게 되었다. 이것은 아프리카를 대상으로 연구해온 정치인류학이라는 학문 분야가 발견한 흥미로운 개념이다.

이것이 전통적인 국가 개념이 갖는 제한되고 편협한 개념을 재검토하게 한 계기가 되었다. 그리고 국가라는 개념이 주로 서구 선진사회에서 시작되어 사용된 편협한 개념이라는 반성과 함께 국가를 과거처럼 법적으로만 규정하는 것이 비현실적이라는 주장이 나오게 되었다. 정치학에서 과거 법적·철학적 개념의 국가를 연구대상으로 했던 때가 있었으나 이제는 단순히 일정한 지역을 차지하고 그곳에 거주하는 국민에 대해 무제한적인 권력을 행사하는 의미의 주권主權을 행사하는 정치적 연합체 association라는 의미로 사용하고 있다. 특히 다원주의 국가론자들은 국가를 여러 집단들 중 하나의 특이한 집단으로 간주하려고 한다.

국가가 갖는 주권을 법 위반자에 대한 제재를 할 수 있는 '법적 주권'과 사회를 대상으로 정치권력을 독점하고 강권조직을 사용할 수 있는 '정치적 주권'으로 나누기도 한다. 국가의 특징으로, 국가권력은 사적私的이 아니라 공적公的이고, 합법성과 정당성을 주장하며, 권력의 독점과 지배를 위한 수단이고, 일정한 국토를 갖고 있으며, 국가는 내부적으로 지배를 위한 여러 기구와 장치를 구비하고 있다는 것이다.

국가는 법과 권력을 독점하여 안으로 사회적 질서를 유지하고 밖으로 외적 위협으로부터 국민을 보호하는 '기능'을 수행하기 위해 여러 가지 형태의 국가기관과 제도를 만들어 운영한다. 20세기 이후 세계 대부분의 국가가 헌법을 채택하여 국가기제와 제도의 역할과 책임을 규정하고 있다. 헌법에 따라 국회, 사법부, 관료체제, 군대, 경찰, 지방자치제도 같은 제도를 제정하고 있다. 그런 국가기관과 제도를 가지고 국가는 사회를 통합하고 질서를 유지하며 외부세력으로부터 국민을 보호하는 것이다.

국가와 사회는 일방적인 관계는 아니다. 국가가 일방적으로 사회구성원들을 지배하는 것이 아니라 사회구성원들과 상호 의존적이고 지속적인 상관관계를 맺고 있다. 국가의 존재이유를 사회질서를 보존하고 국가를 위협하는 외부의 적으로부터 사회를 보호하는 데 있다고 하는 것도 그 때문이다. 국가가 그런 집합체의 활동을 일방적으로 통제하는 것이 아니며 집합체들이 활동할 수 있는 자율성autonomy 을 지니도록 한다. 즉 국가는 종교, 학술, 사상, 언론, 여행의 자율성을 인정하는 것이다.

국가와 시민사회의 관계가 그렇다. 정치가 사회와 관계를 갖지만 정치는 사회현상의 일부일 뿐이라는 점을 인정하고 있다. 개인, 가족, 집단, 시민단체, 노동조합 같은 사회적 집합체는 정치현상 자체는 아니지만 정치와 깊은 연관을 갖고 있다. 그런 집합체도 국가 안에 있는 한 법의 구속을 받으며, 법을 위반할 때 제재를 받는다. 유럽의 여러 국가들의 역사를 보면 시민사회라는 말은 국가와 대립되는 관계의 의미를 지닌다.

시민사회가 처음 등장한 유럽의 경우 권력을 완전히 독점했던 절대군주 시대에 도시burg 의 발달과 함께 상인들을 중심으로 여러 형태의 동업자 조합guild 들이 형성되었다. 그것을 바탕으로 상인들은 군주국가의 전횡적인 권력행위에 저항할 수 있었다. 군주는 상인들에게서 받는 세금에 많이 의존하고 있어서 그들의 요구를 무시할 수 없었고 그런 과정을 통해, 시민들은 국가의 간섭으로부터 벗어나 자율적인 활동을 갖게 되었다. 이것은 국가가 시민사회에게 그동안 독점적으로 유지해 온 권력의 일부를 양보한 셈이다. 그동안 국가와 시민들 사이에 있었던 갈등과 긴장관계가 완화된 것이다. 시간이 지나면서 시민사회의 자율성은 더욱 확대되어 갔다. 시민사회의 발달은 기존의 정치를 크게 바꾸는 결과도 가져왔다. 시민들의 정치참여가 활발해질수록 사회집단에 대한 국가의 통제도 완화되었다. 시민들의 이해관계가 다양할수록 다양한 시민단체가 형성되었다. 그런 다양한 시민단체들 사이의 갈등도 나타나게 되었다. 국가와 정부가 그런 시민단체와 이익단체들 사이의 갈등을 해결하거나 조정하는 역할을 맡게 되었다.

시민사회civil society와 시민단체civic group는 다르다. 시민단체는 시민들이 공동의 쟁점으로 간주하는 문제를 해결하기 위해 자발적으로 구성한 조직이다. 소비자단체를 대표적으로 들 수 있다. 또 시민단체와 이익단체interest group도 다르다. 이익단체는 '사적'이고 특수이익을 추구하기 위해 집단을 구성하여 정부의 정책에 영향을 미치려고 활동을 하는 조직체이다. 노동단체, 전경련, 상공회의소, 의사협회, 간호사협회, 농업조합연합, 중소기업연합회, 한국교육총연합회 등을 예로 들 수 있다.

시민단체들이 국가로부터 자율성을 갖고 활동하려면 정치적으로 자유가 허용되어야 한다. 국가와 사회의 관계를 하나의 동심원으로 비유해 본다면 동심원의 중심에 국가와 정권이 있다. 국가의 권력이 사회 전체로 확대되어 전체 사회를 통제하고 있을 때 국가와 사회 사이에 구별이 없다. 전체주의 체제가 그런 경우이다. 시민단체 자체가 없거나 있더라도 그 수가 적고 모두 국가의 통제권 안에 있다. 언론, 학술, 예술, 종교, 문화 등 시민의 활동 영역이 정치적 통제권 안에 속하게 된다. 과거 소련 정치체제 같은 철저한 좌파 전제주의 정치와 나치독일의 우파 전체주의 체제가 그랬다.

카를 마르크스는 『공산당선언』에서 국가는 장차 소멸된다고 했다. 국가를 지배계급(자본가계급)을 위한 수단으로 보고 국가를 '집행위원회'라고 불렀다. 정치구조는 경제구조를 반영하는 상부구조라는 경제우월주의를 주장했고 하부구조인 경제가 상부구조인 정치를 종속적인 것으로 하여 좌우한다고 주장했다. 그렇지만 이것은 빗나간 주장이었다.

이런 주장의 맹점은 국가를 계급투쟁을 악화시켜 자본주의 체제를 영구히 유지하려는 '메커니즘'으로 단순하게 규정하고 있기 때문이다. 국가의 기능을 자본주의 체제라는 한 제도와 '동일시'하는 문제를 갖고 있다. 만일 국가를 자본주의 체제라는 하나의 제도와 동일한 것으로 환원시킨다면, 국가를 노동조합이나 교회라는 제도와도 동일시할 수 있다는 주장이 나올 수 있다. 하지만 노동조합이나 교회가 주권을 행사하는 국가가 될 수는 없다. 그런 국가가 주권이라는 무제한의 권한을 가질 수 없는 것이다.

마르크스는 계급갈등이 사라진 사회에 남는 것은 무산계급뿐이기 때문에 계급투쟁은 사라지고 동시에 국가도 소멸될 것이라는 빗나간 주장으로 그를 추종하는 정통 마르크스주의자와 네오마르크스주의자가 아직도 고민하는 골칫거리 문제를 남겨 놓았다. 그의 예견은 완전히 빗나갔기 때문이다. 또 무산계급이 역사를 창조하고 영도하는 세력이라고 추켜세웠으나, 어느 공산국가에서도 무산계급이 집권세력이 된 곳은 없었다. 소련 공산정권이 수립된 후 국가를 지배한 것은 고등교육을 받은, 당 간부들의 자손들이 장악한, 체코의 밀톤 질라스가 지적한 '새로운 계급'이었다. 농민과 노동자 출신이 아니었다.

그런데 구소련에서는 왜 마르크스의 말대로 국가가 소멸되지 않았는가? 2차 대전 후 동구권 국가들을 무력으로 침입하고, 세계에서 가장 대규모의 소비에트 사회주의 연방공화국USSR이라는 긴 이름의, 세계에서 가장 큰 규모의 국가로 병합시켰느냐는 질문에 대해 아직 궁극적인 목표인 '공산사회'라는 이상향에 도달하지 못했기 때문이라고 변명한다. 소련 공산정권이 해체될 때까지 국가소멸설과는 정반대로 공산당을 축으로 무수한 국가 권력기관이 소련사회를 철통같이 통제하였다.

21세기에 이르면서 국가의 주권은 과거에 비해 많이 제한되고 있다. 특히 1990년대 공산권의 붕괴 이후, 세계화의 추세로, 단일국가가 통제하기 어려운 세계적인 과제들이 여러 지역과 국가로 확산되고 있다. 질병. 금융, 노동, 환경 등 과거 단일국가의 통제하에 있었으나, 이제는 단일국가의 주권만으로 다룰 수 없는 사항들이 생긴 것이다.

그래서 많은 국제기구가 생겨나고 있지만 그 역할에는 한계가 있다. 앞으로도 국가는 법적으로나 정치적으로 한 나라에서 최고의 권력, 무제한의 권력을 소유하는 정치적 단위체로 남게 될 것이다. 다만 그 책임은 상황에 따라 줄거나 늘어날 수 있다. 그렇지만 국가는 소멸되지 않을 것이다.

정치적 주권을 행사하는 정권

국가·정권·정부라는 용어는 추상적인 개념이다. 과거에는 국가라는 단일 개념을 가지고 정치를 논하던 시대가 있었다. 이제는 정치를 국가뿐 아니라 정권과 정부라는 개념을 포함해서 3단계로 다루어야 한다. 국가, 정권, 그리고 정부로 구별해서 다루어야 한다. 앞에서는 국가를 중심으로 논의해 왔다. 국가는 가장 추상적인 개념이다. 국가를 직접 볼 수 없다. 그러나 태극기만 보아도 국가를 연상할 수는 있다. 그 다음으로 추상적인 개념이 정권regime 이다. 국가나 정권은 모두가 추상적인 개념들이다. 이것들은 개념일 뿐 구체적으로 보이는 것은 아니다. 국가를 주권, 영토, 국민이라는 필수요건을 갖춘 정치적 연합체라고 말해도 추상적이며, 정권을 경제와 사회를 조직하고 통제하는 지배체제라고 논해도 역시 추상적인 개념이기는 마찬가지다. 가장 구체적이고 가시적인 것이 정부government 라는 개념이다. 정부는 국가나 정권을 대표하는 구체적인 조직이다. 중앙청이라는 건물을 생각하고 공직자들의 이름을 부른다. 매우 구체적이다.

국가와 정권의 관계를 이해하기 위해 국가를 구성constitute 한다는 의미를 지닌 헌법constitution 을 가지고 시작할 수 있다. 국가와 정권과 정부를 묶어 상호권력 관계와 책임을 명시한 것이 헌법이다. 그중에도 국가와 사회의 관계를 법적으로나 정치적으로 규정할 필요가 있기 때문에 그런 관계를 공식적으로 규정하는 법률이 필요하다. 정치는 사회를 대상으로 하는 것이고 사회를 대신해서 전체 사회가 지향하는 목표를 설정하고 달성하는 현상이다. 넓은 의미에서 지배rule하는 일, 통치하는 일이다. 그런 지배를 자의적으로 하는 것이 아니라 헌법내용을 따라하는 것이다.

헌법은 국가가 어떤 정치체제(정부형태 포함)를 취할 것이며, 어떻게 집권자를 택하며, 어떤 내용의 경제와 사회질서를 형성할 것인지 명시하며, 국민이 자율적으로 누릴 수 있는 정치적·사회적 권한을 명시하고 있는 국가의 기본법이자 최고법이다. 헌법의 내용에 따라 구성된 모든 국가기재apparatus를 합쳐 정부를 구성하여 지배체제를 구성하게 된다. 그 지배체제는 전제정치 같은 일인 지배체제가 아니며, 헌법 내용을 충실하게 이행한다는 의미에서 헌법질서constitutional order라고 부르기도 한다.

정치학이 정권에 관심을 갖는 이유는 그것이 헌법에 명시적으로 규정한 정치제체의 유형(민주체제 또는 다른 유형)과 국가가 명시한 경제체제의 내용을 제도적으로 구체화시킨 지배양식이기 때문이다. 정권은 사회 전체를 대신하여 권력, 부, 자원을 배분하기 위해 경제활동과 사회활동을 규제하고 조직화하는 지배양식mode of rule이다. 경제제도를 시장경제체제로 하느냐, 국가계획체제로 하느냐를 헌법이 정한 대로 결정한다. 경제, 사회, 교육, 문화 등 광범한 분야에 걸쳐 공권력을 행사하고 규칙과 법을 정하고 이를 어길 때 제재를 가할 수 있는 정치적 주권을 행사한다.

국가가 헌법을 제정하고, 지배양식으로서 정권의 성격(가령 민주 또는 독재)을 규정한 후, 권력을 장악한 집권자가 정부를 구성하게 된다. 그래서 집권자의 이름을 따서 정부를 부르는 경우가 많다. 미국에서 '아이젠하워 행정부'라고 부르는 경우이다.

국가, 정권, 정부의 관계를 알기 쉽도록 1961년 5·16 쿠데타로 집권한 박정희 정권을 예로 들기로 한다. 박정희 육군소장이 이끈 쿠데타군은 민주적으로 선출된 장면 총리를 수반으로 한 내각제 정부를 무력으로 전복하고 군부 통치기구로 '국가재건최고회의'라는 통치기구(Junta라 부름)를 구성하였다. 30여 명의 쿠데타 주체세력이 3권을 장악하여 3년 동안 한국을 '헌법 없이' 지배하였다. 최고회의는 국가기구가 아니었다. 물론 헌법기구도 아니었다. 외국이 그것을 승인할 수도 없었다. 대한민국이 국가로 남으려면 국가를 대표할 대통령직은 있어야 했다. 그래서 윤보선 대통령은 청와대에 남아 있도록 한 것이다.

얼마 후 윤보선 대통령을 사직하게 한 군부는 박정희 최고회의 의장을 대통령 대행으로 취임하도록 하였다. 박 의장은 최고회의 의장직과 대통령 대행직을 겸임하도록 하였다. 대행이라고 한 것은 그를 승인할 법적 기구가 없었기 때문이다. 그러나 대행으로서라도 국가를 대내외적으로 대표하는 국가원수國家元首의 역할을 할 수 있게 한 것이다. 그러다 1963년 말, 군정에서 민정으로 전환하면서 박정희 대통령대행은 선거를 통해 대통령으로 당선되었다. 동시에 국회의원 선거를 실시하였으며 선거를 위해 결성한 공화당이 다수의석을 차지하여 여당이 되었다.

그렇게 형성된 박 정권은 장면 정부의 '민주적'인 내용보다 '강력한 대통령 중심'의 정권으로 성격이 바뀌었다. 강력한 대통령제란 결국 대통령이 입법부와 사법부에 대해서도 정치적 영향을 미칠 수 있다는 뜻이다. 그렇게 헌법을 바꾸기까지 해서 새로운 정권을 형성한 군부 출신들이 지배한 정권을 약칭으로 '군부정권'이라 불렀다.

정권의 본질에 따라 정부의 형태도 다르다. 이승만 정부는 대통령제, 장면 정부는 내각제, 박정희 정부는 다시 대통령제로 바뀐 후 오늘까지 계속 유지해 오고 있다. 또 정부의 형태에 따라 행정·입법·사법부 사이의 권한과 균형도 다르다. 내각제 같이 행정수반이 의회에서 나오는 경우가 있고, 국민이 행정수반을 직접 또는 간접적으로 선출하는 방식도 있다. 집권자의 선출 방식에 따라 3권분립의 관계가 어느 정도 다를 수 있다. 내각제의 수반은 행정부만 아니라 의회의 수반이기도 하다.

정부 밖에서 정치권력을 견제하는 정당정치

인간의 본성으로 볼 때 권력에 대한 욕심에는 한이 없다. 권력을 잡으면 스스로 포기하거나 제한하거나 규제하기보다 장기간 유지하고 싶어 한다. 전제정치가 그런 지배자의 욕구를 채워주었던 정치체제였다. 역사상 가장 오래 지속된 지배양식이다. 그런 경우 지배자의 주변에서 그를 막거나 견제할 세력은 없다. 그래서 역사상 폭군이 많이 나왔다. 그런 전제정치는 한국만이 아니라 영국이나 다른 유럽의 국가들도 겪었다.

오랜 시간이 걸렸지만 그 문제를 해결하기 위한 방안으로 나온 것이 처음에 작은 수가 모인 파벌로 시작해서 많은 수의 대중이 참여하게 된 정당이라는 조직이다. 정치권력을 행사하는 지배자들과 그 측근들을 정부 밖에서 견제하고 때로는 힘(가령 혁명)에 의해서 정권을 바꾸는 행동을 취하게 된 것이다. 소수가 권력을 독점해 온 정권은 그런 정권을 내부에서나 외부에서 견제하고 통제하는 세력이 없는 한 권력을 장악한 소수가 계속 장기집권하면서 더욱 권력을 강화하는 악순환을 유지할 수 있다.

19세기 후반부터 서구 민주국가에서 대중에 기반을 둔 정당party이 대두하면서 정부 밖에서 또는 서로 다른 정당이 선거를 통해 정부를 구성하도록 하는 새로운 권력투쟁 방법이 생겼다. 이른바 정당정치의 시작이다. 그런 점에서 정당이라는 조직의 등장은 100년이 조금 지날 정도의 짧은 역사를 가지고 있다. 인류의 긴 정치사에서 볼 때 최근에 일어난 현상이라 할 것이다.

정당이 정권을 견제하거나 교체하려면 하나의 정당이 아니라 둘 이상의 정당이 서로 경쟁해야 한다. 19세기경 정당이 등장하는 과정에서 의회민주주의가 정치제도로 자리 잡기 시작한 것은 우연이 아니다. 경쟁하는 정당 없이는 민주정치를 제도로 운영할 길이 없다. 정당이 하나만 있을 경우 그 정당은 집권자에 의해 조정되고 어용정당으로 전락할 가능성이 높다. 여당만 있고 야당은 없다면 정권의 비리와 국정을 비판하고 순차적으로 정권을 교체하는 길이 막힐 수 있다.

정당정치의 등장으로 정치인들 사이에 혁명이나 무력으로 정부를 차지하던 과거의 역사를 청산하도록 하였다. 그 대신 선거제도를 통해 평화적인 경쟁으로 정부를 교체하는 새로운 경쟁구조로 발전하게 되었다. 그것은 정치적 경합구조라고 부를 수 있다. 그런 경합이 가능하려면 정당 수는 단수가 아니라 복수이어야 하며 민주정권은 헌법에서 복수정당제를 명시하고 있다.

정당들은 선거를 통해 정부를 정규적으로나 상황에 따라 수시로 교체할 수 있게 되었다. 그것은 '정부' 교체이지 '정권' 교체는 아니다. 공산주의 체제하에서도 정부의 교체는 일어났고 민주정권에서도 선거에 의해서나 다른 사정에 의해 정부가 교체되는 경우가 많았다. 그러나 정권은 그렇게 자주 교체되지는 않는다. 미국의 민주정권의 기본적인 틀과 운영방식은 독립된 후 지금도 크게 변하지 않고 있다. 독립 때 채택한 헌법도 여러 번 수정은 했으나 제정 당시의 기본 내용은 그대로 준수되고 있다.

정당정치가 제도화되어 있는 정권에서 정당은 정치의 주역이 된다. 정당은 주로 다음과 같은 기능을 하게 된다. 국민의 전체 또는 일부를 대표한다는 것; 사회적, 경제 갈등을 해소하는 역할; 정부가 공표하고 추진하려는 정책을 놓고 지지와 반대의 입장을 표명하며 지지층을 얻는 일; 선거공약을 통해, 이익을 추구하는 다양하고 많은 이익집단의 지지를 확보하는 일; 정부가 실시해야 할 정책을 놓고 국민 사이에 폭넓은 합의와 지지를 얻으려 노력하는 일 등이다.

그러나 정당정치를 제대로 실천하지 못하는 나라도 많다. 헌법질서도 아니고 정당정치도 아닌 방법으로 국가를 통치하고 있는 정권이 많다. 1980년대 이전, 북아프리카의 이집트, 시리아, 리비아, 튀니지, 그리고 아시아의 인도네시아, 필리핀, 미얀마, 태국, 파키스탄, 국민당의 대만, 한국 등이 그러한 사례이다. 이들의 공통점은 헌법을 제정했어도 그대로 지키지 않았고 마음대로 집권연장을 하거나, 일당정치나 일당지배로 형식적인 선거를 통해 정권을 유지하려 한 것이다.

그런 국가는 형식적으로 헌법도 있고 국가기관도 있다. 그런 점에서 지배체제로서의 정권은 있다. 다만 헌법이 아니라 권력에 의존한 지배체제이다. 그런 정권에서 '정치'의 의미는 다르다. 오직 독재자와 단일정당에 의한 '통치'만 있다. 국가가 사회의 많은 부분에 대해 통제하고 있고 사회의 자율성을 제한하고 있다. 시민사회가 존재할 수 없다. 저개발국가에서 흔히 볼 수 있는 정치체제의 모습이다.

일당독재체제의 대표적인 경우가 전체주의체제이다. 구소련에서 볼 수 있었듯이 오직 한 사람을 둘러싼 소수의 지배세력의 통치만 있을 뿐이다. 그런 나라에 정치의 본질이라 할, 국민들이 원하는 다양한 가치들을 권위적으로 분배하는 현상은 없다, 즉 '정치'는 없다. 통치가 있을 뿐이다. 그리고 정적들 사이의 혈투와 숙청만 있다. 투쟁에서 이기면 출세요 지면 숙청되는 것이다. 원시적인 약육강식 같은 적자생존을 위한 싸움이 벌어진다. 그런 국가에는 국가와 사회의 구별도 전혀 없으며 공산당의 일당독재 아래 사회집단은 모두가 공산당의 전위부대일 뿐이다. 일당독재 체제하에 독재자의 정치권력을 견제할 세력은 어디에도 없다. 어제까지 보이던 지배자의 측근도 하룻밤 사이에 사라지는 곳, 독재자의 말 한마디로 누구나 총살당할 수 있는 곳이 전체주의 일당체제의 정권이다. 그런 나라를 먼 곳에서 찾을 필요가 없다. 바로 휴전선 넘어 김정은과 공산당이 통치하는 북한, 즉 '조선민주주의 인민공화국'에서 그런 일이 벌어지고 있다.

[4장]
민주주의를 침식한 권위주의 정권

민주주의를 침식한 권위주의 정권

한국 속담에 '권불십년權不十年'이라는 말이 있다. 아무리 아름다운 백일홍도 열흘은 못 간다花無十日紅는 표현을 패러디한 것 같다. 조선시대 선비들 사이에서 권력자를 비방하고 저주하는 의미로 사용되었거나, 권력을 탐하는 자에게 주는 경고였을 수도 있다. 이 말은 양날의 칼과 같은 뜻을 함축하고 있다. 권력에 집착하여 망하는 것을 경계하도록 일깨우기도 하지만 다시 권력을 잡을 기회를 노리는 자에게는 더욱 강한 의욕을, 권력을 지키기 위해 온갖 노력을 다하는 자에게는 더욱 권력에 집착하도록 만들 수도 있다.

왜, 인간은 권력을 장악하면 스스로 권력을 제한하기보다 더 오래, 더 강하게 확대하려 하느냐는 질문은 고대로부터 오늘날까지 정치학이 다루어온 가장 어려운 주제의 하나이다.

신생국 민주주의를 침식한 독재정치

정치현상은 단일국가 안에서만 일어나는 현상이 아니라 여러 국가들 사이에서도 발생하는 현상이다. 국제정치라고 부르는 영역도 정치현상의 일부이다. 2차 대전 후의 미국과 영국 그리고 소련은 전승국으로 전후의 국제질서를 창조하는 데 결정적인 역할을 하게 되었다. 그중에서도 미국이 주도적인 역할을 하게 되었다.

루스벨트 대통령은 이른바 '네 명의 경찰관The Four Policemen Order'이 중심이 되는 전후 국제질서를 구상하였다. 네 명의 경찰관 중에 중국의 장제스蔣介石도 포함시켰다. 그런 구상을 바탕으로 루스벨트는 국제연합UN을 창설하였고 '네 명의 경찰'이 세계질서를 공동으로 감시하면 국제질서와 평화를 유지할 수 있다고 보았다. 그리고 네 명의 경찰이 UN에서 상임이사국이 되었다. 그들 중 어느 하나라도 거부권을 행사하면 아무 결정도 가결할 수 없도록 하였다.

전후 한동안 미국과 소련은 우호와 협조관계를 유지하였다. 그러다가 소련이 베를린을 봉쇄하자 미·소 대립이 격화되었다. 그 후 이념적 대립과 군사적 대립이 겹친 가운데 일어난 국가 상호간의 갈등이 20세기 역사에서 처음 나타났다. 유사한 정권의 성격을 가진 국가들이 합쳐져 두 개의 진영을 구성하고 군사적뿐만 아니라 이념적 투쟁으로 확대되었다. 그것이 미·소 냉전cold war의 특이한 성격이었다.

그런 성격 때문에 미·소의 대립은 세계적 규모로 확대되었다. 프랑스의『르몽드Le Monde』지가 처음 호칭한 '제3세계'라는 말은 유행어가 되었다. 세계를 제1세계(서구 민주국가), 제2세계(공산권), 그리고 제3세계(신생국)로 분리하였다. 공산정권에 대한 관심도 높았으나 신생국의 다양한 정권형태가 언론계와 학계의 주목을 끌게 되었다. 미·소의 냉전이 격화되면서 두 강대국은 제3세계의 신생국을 자기 편으로 편입시키기 위해 다방면으로 노력을 쏟았다. 한반도의 두 정권도 자연히 미국과 소련이 영도하는 두 진영camp 중 하나를 택할 수밖에 없었다. 오늘 남북한에서 나타나고 있는 여러 현저한 차이는 그 선택이 가져온 결과이다.

2차 대전 후 독립한 많은 신생국가가 민주주의Democracy를 표방하고 정치를 시작하였다. 그러나 얼마 가지 않아 전횡적으로 헌법을 뜯어고치거나 파기해버리면서 일인독재로 변모하기 시작했다. 쿠데타로 집권한 나라도 많았다. 중남미, 아시아, 아프리카에서 집권을 위한 명분이었던 민주주의는 자취를 감추었고 여러 형태의 일인독재나 군부정권이 등장했다.

신생국에서 무력으로 정부를 전복시키고 집권한 국가들은 집권을 정당화하기 위해 다양한 이념적 기치旗幟를 내세웠다. 모두가 민주주의 앞에 다양한 수식어를 붙였다. '교도敎導 민주주위', '행정적 민주주의', '민족적 민주주위', '농업적 민주주의' 들이 그것이다. 그렇지만 사실은 '민주'를 내세운 독재정권들이다.

그중에서도 쿠데타로 집권한 군부정권은 보복에 대한 두려움이나 다른 군부집단에 의한 쿠데타 발생에 대한 우려로 반대세력을 철저하게 감시하고 탄압했다. 아르헨티나의 군부가 집권하면서 희생된 반체제인사의 수는 수천 명에 달했다. 집권자가 정권과 일생을 같이하려고 한다면 그 나라의 정치적 미래는 앞이 보이지 않는 깜깜한 터널 안에 있는 것이나 마찬가지이다. 어두운 그늘이 전 사회를 뒤덮는 매우 불안한 상태에 빠지게 될 것이다.

정권이 여섯 번, 헌법이 여덟 번 바뀐 나라

한국은 정권이 여섯 번 바뀐 나라이다. 1952년부터 1992년까지 40년 사이에 정권이 여섯 번 바뀌었다. 바뀔 때마다 헌법을 개정하거나 유신헌법처럼 새로 제정하였다. 4·19, 5·16과 같이 정권이 교체되는 과정에 폭력이나 무력이 개입된 비평화적인 방법에 의한 교체도 있었다. 그런데 여러 차례의 정권교체가 지닌 한 가지 특징은 연성軟性이고 낮은 수준의 강권에 의존한 이승만의 권위주의 정권에서 점차 보다 강성強性이고 높은 수준의 강권에 의존하는 군부권위주의 정권으로 바뀌다가 마지막에 헌정을 파기하며 노골적인 일인독재체제인 유신체제로 바뀌었다가, 마침내 그 정권이 종식을 맞이하였다는 사실이다.

1948년에 제헌국회가 제정하여 국회를 통과한 대한민국 헌법은 "한국은 '민주공화국'이다"로 시작했다. 또 한국이 추구하는 정치이념은 '자유민주주의'라는 것도 천명하였다. 그 당시의 남북한관계에 비추어 볼 때 자유민주주의를 국가이념으로 표방한 것은 북한의 공산주의 정권과의 구별을 명확하게 하려는 의도도 있었다.

그런 헌법에 이승만이 1952년 임시수도 부산에서 손대기constitutional tempering를 시작했다. 당시 헌법에 대통령은 국회가 선출하고 4년 임기제로 하였다. 국회에서 간선으로 선출하기 때문에 대통령의 연임에 대한 규정은 없었다. 그 헌법에 의해 이승만의 임기는 1952년 4월에 끝나게 되어 있었다. 그런데 국회 내에 반反이승만 의원들의 수가 많았다. 그들은 이승만 대신 장면 전 주미대사를 차기 대통령으로 선출하려고 했다.

수세에 몰린 이승만은 강권을 동원하고 일부 야당의원들을 회유하면서 반대 의원들을 제압하였다. 그때 동원된 것이 언론들이 '땃벌떼'라는 별명을 붙인 깡패집단이었다. 그들은 야당의원들을 위협하고 의원의 추종세력에게 테러를 가하기를 서슴지 않았다.

결국 반이승만 의원들의 굴복으로 간선제로 선출하던 대통령을 국민의 직접투표로 선출하는 직선제로의 개헌을 전원일치로 통과시켰다. 이것이 1948년 제헌국회가 제정하고 통과시킨 헌법을 처음으로 권력자의 요구와 비위脾胃에 맞게 뜯어고치는 헌법 만지작거리기의 시작이었다.

한 번 시작하니 두 번은 쉬웠다. '부산정치파동'이라 불렸던 개헌소란이 지나 2년 후, 국회에 다수의석을 차지하게 된 친이승만의 자유당의원들은 4년으로 제한한 대통령의 임기에 대한 조항을 삭제하고 초대 대통령에 한해 임기제한을 없애는 개헌안을 통과시켜 이승만에게 '종신대통령'의 길을 열어주었다.

종신제개헌으로 이승만의 권위는 많이 추락하였다. 그런 상황에 고무되어 1954년 반이승만세력이 민주당을 결성하였다. 열세지만 자유당 정권을 견제하자는 의도였다. 그러나 여권을 위압할 수 있을 정도의 대중적 호응을 얻지 못했고 수십 명의 국회의원이 중심이 된 원내정당의 범위를 벗어나지 못했다.

이승만 정권에게 타격을 가져온 것은 1956년 정·부통령 선거에서 여당 부통령 후보였던 이기붕의 낙선이었다. 1956년, 대통령 이승만의 나이는 81세였다. 헌법은 대통령의 유고시 부통령이 자동승계하게 되어 있었다. 그런데 문제는 야당의 장 면이 이기붕을 제치고 부통령으로 당선된 것이다. 여당으로서는 최대 위기를 맞게 되었다.

1959년 대통령 선거를 1년 앞두고, 자유당 당무회의는 미군정청시기(1945~48)에 제정되었던 '출판물에 대한 규제법'을 적용하여 정부를 비판하는 글을 칼럼에 실었다는 이유로 '경향신문'을 폐간시켰다. 그동안 공개적으로 장면 부통령을 지지해 온 한국 가톨릭재단이 운영하던 일간지였다. 대선에 대한 일환의 조치로서 나온 결정이었고 선거기간 언론을 철저하게 통제하겠다는 신호이기도 했다.

84세의 이승만은 쉴 줄을 몰랐다. 미국망명 때 그를 가장 가까이에서 도왔던 펜실베이니아 주립대학 교수 로버트 올리버Oliver는 그의 저서 『이승만과 미국과 한국』에서 이승만에게 "이제 나이도 있고 피로하기도 하니 쉬는 것이 어떠냐?"고 물었더니 "누가 나를 대신할 수 있겠느냐?"라고 반문했다고 적고 있다. 그런 고령에도 이승만은 정치에서 물러날 의사가 없었던 것이다. 이승만과 친한 미국인 교수가 조병옥이나 장면을 거론하면서 후계자로 하면 어떠냐고 했을 때 이승만은 "그 사람들은 안돼!"라고 말했다고 쓰고 있다. 이승만이 후계자로 지목한 것은 지병에 시달린 약골의 이기붕이었다. 그것이 자유당 정권의 몰락과 무관하지 않다.

이승만의 하야 후 마비상태가 된 정부를 대표하여 허정許政의 과도정부가 3개월간 집무하는 동안 국회는 대통령제에서 내각제로 정부형태를 바꾸는 개헌안을 통과시켰다. 이어 7월에 국회의원 선거를 실시하였다. 결과는 민주당의 압승이었다. 소수의 자유당의원이 재선되었고 나머지는 무소속의원들로 구성되었다. 국회는 다수당이 된 민주당이 제청한 장면 전 부통령을 국무총리로 선출하였고 해방 후 처음으로 '내각제 정부'가 탄생하게 되었다. 야당 시절 민주당이 내건 정책의 하나가 내각제개헌이었다. 민주당은 대통령제가 장기집권의 원인이라고 본 것이다. 그것을 방지하는 길로 내각제개헌을 주장해 왔다.

그렇게 시작한 장면 총리의 내각제 정부는 내외적으로 심각한 시련과 도전을 겪어야 했다. 국민은 새 정부가 빈곤문제를 해결할 돌파구를 찾아주길 기대했다. 절박했던 장면 정부는 한·일 관계를 개선하여 탈출구를 찾으려 했으나 그것은 시간이 걸리는 문제였다. 군 병력을 10만 명 감군하는 것도 검토되었다. 국토건설단을 조직하여 당장 급한 청년들의 실업문제를 해결하려고 했다.

장면 내각에 정치적으로 큰 타격을 준 것은 여당인 민주당의 분열이었다. 야당 시절에 대정부 투쟁을 위해 공존과 협력을 유지했던 신파와 구파의 오래된 갈등이 표면화된 것이었다. 내각의 각료 분배 문제를 놓고 대립한 끝에 구파가 신민당新民黨을 창당하였다. 민주당과 신민당의 갈등 속에서 소수인 자유당 의원이 캐스팅 보트를 쥐는 아이러니가 나타났다. 국회의사당 앞에서 매일같이 계속되는 시위로 시내는 대혼란을 빚었다.

학생들은 연일 국회의사당 앞에서 데모를 했고, 노동자들은 노조결성을 요구하는 시위를 벌였다. 군부 장교들 가운데는 쿠데타를 계획하는 움직임이 있었다. 자유당의 붕괴로 공공질서가 무너지고 자유와 방종이 판을 치는 '사이비민주주의'가 사회적 혼란을 수습하기 어려운 상태로 몰아갔다.

이미 내부분열로 약화된 장면 정부는 국회 내부와 사회 전반에 격화된 정치 불안을 해소하지 못하여 국민들의 신뢰를 잃었다. 집권한 지 7개월 만인 1961년 3월부터 '4월 위기설'이 떠돌기 시작하였다. 4·19 1주년 기념일을 기해 예기할 수 없는 사태가 벌어질 것이라는 소문이 돌았다. 그 예기치 못한 일은 군부의 쿠데타로 나타났다.

1961년 5월 16일 새벽, 박정희 소장의 지휘 아래 육군과 해병대로 구성된 3000여 명의 한국군은 한강다리를 건너 육군본부와 정부청사와 언론기관을 점거한 후, 라디오 방송을 통해 '군사혁명을 일으켰다'고 선언하였다. 며칠 후 장면 총리와 각료들이 사임함으로써 쿠데타로 집권한 군부는 3권을 장악한 '국가재건최고회의'를 구성하였다. 최고회의는 '반공을 국시로 하며, 부정부패를 일소하고, 새로운 정치질서를 조성하려는 혁명의 목적을 달성하면 군으로 복귀한다'는 공약을 발표하였다.

5·16 쿠데타는 헌법이 규정하고 있는 '군의 정치적 중립'이라는 원칙을 와해시키는 것이었다. 그리하여 근 40년간의 군부에 의한 정치가 시

작되었다. 쿠데타 후 3년간, 3부를 장악한 국가재건최고회의라는 군정軍政이 한국을 지배했다. 계엄령을 선포하고 헌정을 중단한 것이다. 국회를 해산시키고 모든 정치활동을 금지했다.

3년 후 군부는 혁명 약속을 깨고 군에 복귀하지 않고 민정에 참여하였다. '최고회의'의 지침을 따라 대통령제를 강화한 내용의 헌법이 제정되었고 새로운 선거법에 따라 1963년 12월 대통령선거가 실시되어 박정희 민주공화당 후보가 대통령에 당선되었다. 이름은 민정이지만 실질적으로 군부 집권의 계속이었다.

박정희의 군부정권은 자유민주주의를 불신했던 정권이었다. 군부 집권세력 안에는 '미국식' 민주주의에 대한 노골적이고 부정적인 공감대가 형성되어 있었다. 정치인의 부정부패와 비리, 정경유착, 그리고 문란한 사회풍토 등 모든 사회악의 원천이 '민주주의'라는 이름 아래 국가를 존망의 위기로 몰아넣은 이승만 정부와 장면 정부에게 있다고 주장하며 '민주주의'에 그 책임을 돌렸다. 그들은 한국에 민주주의는 '사치'라고 주장하였다.

박 정권은 경제부처의 관료를 앞세워 대기업을 통제하는 동시에 강력하게 경제발전계획을 추진하였다. 한국을 농업경제에서 공업경제로 바꾸었다. 고도성장을 기록하였고 아시아와 세계의 주목을 받는 국가가 되었다. 집권한 후부터 집념을 갖고 추진한 군부정권의 경제개발은 박 정권의 입지를 강화하는 데 긍정적인 효과를 가져왔다. 그것을 기반으로 대통령의 거수기집단으로 전락한 여당을 움직여 박 대통령의 연임 임기가 끝나는 1971년에 다시 출마할 수 있도록 하는 '3선 개헌안'을 국회에서 통과시켰다. 오래전 이승만의 재선을 위해 강제로 통과시킨 '부산정치파동'의 전철을 그대로 밟은 셈이다.

그러다 1972년 10월 17일, 박 정권이 계엄령하에 선포한 유신체제의 등장은 민주정치의 마지막의 제도로서의 자유선거를 폐지하고 통일주체회의가 대신 간선으로 대통령을 선출하도록 한 정변이었다. 기존의 헌법을 대폭 수정하여 대통령의 직선제를 폐지시켰다. 대신 통일주체국민회의라는 6000명의 대의원이 대통령을 선출하도록 개헌하였다. 한국이 네 번째의 정권교체를 겪게 된 것이다. 1954년의 개헌으로 생긴 종신대통령제의 이승만 정권, 1960년의 장면 민주정권, 1961~63년의 군정과 이후 1971년까지의 박정희 정권, 그리고 1972년부터 1979년까지 유신정권으로의 교체를 포함한 수치이다. 여기에 전두환과 노태우 정권 12년까지 합치면 여섯 번 정권이 바뀐 것이다.

정권이 자주 바뀐 이유는 무엇인가?

한국에서 실제로 정권이 서로 다른 형태로 바뀐 것은 네 번이다. 형식적으로 1948년 제헌국회가 제정한 헌법의 골자는 유지했으나 내용은 많이 달라졌다. 여섯 번의 정권교체와 여덟 번 헌법을 개정하는 과정에 국가의 권력구조에 많은 변화가 생겼다. 한마디로 민주주의가 권위주의에 의해 침식되었다. 요식행위로 선거로서 통치자를 뽑았으나 권력구조나 지배양식은 민주주의와 거리가 멀었다. 독재적이고 권위주의적이었다.

정치의 본질은 '가치의 권위적인 분배'라고 했다. 인간이 귀중하게 여기고 갖기를 원하는 것이 가치이다. 그중 보편적인 것으로 간주하는 것은 권력이나 부富이다. 애정과 인간에 대한 존경이다. 정치의 본질은 그런 가치를 원하는 국민을 대상으로 '권위적'으로 분배하는 것이다. 여기서 '권위'는 영어로 'authority'이다. 권력과 정당성을 합친 것이 권위이다. 정치가 '권위적'이 되려면 일정한 제도를 통해 권력과 부富를 정당하고 합법적인 방법으로 분배하는 일, 일정한 정치제도를 통해 국민이 권력을 행사하도록 하는 일, 국민에게 안전이라는 가치를 보장하기 위해 국민이 병역의무를 이행하도록 하는 일, 모든 국민이 법에 의해 평등한 심판을 받도록 하는 일, 사회질서를 유지하는 데 필요한 법과 제도를 만들어 국민의 다양한 가치를 충족시키고 실현한다는 것을 의미한다.

정치가 하는 일은 그런 '권위'를 가지고 가치분배를 하는 것이다. 모든 국가가 공통적으로 하는 것은 경제, 권력, 안전, 사법, 사회질서 유지이다. 차이는 그런 활동을 어떤 절차와 방법에 따라 하느냐이다. 그것에서 민주주의와 전체주의 그리고 권위주의 삼자 사이에 차이가 선명하게 들어난다. 민주정치체제와 공산전체주의체제는 양극적이다. 미국은 시장과 자본에게 맡기는 경제제도, 자유선거와 의회민주주의의 정치제도, 3권분립 원칙에 기초한 독립된 사법부, 자율적인 사회집단에 의한 사회질서를 정치의 절차와 방법으로 하고 있다. 구소련은 이와 정반대였다. 미국과 구소련이 상용할 수 없었던 것은 두 체제가 완전히 다른 것이었기 때문이다. 그중 어느 하나가 세계를 지배하느냐에 따라 세계역사가 달라질 수 있었던 것이다. 서로 먹느냐 먹히느냐의 갈등과 투쟁이었다.

전체주의와 권위주의의 근본적 차이

전체주의체제Totalitarianism와 카리스마적 지도자를 연구한 캔자스Kansas 대학의 윌너Willner 교수는 레닌, 스탈린, 히틀러, 마오쩌둥을 카리스마적 리더의 본보기로 다루고 있다. 카리스마적 지도자의 특칭으로 '독창적인 이데올로기'의 창안을 든다. 마르크스주의를 소련에 적응시킨 레닌주의, 신경제계획과 소련이 먼저 사회주의 국가가 되어야 한다는 '일국사회주의론'이라는 주장으로 국제사회주의를 주장한 정적들을 숙청한 스탈린, 아리안족의 순수성을 이어온 독일민족의 우월성을 주장한 히틀러의 나치즘(국가사회주의), 그리고 마르크스주의를 수정하고 중국에서 농촌혁명을 이끈 마오이즘이 그런 것이다. 그리고 이념으로 무장한 일당독재를 전체주의체제의 필수요건으로 든다.

월너 교수는 카리스마적 리더들의 명단에 '이승만'을 포함시키지 않았다. 이승만은 독창적이고 정교精巧한 이념체계를 갖지 않았다. 단지 소련과 북한에 대해 철저하게 반대했던 반공주의자였다. 대중을 쉽사리 동원하고 조작할 수 있는 일당독재정당도 갖지 않았다. 해방 후 한국역사에서 가장 특출하고 독보적인 인물로 많은 지지를 얻은 이승만이지만 그런 그가 카리스마적 속성이 없었으니 그 후의 나머지 한국의 최고지도자들은 더 말할 나위도 없다.

그런데 이것이 한국에게 매우 다행스러운 일이었다. 그런 이유 때문만이라도 남한에서 전체주의적 체제가 뿌리내릴 가능성은 전혀 없었다. 만일 이승만이 어떤 체계화된 '파쇼주의' 사상을 정치이념으로 내세우고 일당체제를 가지고 독재를 했다면 남한에도 북한의 공산전체주의체제와 유사한 일종의 전체주의체제가 자리잡을 수도 있었다. 그러나 천만다행이지만 이승만은 그런 전체주의자는 아니었다. 미국에서의 오랜 망명생활과 고등교육이 그를 민주적인 가치를 수용하도록 하였다. 해방 후 지금이나 앞으로나 한국에 전체주의체제가 수립될 가능성은 전무했다. 그것은 한국 국민에게 매우 다행스러운 일이었다.

2차 세계대전이 끝난 후 세계 여러 곳에서 '민주주의'를 표방하면서 사실은 소수가 지배하는 독재적인 성격의 국가들이 등장했다. 그런 정치를 연구하던 학자들은 민주정치도 아니고 공산전체주의도 아닌 '신생국'이라 불리던 나라들을 이해하기 위한 힌트를 스페인의 '프랑코' 정권에서 찾게 되었다. 프랑코 정권은 스페인을 반세기 동안 지배했던 정권이다. 1930년대 프랑코 장군이 보수파와 공화당파 사이의 내전에 개입하여 집권한 후 1980년대 스페인이 민주화를 달성하기까지 무려 50년이 걸렸다. 한국의 40년보다 10년이 더 걸렸다.

프랑코 정권의 특징을 연구한 학자들은 그 정권이 장기 집권할 수 있었던 요인과 특징으로 세 가지를 지적했다 — (1) 이데올로기는 없고 집권자의 사고방식mentality만 있다. (2) 사회발전 수준이 낮고 사회다원화의 수준이 낮다. (3) 공산당 같은 대중을 동원할 수 있는 대규모의 조직력을 갖춘 일당독재정당이 있을 수 없다. 이데올로기와 일당독재가 없이는 대중동원이 불가능하다.

이런 특징은 구소련 같은 대표적인 전체주의체제가 지닌 특징과 전혀 다르다. 전체주의체제와 권위주의체제 사이에는 근본적인 차이가 있다. 스탈린의 소련전체주의나 히틀러의 나치전체주의를 연구한 학자들은 그들이 지닌 공통점으로 (1) 마르크스주의나 나치즘 같은 정교한 이데올로기가 있고, (2) 전체주의적 일당독재를 하고 있고, (3) 공포와 테러와 강제수용소를 갖고 있고, (4) 외부세계로부터 정치체제를 철저하게 봉쇄하고 있는 점을 지적했다.

그런 전체주의 정권이 1948년 먼저 김일성을 수령으로 하는 공산전체주의체제로 북한에 수립되었다. 구소련의 작은 복제판이었다. 이에 대항하여 이승만이 주도한 대한민국이 '민주공화국'으로 남한에 수립되었다. 그리고 그 정권은 수립 후 2년이 지난 1950년 6월 25일 북한의 남침으로 붕괴 직전으로까지 가는 존망의 위기를 겪었다. 전쟁 중의 '긴급명령체제'를 거쳐 휴전 후에 나타난 남한의 정치체제는 사실상 이승만의 정권으로 변모하고 있었다. 그의 권위는 거의 '절대적'이라 할 범위의 것이 되었다. 1954년 이승만 대통령의 경우 임기제를 없앤 개헌을 기점으로 한국정치가 '권위주의화'하기 시작하였다.

2차 대전 후 등장한 여러 신생국에서 한 사람 또는 소수가 지배세력으로 등장하거나 군부가 쿠데타로 집권하여 정치체제가 독재화하였다. 이런 현상을 연구하던 정치학자들이 공산주의체제와 구별하기 위해 사용한 것이 '권위주의 정권'이라는 용어이다. 스페인의 프랑코Franco 체제에서 염감을 얻은 정치학자들은 권위주의 정권의 특징을 (1) 세련된 이념은 없고 통치자의 사고방식이 결정적으로 영향을 줌, (2) 사회구조가 단순하고 사회분화 수준이 낮음, (3) 대중을 동원할 정치조직을 형성하기 어려움 등의 세 가지로 요약하였다.

이러한 권위주의 정권의 특성을 이승만 정권하의 한국정치도 공유하였다. 위에서 열거한 사고방식이나 구조적 조건들에 다른 요소들이 추가되어 한국에서 권위주의 정권의 형성을 조장하는 요인으로 작용했다. 특히 문화적 요인과 정치제도로서 대통령제의 특성이 중요하게 작용했다.

첫째로 '민주주의'는 절대다수의 한국 국민에게 생소한 것이었다. 절대다수의 국민에게 '주권재민主權在民'이라는 용어가 생소하였고 자유민주주의의 이념도 이해할 수 없었다. 국민 다수의 정치의식 수준이 낮았다. 오랜 왕조의 역사와 전통이 만든 문화가 '일인지배'를 당연시할 뿐 아니라 그런 지배자가 특별하고 남다른 자질을 가진 강력한 지도자를 원하는 정치문화였다. 이승만은 그런 조건을 갖추고 있었다.

둘째로 가장 중요한 요인으로 정치체제 자체를 매우 경직된 체제로 만들었다. 한국에서 정권이 여섯 번 교체된 원인으로 강조해야 할 요소는 체제의 경직성이다. 하나의 가정이지만 만일 한국이 내각제를 택했다면 정치체제가 보다 유연성을 지녔을 것이고 정권교체의 성격도 달랐을 것이다. 한국은 헌법을 제정하면서 경직적 명문헌법으로 만들어 그것을 바꾸려면 정변을 거쳐야 하게 만들었다. 사실 정권교체와 헌법개정이 동시에 일어난 경우가 많았다. 그뿐만 아니라 대통령의 임기를 제한하는 경직된 정부형태를 취하였다. 임기를 그대로 지키지 않고, 집권을 강제로 연장하려는 충동을 갖게 만드는 경직성이 있었다. 원래 대통령제는 미국에서 시작하여 전후 미국의 영향권하의 나라들이 채택한 정부형태이다. 그것은 대통령, 의회, 사법의 3권분립을 기초로 한 정부형태이다. 그리고 무엇보다 대통령의 임기를 제한한 형태이다. 그리고 3권분립이라는 원칙은 잘못하면 3권갈등과 대통령에 권력을 집중시키는 가능성을 지니기도 하는 것이다. 미국정치를 연구하는 학자들은 미국의 대통령제가 성공했다면 그 이유는 제도 때문이 아니라 그것을 뒷받침한 미국 특유의 문화(정치문화) 때문이라고 주장하기도 한다.

셋째로 대통령제는 '소선거구제'를 기본으로 하고 양당제나 다당제를 중심으로 운영하는 제도이다. 정당이라는 조직도 국민에게는 생소한 것이었다. 결국 소수가 모인 파벌들이 난립하여 선거를 치르거나 정치를 운영하게 되었다. 대중을 동원할 능력을 가질 수 없었다. 또 대통령선거와 국회의원 선거가 소선거구제도하에서 집행되어 의도와는 달리 국민(유권자)을 양분시키는 경직성을 가져왔다. 선거가 정치를 여와 야로 구분하여 갈등을 조장시키는 요소를 지녔다. 정당정치에 익숙하지 않은 국민들은 선거에서 정부의 영향을 받아 여당을 지지하게 되는 준봉투표遵奉投票 현상이 나타나게 된다.

이런 대통령제가 지닌 몇 가지 특징으로 한국정치는 1950년대 초반부터 '권위주의정치체제'라는 유형에 해당하는 특징을 지닌 정치로 변모하기 시작하였다. 그런데 '권위주의 정권'과 '권위Authority'는 다른 개념이며 구별해야 한다. 권위는 '권력과 정당성'을 합친 개념이다. 권력이 정당legitimate 할 때 권위가 생기고 존재한다. 그래서 '권위주의적 정권'이라 할 때의 그 '권위'와, '가치를 권위적으로 분배'하는 것으로 정치를 정의할 때의 '권위적'과는 의미가 다르다. 그래서 혼동을 일으킬 수 있다.

그렇게 정치가 '권위'와 합법성에 의거해서 행한 가치의 분배, 즉 결정은 '구속력binding'을 지닌다. 국민 모두가 '예외 없이' 그 결정에 따라야 하고 그것에 불복하거나 위반할 때는 일정한 규정에 따라 처벌을 받게 된다. 정치만이 그런 의미의 '권위'를 가지고 국민을 대상으로 가치를 분배하는 역할을 한다. 경제도 사회도 국민 모두를 대상으로 그런 권위와 그런 제재를 행사할 수 있는 권력을 가질 수 없다.

그렇게 보면 전체주의체제나 권위주의체제나 '권위적인' 가치분배는 행해지고 있다. 차이는 그런 '권위적인 가치분배'를 누가, 어떻게, 어떤 방법으로 하고 있느냐의 차이이다. 구소련과 그 위성국가들(북한 포함)의 경우 국가의 최고결정기관은 7~8명으로 구성된 공산당의 정치국politbureau이다. 그것을 수천 명의 대표가 모이는 전체인민대표자회의(민주국가의 국회 같은 것)가 반대 없이 지지한다.

권위주의체제에서 실질적으로 '권위적'인 결정을 내리는 것은 정권의 최고영도자라고 부르는 집권자와 그를 둘러싼 소수의 측근이다. 집권층만의 권위(권력)가 통하는 정치이다. 공산정권과의 근본적인 차이는 권위주의 정권에는 일당독재정당이 없다는 것이다. 집권당이 있으나 당은 선거에 동원하기 위한 수단일 뿐 실권을 행사하는 것은 아니다. 입법부라는 국회가 있고 대법원이라는 사법부는 있으나 형식으로 존재할 뿐이다. 최고영도자의 통제와 지시를 받고 있다. 3권분립의 형식은 있으나 실제로는 한 사람의 '권위'와 지도력이 정권 운영을 좌우한다. 그리고 그 영도자의 '권위'에 그 정권의 운명이 달려 있다는 뜻에서 권위주의적이다. 그 영도자의 권위와 특히 정당성(합법성)에 의해 정권의 존망도 좌우된다는 뜻이기도 하다. 영도자의 사고방식, 그를 둘러싼 과두지배세력의 권력독점, 그리고 제한된 정치적 동원능력을 가진 정권이 권위주의 정권이다. 그래서 정치지도자의 권위나 정당성이 도전을 받을 때 권위주의 정권의 기반은 흔들리게 된다.

한국의 경우 극단적인 권위주의체제가 유신체제였다. 권위주의체제는 정부기구를 단일화하여 모든 권한을 대통령 일인에게 귀속시킨다. 3권분립이라는 원칙은 사실상 붕괴한다. 대통령이 국회의원의 일부(유정회)를 형식은 밟지만 실질적으로 지명하여 여당의원이 국회의 3분의 2에 해당하는 의석을 차지하도록 한다. 이는 결과적으로 국민의 선거권을 제한한 것이다.

또한 정부나 정권을 비판하는 언론이나 지식인을 탄압하고 통제하는 법이나 규칙을 만들어 위반자를 형벌로 다스리는 등 이미 사법부를 장악한 대통령이 국회마저 완전히 자신의 통제하에 둔다. 전체주의체제와 권위주의체제의 근본적인 차이는 국가권력이 공산국가와 같이 전체 국가를 완전히 통제와 감시 아래 둘 정도로 강력한 일당체제와 전국적인 조직망으로 국민을 상시 감시할 수 있는 방대하고 무자비한 비밀경찰이 있느냐, 그리고 국가를 외부에 개방할 수 있느냐의 차이이다.

여섯 번의 정권교체를 겪은 한국의 경우 장면 정부를 제외하면 40년간 모두 권위주의 정권이 통치하였다. 한 번은 민간인 대통령이 중심이 된 권위주의 정권이었고, 나머지 세 번은 군인과 군부가 집권한 군부권위주의 정권이었다. 그중에도 가장 강력한 권위주의 정권이었던 유신체제를 마지막으로 정권은 네 차례 변했다.

그런 변화에 작용한 요인들은 너무나 많다. 무엇보다 정권을 운영하는 집권층의 역량이 가장 중요하게 작용하였다. 국민은 완전히 피지배층에 속했으며, 정치권력을 행사하지 못했다. 정권을 장악한 집권엘리트의 능력capability 이나 수행력performance 이 정권의 존망에 영향을 미쳤다. 그러나 정권교체에 결정적인 영향을 미친 것은 정권의 최고지도자의 자질과 역할이었다.

정권교체에는 최고영도자와 집권층의 역량과 수행력만 중요한 것이 아니라 그 정권이 다스리는 국민의 정권에 대한 평가도 관련된다. 그리고 한국정치문화의 특수성이기도 한 최고지도자에 대한 국민의 지나친 기대와 인식도 정권교체 요인으로 작용할 수 있다. 즉, 정권교체 현상은 매우 동적인 복합 현상이라는 것이다. 그런 점을 감안하여 정권의 교체 요인으로 다음 여섯 개를 추려냈다.

1. 정권의 정당성Legitimacy 문제
2. 정치적 불안요인인 경제·사회적 문제해결능력
3. 집권엘리트의 국가운영능력
4. 집권세력의 응집과 결속력
5. 권력계승 방식
6. 국가안보와 대외관계

여기에 나열한 요인들은 한국정치의 변화 과정을 살펴보면서 얻은 통찰에 근거한 것이다. 이 요인들을 변수로 본다면, 정부마다 변수들이 어떤 배합combination을 이루면서 정권의 성패에 영향을 주고 있는지 논해볼 수 있다. 물론 이 요인들만으로 정권교체 현상을 충분히 다룰 수는 없다. 너무나 중요하기 때문에 위에 포함시키지 않았지만, 최고영도자로서 대통령의 역할이 있다. 한국도 그랬지만 신생국의 경우 혼란에 처했을 때나 과도기에 국민이 추종하려는 최고지도자supreme leader의 품성, 목표, 가치관, 그리고 상황인식이 정치에 미치는 비중이 거의 절대적이다. 이승만이 그랬고 박정희도 그런 지도자였다. 그런 지도자의 의지와 능력과 거취문제가 정권교체와 불가피하게 연관되어 있다. 이런 시각을 가지고 해방 후 민주화가 있기까지 40년 사이에 있었던 정권교체의 기본 특징을 요약해 본다.

이승만 권위주의 정권의 붕괴(1948~60)

종신제는 이승만 정권 안에서 일어난 정권 차원의 변질이다. 이 정권은 1948년 제헌국회가 이승만을 임기 4년의 대통령으로 선출했던 정권이다. 겉으로나 실질적으로 민주적인 제도와 실천을 따른 정권이었다. 그 정권이 1952년 소위 발췌개헌을 시작으로 민주적인 정권에서 권위주의적인 정권으로 변질되었다.

그렇게 해서 등장한 이승만 정권의 기본 성격과 유형을 요약하면 전제專制정치도, 전체주의체제도, 그렇다고 민주체제도 아니고 일인독재체제도 아니었다. 적당히 야당을 탄압하여 무력화하고, 적당히 언론을 통제하며, 정당히 선거를 조작하고, 군대를 파벌로 분열하여 통치하는 매우 기이하고 혼합적 성격의 권위주의 정권이었다.

그 정권은 이승만에 의해 조합craft된 것이다. 해방 후 남한에서 활동하던 기라성 같은 정치지도자들의 대부분은 해방정국에 암살당했거나 6·25 전쟁 중 북으로 납치당해 정치계는 사실상 이승만의 독무대가 되었다. 경력으로 보나, 전쟁 중에 보인 지도력으로 보나 이승만은 하늘높이 솟은 거목towering figure과 같은 존재였다. 그를 적대하거나 견제할 인물이나 세력은 찾아볼 수 없었다.

이승만 정권의 성격을 개괄적으로 볼 때 문화적 요인의 영향이 컸다. 즉 오랜 유교문화권의 국가 속에서 나타난 한국 특유의 정치문화와 행동양식이 정치에 영향을 주었다. 단적으로 그것은 엄격한 상하위계질서를 강조하는 행위와 인간행동을 선과 악으로 양분하는 도덕주의와 정통주의를 강조하는 경직된 흑백 사고양식이 지배하는 정치체제였다.

또 그 정권은 해방 후 한국에서 한국 사람에 의해 처음 조합된 통치양식이었다는 데 의미가 있다. 더욱 중요한 것은 장면 정권을 뒤엎고 집권한 박 정권과 그 후의 모든 군부정권이 기본적으로 이승만이 조합한 이 특이한 통치양식을 답습했다는 점이다. 이승만 정권과 군부정권들 사이에 차이보다 공통점이 많았다. 그뿐 아니다. 소위 '좌파'정권이라 불리던 노무현 정권도, 또 그 후 이명박과 박근혜 정부도 이승만이 조합한 정치적 골격에서 크게 벗어나지 못했다. 통치방식의 형식은 민주주의라고 하지만 권위주의적인 정권운영을 벗어나지 못했다. 집권자들이 다른 통치 스타일을 지닌 차이는 있다. 그런 의미에서 이승만의 권위주의 정권은 한국정치에서 나타난 본보기형proto type이라고 말할 수 있다. 일종의 '한국형 권위주의체제'라고 부를 수 있다.

그 정권은 세련된 이데올로기는 없고 '반공주의'라는 사고방식을 공유한 집권세력이 명사 중심의 파벌연합체인 여당자유당을 선거 때만 이용하고 장기집권을 위한 군부를 포함한 강권조직을 사용했다. 정권에 반대하는 정당과 언론을 비롯한 모든 집단을 경찰과 사법조직을 동원하여 탄압하고 통제했다. 그리고 최고영도자를 둘러싼 과두지배층은 마치 과거의 '가신들'처럼 최고지도자에 대한 절대적 충성을 보였다. 그리고 '자유'선거는 정시에 틀림없이 실시하였으나 그 선거는 부정선거로 점철되었다. 그뿐만 아니라 '종신대통령제'를 만들어낸 것도 이승만과 자유당 정권의 작품이었다. 전제정치, 일인지배, 민주정치의 여러 요소들이 근거 없이 멋대로 혼합된 기이奇異한 형태의 정권이었다.

이승만 정권 시기의 한국경제는 미국원조에 전적으로 의존한 상태이었다. 시급한 주택문제 해결과 생필품을 위한 소비산업을 건설하였으나 이 정권은 광범하게 퍼진 빈곤문제를 해결할 능력은 없었다. 생존문제가 위협받던 시절에 전쟁으로 쌀 생산이 부족하여 그것을 미국으로부터 도입하는 밀가루로 보충해야 했다. 3분산업(밀가루, 설탕, 시멘트 관련 산업)과 방직공장도 건립했다.

그러나 시간이 지날수록 이승만의 장기집권에 반대하는 목소리가 높아갔고 연이어 집권층의 부정과 비리를 폭로하는 신문기사 때문에 자유당의 인기가 떨어지면서 선거에서 자유당후보가 많이 낙선하였다. 그럴수록 반대세력에 대한 탄압이 격해졌다. 그런 가운데 탄압을 받는 약자들(주로 야당의원들)을 동정하려는 심리가 국민 사이에 퍼져갔다.

결국 이승만 정권은 만성적인 정치 불안의 원천이 되어온 빈곤문제와 전란戰亂으로 혼란이 계속된 한국사회를 안정시키는 데 실패했다. 그것은 그동안 이승만의 지지층의 동요로 나타났다. 정권의 역량과 도덕성에 대한 부정적인 평가를 나타내는 '정당성 위기'를 가져오기에 충분한 요인이 되었다. 자유당의 집권엘리트에 대한 국민의 불신이 높아갔다. 총선에서 자유당후보의 낙선자가 늘어날수록 당내에 주도권을 둘러싼 강경파와 온건파 사이의 갈등이 더욱 격화되었다. 그러나 이승만의 비호를 받던 이기붕이 중심이 된 강경파의 독주는 날로 심해졌다.

그 배후에는 심각한 '권력계승의 위기'가 도사리고 있었다. 그리고 그것이 표출된 것이 1956년 정·부통령선거에서의 장면張勉의 부통령 당선이었다. 대통령에게 변고가 생길 경우, 야당 출신의 부통령이 그를 계승하게 되기 때문이다. 이승만 정권이 무너진 원인으로 흔히 3·15 부정선거를 든다. 그것이 4·19 학생의거를 촉발시켰기 때문이다.

그러나 그것만으로 이 정권의 종말을 설명할 수 없다. 정치적 불안의 원천이었던 빈곤의 악순환도 해결하지 못했고 반공주의 외에 집권엘리트를 결속시키는 이념이나 신조도 없었고, 정부관료의 부정과 비리가 심각했다. 집권당인 자유당은 여당 국회의원과 정부의 혜택이나 바라고 모인 지방의 유지들의 느슨한 집합체였다. 그러면서 1952년(자유당 결성시기)부터 1960년까지 8년간 집권할 수 있었다.

그런 자유당 정권이 8년간 유지될 수 있었던 이유의 하나는 북한의 위협이었고 또 하나는 이승만이었다. 한국전쟁을 겪은 남한 국민과 전쟁 중 남한으로 대거 피난해서 정착한 500여 만 명의 북한 출신들이 이승만의 주요 지지층을 구축했다. 또 좌익이념을 지닌 세력을 조직적으로 제거하였기 때문에 정권에 반대하는 유일한 조직인 민주당은 자금도 없고 당원 수도 적은 허약한 정당이었다. 무엇보다 여당의 장기집권은 이승만 같은 타의 추종을 불허하는 매우 탁월한 현실주의적이고 권력정치에 능했던 지도자가 있었기 때문이었다. 전쟁과 빈곤으로 국민이 절망과 좌절감으로 서로 불신하고 대립하는 '후진국'의 범주에서 허덕이던 한국에서, 독재자라는 온갖 비판 속에서 강력한 지도력을 보여준 그가 없었다면 전쟁의 후유증으로 심각한 혼란과 빈곤에 허덕이던 한국에서 다른 누군가 집권했어도 그 정권은 수년을 가지 못했을 것이다.

단명으로 끝난 민주적인 장면 정권(1960~61)

1960년 4·19 학생의거 후 장면 민주당 정부로의 교체가 있었다. 3·15 부정선거에 항의한 학생시위대를 향해 경찰이 발포하자 100여 명의 희생자가 나왔다. 다행히 이승만이 스스로 하야를 결정함으로써 더 큰 혼란 없이 사태를 수습하고 정권교체가 이루어질 수 있었다. 1960년 7월 총선을 실시하고 국회에서 내각제 개헌안을 통과시킨 후 민주당의 장면 부총리가 다수의 찬성표를 얻어 내각총리로 당선되었다.

장면 정권은 해방 후 한국에서 처음으로 진지하게 자유민주주의를 실천하려고 했던 정권이었다. 그러나 의도와는 달리 그것을 달성하기 위한 역량이 부족했다. 장면 정권은 4·19의 과도적 혼란기의 어수선한 분위기 속에서 출발했다. 12년간의 이승만과 자유당 정권의 지배하에서 적극적으로 반대운동을 할 수 없었던 집단들은 장면 정권하에서 정치적 자유를 누릴 수 있는 계기를 찾았다. 그중에서도 철저한 반공주의를 추구한 이승만 정권하에서 가족 가운데 남로당이나 좌익경향을 지닌 단체와 관련되어 연좌連坐죄로나 다른 이유로 사회·정치적으로 그늘 속이나 지하에 숨어 살던 좌파의 잔존세력이 결집하여 정치활동을 시작했다. 그들 역시 성향은 급진 아니면 진보주의자들이었다. 그들은 장면 정권이 정치적 자유를 보장하자 정당을 결성하고 장면 정부를 비판하고 압박했다. 주로 민생문제와 통일문제를 이슈로 삼았다. 일부 대학생 그룹은 "판문점에서 북한학생과 대화를 갖자"고 시위를 하기도 했다.

국민 가운데 다수를 차지했던 빈곤층은 마르크스주의적 이념을 심기에 가장 좋은 온상溫床이다. 그리고 장면 정권하의 남한의 경제는 이승만 정권 때보다 더 악화일로를 걷고 있었다. 일본과의 국교정상화를 통해 경제문제의 타결을 찾으려 했으나 그것은 정상화를 위한 교섭부터 시작하여 협정체결까지 상당한 시간이 필요한 문제였다.

좌파세력이 반정부활동으로 정치불안을 가중시킨 것보다 더 심각한 문제는 공안질서의 와해였다. 경찰력은 거의 마비상태였다. 4·19 당시 학생을 사살한 이유로 국민의 혹독한 비판을 받은 경찰은 무질서와 무법상태에 대해 움츠리거나 눈을 다른 데로 돌리고 개입하기를 꺼렸다. 결과는 무정부상태에 가까울 정도였다. 그것을 오랜만에 누리는 자유 때문이라고 '관대하게' 옹호하는 일부 국민과 정치인들도 있었다.

남한은 이미 해방 직후 통일문제를 놓고 좌우세력이 혈투를 벌인 적이 있다. 그런 좌우대립 속에서 송진우(한민당 당수), 장덕수(한민당 수석총무), 여운형(건준위원장, 근로인민당 당수), 김구가 암살당했다. 장면 정권 하에 좌파세력이 재결집하려는 움직임을 보이자 우파세력과 군부가 민감한 반응을 보이기 시작했다. 군 장성들(대부분 한국전쟁 참전군인)은 좌파세력의 그런 움직임을 안보를 위협하는 것으로 우려한 것이다.

또 영관급 장교들이, 장면 정권이 군 내부의 부정문제를 척결할 능력이 없다고 보고 스스로 숙군肅軍 운동을 벌이다 체포되었고, 주모자들은 불명예제대를 했다. 군부 내 인사문제에서 시작해서 정치와 경제적 불안 문제에 이르기까지 불만을 가진 일부 영관급 장교들의 움직임이 심상치 않았다. 군의 통솔에 능했던 이승만의 치하에서는 볼 수 없었던 심각한 군의 동요가 있었다. 이 모든 움직임은 출범한 지 겨우 7~8개월밖에 안 된, 그리고 이승만 정권으로부터 심각한 정치불안 요인 모두를 그대로 떠안고 출발한 장면 정권을 흔들기에 충분한 사태 전개였다.

그런 가운데 상황을 더욱 어렵게 만든 것은 여당인 민주당의 신파와 구파가 갈등 끝에 분당分黨 하게 된 일이다. 1954년 결성한 민주당은 윤보선과 조병옥이 중심이 된 구파와 신익희와 장면이 중심이 된 신파의 연합세력이었다. 거슬러올라가면, 구파의 뿌리는 한국민주당(약칭 한민당)에 있었고, 신파는 해방정국에서 이승만을 지지했던 임정요인들의 일부와 그 후 이승만의 독재에 반기를 들고 장면을 따르던 신진세력으로 구성되었다. 곽상훈, 주요한, 오희영, 김재순이 장면의 측근 세력을 구성했다.

양파 사이에는 서로 쉽게 융합할 수 없는 출신과 교육배경, 정치적 경험, 반이승만 투쟁 경력이 가로 놓여 있었다. 그것이 이미 취약한 장면 내각을 자중지란自中之亂 으로 몰아가 정부 운영을 마비시킨 결정적인 요인이라 할 수 있다. 박정희 장군이 이끈 쿠데타 군부세력이 서울에 '무혈

입성'하다시피 한 것을 설명해 주는 대목이다.

장면 정권이 5·16 쿠데타로 붕괴하게 된 요인은 '권력계승의 위기'나 '정통성 기반'의 문제가 아니다. 사회적 혼란이나 경제문제도 장면 정권이 만든 것은 아니라 이승만 정권으로부터 물려받은 것으로 장면 정권에게 직접 책임이 있는 것은 아니다. 장면 정권 몰락의 요인은 '집권세력의 분열'과 '통치역량 부족'이다. 그리고 집권층의 분열로 생긴 결속력의 약화였다. 장면은 이승만은 아니었다. 정치권력 조작에 탁월한 이승만과 달리 장면은 정치가이기보다 교육자였다. 정치적 교활함astuteness도 없었다. 더구나 4·19 후 '자유'(사실은 방종이었지만)에 대한 요구가 치솟고 있었던 시기에, 강권을 동원해서라도 흩어진 정치세력을 하나로 묶어 불안한 정치상황을 극복하는 것은 생각조차 할 수 없는 일이었다. 내각제를 운영하려면 정당 기반이 튼튼해야 하는데 구파가 윤보선을 중심으로 신민당新民黨을 결성한 것이 장면 정권에게 결정적인 타격을 주었다.

새롭게 시도하려던 내각제정부 계획은 그렇게 좌절되었다. 좌익세력의 결집이 정치안정에 영향을 주었으나 그것 자체가 당시 국가안보를 위협할 정도로 심각한 것은 아니었다. 그러나 정권 자체가 불안하다는 것이 국민 사이에 안보에 대한 우려감을 높이기도 했다. 장면 정권의 종말은 민생문제, 집권층의 결속력 결여, 그리고 안보유지 능력이 경중을 가리지 않고 복합적으로 정권의 기반을 흔들어 놓은 데서 온 결과였다.

쿠데타로 시작한 박정희 정권(1961~72)

이 세 번째 정권교체는 해방 후 역사상 처음으로 군부의 집권으로 나타났다. 1961년 5월 16일 새벽, 박정희 장군이 이끈 쿠데타군이 무방비상태의 한강다리를 건너 육군본부를 시작으로 정부기관들을 점령하여 '혁명공약'을 선포했을 때, 사람들은 놀라면서도 한편 "올 것이 왔구나"하는 반응을 보였다. 그러나 장면 정권에 기대했다가 실망한 국민은 군부가 집권한들 무엇이 달라지겠느냐는 허탈감과 무관심을 나타냈다.

박정희는 군부집권 초기부터 정통성문제에 봉착했다. 무력으로 집권했다는 것이 문제였다. 야당만 아니라 많은 지식인들의 정권 비판의 초점이 '정통성문제'에 집중되었다. '군대가 정치해서는 안 된다'는 사고가 지배하던 남한에서 그것이 발생했기 때문이다. 사실 그런 일반적인 주장은 박정희에게는 고통스러운 아킬레스건achiles's heel이었다. 더구나 해방 정국에 박정희가 남로당 비밀당원이었다는 전력이 널리 알려졌고, 남한 정부를 전복하려던 북한정권의 사주를 받은 군부 내 좌익세력이 일으킨 여수·순천군반란사건에 연루되었다는 혐의로 사형을 선고받은 사실이 알려졌다. 이런 박정희의 좌익 성향의 전력前歷이 꼬리표처럼 박정희를 쫓아다녔다. 1963년 민정으로 복귀한 후 실시된 대통령선거에 출마한 박정희를 "사상이 의심스럽다"고 공격한 야당의 윤보선과의 소위 '사상논쟁'의 배경은 그런데 있었다. 윤보선만 아니라 미국정부도 박정희의 전력에 우려를 가지고 있었다. 그가 아직 공산주의사상을 가졌다면 미국으로서는 큰 문제가 아닐 수 없었다.

미국정부는 군부정권이 합법적인 정부를 무력으로 전복한 것이기 때문에 승인할 수 없다고 박정희의 집권을 반대했다. 김종필에 대해서도 학생시절의 좌익성향을 들어 위험인물로 경계했다. 미국은 당시 미국에서 유학 중이던 퇴역장군들을 불러 박정희의 사상문제에 대해 의견을 물은 적이 있다. 그 당시의 사정을 다룬 한 저서에 의하면 그 당시 미국에 체류 중이던 곽상훈郭尙勳 국회의장을 초청한 자리에서 박정희의 사상에 대해 문의하였고 곽 의장이 박정희가 공산주의자가 아니라고 증언한 후 미국이 쿠데타를 인정하게 되었다는 것이다.

그런 와중에 박정희를 더욱 난처하게 만든 것은 북한의 간첩 황태성 黃泰成 의 남파소동이었다. 1947년경 대구에서 있었던 좌익주도 폭동의 주모자로 지목되어 체포령을 피해 월북한 황태성이 박정희를 만나러 온 것이다. 황태성은 대구 폭동 후 함께 월북한 박정희의 친형과 친한 친구였다. 아마 김일성이 그 동생이 집권하였으니 무슨 생각을 하고 있는지 만나 알아보라는 명령을 받고 남파된 것 같았다. 서울에 잠입한 황태성은 함께 월북했던 또 다른 친구의 동생을 찾아 그 집에 숨어 있다가 정보부에 의해 체포되었고 후에 사형되었다. 이 사건은 박정희의 전력에 대한 많은 논란과 함께 항간에 북한과의 연루를 둘러싸고 갖가지 루머가 한동안 떠돌았다.

쿠데타에 성공한 후 기자와의 회견에서 국가재건최고회의 부의장인 박정희 소장은 '백척간두百尺竿頭'에 선 조국을 구하기 위해 군부가 일어섰다고 천명했다. 나라가 망하기 직전까지 갔다는 것이었다. 방치할 수 없는 수준의 정치불안이 한국사회를 일대위기에 몰아놓고 있으며 그 가장 큰 원인은 심각한 빈곤문제와 북한으로부터의 안보위협이라는 것이었다. 그렇게 된 모든 책임이 '구정치인들'에게 있다고 했고 한국의 실정에 맞지 않은 '미국식 민주주의' 때문이라고 했다. 박정희는 구정치인들을 향해 '적'이라는 표현까지 썼다. 그들이 이승만 정권과 장면 정권의 정치인들에 대해 얼마나 강한 증오와 반감을 갖고 있었나를 보여준 것이다.

이승만과 박정희의 한 가지 공통점이 있다면 한국에서의 민주주의에 대한 견해이다. 둘 다 한국에서 민주주의를 실시하기는 이르다는 데 공감하고 있다. 이승만은 정부수립 후 주한외국대사들을 경무대에 초청한 자리에서 "한국에서 민주주의를 하기는 아직 이르다"고 말했다. 박정희도 한국을 망친 것이 미국식 민주주의를 한다는 구정치인들이라고 매도하였다. 이승만은 아직 이르지만 언젠가는 가능하다고 문을 열어놓았다. 그러나 박정희는 한발 더 나아가 민주주의는 한국에 "맞지 않다"고 했다. 이 점에서 두 사람의 견해는 갈라진다. 한국에 맞지 않는 '미국식 민주주의' 대신에 한국적인 민주주의(그것을 명확히 규정하지 못했지만)가 필요하다는 것이 박정희의 생각에 깔려 있었다.

온갖 정치세력들의 반대에 부닥친 군부정권이기 때문에 '절대로' 혁명에 실패할 수는 없었다. 그것이 실패할 경우의 결과가 너무 부담스러웠다. 집권층이 모두 군인으로서의 경험을 공유했다는 점도 있지만 혁명을 성공시켜야 한다는 신념이 박정희와 그를 둘러싼 김종필을 위시한 많은 추종세력들을 강하게 결속시키는 요인이 되기도 했다.

1963년 정권수립을 위한 모든 준비를 거친 후 나타난 정권의 유형은 이승만이 조합한 원형과 비슷했다. 다를 수가 없었다. 그때와 한반도를 둘러싼 환경이나 국내 정치·경제·사회적 조건들이 크게 다르지 않았다. 차이가 있다면 지배층이 군 출신들이라는 것과 이 정권 때에 비하면 대통령에게 권력을 집중시킨 강력한 군부 권위주의체제라는 점이다.

박 정권은 압도적인 다수의 반대를 계엄령으로 물리치고 한일국교를 정상화하여 일본자본 도입의 문을 열었다. 그렇게 시작된 박 정권에게 일본이라는 근접해 있는 나라는 여러 가지로 편리한 존재였다. 박정희에게 일본은 장기 경제개발을 위한 가장 '적절하고 모방하기 쉬운 모델model' 이었다. 그 모델을 따라하기는 쉬웠다. 언어가 통해서 일본정치인들과 자유롭게 통화할 수 있었고 일본인들의 기질을 잘 알고 있었다. 일본역사에도 상당히 밝았다. 가장 중요한 점은 일본이 가깝다는 것인데, 무엇보다 우선 미국보다 물자수송을 위한 경비가 적게 들었다.

박 정권이 모방의 모델로 삼은 경제개발방식은 미국의 찰머스 존슨

Chalmers Johnson 교수가 쓴 『일본의 기적: 통산성 *The Japanese Miracle: MITI*』이 자세히 분석한 내용 그대로이다. 관료가 재벌들을 앞세워 수출주도의 경제성장을 이룬 것을 설명한 책이다. 그 책에서 특기할 점은 '자율성'이라는 용어이다. 관료들이 재벌이나 다른 정치집단을 포함한 모든 특별이익집단들로부터 '간섭'을 받지 않고 자율적으로 정책 수립과 집행을 할 수 있었다는 것을 지적하고 있다.

한국의 경제기획원은 일본의 MITI(통상산업성)를 본딴 것이다. 일본의 경우와는 다르지만, 박 정권하에서도 청와대와 경제관료들에게 어느 정도의 자율성이 있었으나 중요한 결정은 박정희가 직접 내렸다. 한국에서는 일본과 달리 결정이 위에서 아래로 지시되는 형식이었다. 일본과의 근본적인 차이점이 그것이었다.

박 정권은 장기경제개발정책을 추진하려면 정치안정이 절대로 필요하다고 보았다. 강권을 써서라도 정치를 안정시켜야 한다고 보았다. 정부의 경제정책에 반대하거나 비판하는 세력은 집권자의 눈에는 '국적國賊'처럼 보였을 것이다. 정치안정을 확보하기 위해 전국적인 조직망을 가진 정보기관을 통해 수시로 야당과 반대세력을 감시시켰다. 언론기관은 채찍과 당근carrots and sticks 식의 수법을 써서 관리했다. 기자들을 순치하는 데도 성공했다. 정보부요원을 신문사와 방송사에 상주시키기도 했고, 친여적인 기자를 청와대와 국회의원으로 충원하기도 했다. 정부를 정면으로 비판하는 언론인들은 사주에게 압력을 넣어 강제로 기자를 해직시키는 일도 있었다. 공권력과 정보조직을 동원하여 정치안정을 유지하는 데 성공하였다. 박정희 정권은 '권위주의 정권'의 모델에 해당되는 정권이었다. 이승만의 권위주의적 지배보다 한층 높게 정치권력을 조직화하고 체계화하였다는 점에서 박 정권을 전형적인 '권위주의 정권'으로 불러 마땅하다.

목숨을 걸고 집권한 군부정권은 혁명을 성공적으로 완수하기 위해서는 수단방법을 가리지 않았다. 그들 나름대로 한국에 맞는 정치체제를 생각했을 것이다. 욕심으로는 북한의 전체주의체제에 맞설 만한 강한 체제를 세웠으면 했을 것이다. 그러나 결과는 이승만이 일찍이 자유당 정권을 조립하던 때와 유사한, 전제적, 일인지배적, 그리고 형식적이지만 민주적 요소가 혼합된 특이한 정권형이 다시 나타났다. 대통령의 권한을 이승만 때보다 대폭 강화한 것이 차이점일 뿐이다.

박정희 정권 기간에 한국은 다른 정권이 이루지 못한 경제발전을 이루었고 '안보'문제 해결에도 큰 진전을 보았다. 방위산업의 발달로 국방력이 크게 강화되었다. 육·해·공군의 전력도 전보다 균형이 잡혔다. 북한의 군사·정치적 도발에 대응할 충분한 국력을 확보하는 데 큰 성과를 올렸다. 동시에 경제개발에 성공하여 수출대국의 반열에 오르게 되었다. 그런 눈에 띄는 안보와 경제적 성과에도 불구하고 박정희 정권은 야당과 재야 정치세력으로부터 '독재정권'이라는 비판을 받았고 특히 3선 개헌 이후 박정희의 장기집권을 저지하려는 운동으로 확대되어 갔다.

그런 비판에도 불구하고, 1967년에 4년간 더 연임하기까지 박정희에 대한 국민의 지지도는 높았다. 1967년 대선에서 재선(1967~71) 후 박정희는 그동안의 업적에 대해 만족감과 아울러 자신의 정치능력에 대해 자신감을 갖게 되기도 했지만 "이 정권이 아니고는 경제나 안보나 정치적으로나 국가를 발전시킬 세력은 없다"는 자만심도 갖게 했다. 또 그의 주변의 추종세력은 그동안 자신들이 이룩한 업적과 성과를 선거라는 정권교체방식으로 적대적인 야당 정치인들에게 넘겨준다는 것은 상상조차 할 수 없었다. 야당이 집권할 경우 뒤에 올 보복을 상상할수록 더욱 정권욕에 집착하였다.

박정희 자신은 몰라도 그의 주변의 측근세력이 그렇게 생각한 것은 충분히 이해가 간다. 그 이전의 정권들이 해결하지 못한 경제개발과 국가 안보라는 문제를 놓고 집권 후 3~4년 안에 해결의 실마리를 찾았고, 미래를 내다볼 때 계속 집권하면 부국강병의 목표를 행해 탄탄한 대로를 달릴 수 있다고 보았기 때문이다. 그들이 볼 때 '구정치인'들인 야당의 지도자들은 이미 '대한민국을 망쳐놓은 무능하고 시대에 역행하던 사람'들이었다. 집권층 내부에서는 그들에게 국가의 장래를 맡기는 것보다는 법을 어기는 한이 있어도 혁명세력이 계속 집권해야 한다는 주장이 강세를 보였다.

그러다 재선된 지 몇 달이 지난 1967년 12월 말, 공화당 임시대표로 있던 윤치영尹致暎이 기자들 앞에서 3선 개헌의 필요성을 암시하였다. 그때 공화당 일각에서는 김종필을 다음 대통령후보로 옹립하려는 세력이 은밀하게 사조직인 '복지협회'를 결성하여 지방에까지 선거에 대비한 조직망을 넓혀가고 있었다. 1968년 초 중앙정보부가 그것을 수색하여 공표했고, 대로한 박정희는 주동자와 관련자 모두를 국회의원직에서 면직시키는 격한 조치를 취했다. 김종필은 모든 직책에서 물러나 외유를 떠났다.

박정희가 3선 개헌을 추진하자 여당인 공화당은 찬반세력으로 심각한 내분을 겪었다. 1969년 박 정권은 3선을 강행하기로 하고 박정희에게 1차에 한해 임기연장을 해주는 내용의 3선 개헌안을 야당과 일부 학생들만 아니라 공화당 내의 상당수의 의원들이 반대하는 가운데, 반대의원들이 본회의장을 점거하였기 때문에, 비밀리에 새벽에 국회별관에서 찬성 122 대 반대 0으로 2분 만에 통과시켰다.

3선 개헌을 강행한 박정희는 이승만처럼 막대한 대가를 치러야 했다. 그동안 정권을 유지해온 집권세력은 격렬한 싸움 끝에 분열되었다. 정권 엘리트의 분열의 시작이었다. 첫 번째로 박정희의 후계자로 김종필을 옹립하려던 군부 출신 의원들이 숙청되었다. 두 번째로 3선 개헌을 주도했고 김종필 지지세력을 국회에서 제거한 구정치인들이 오치성의 내무장관 임명을 반대하였다가 정계에서 축출되었다.

두 숙청사건을 겪은 이후 공화당과 집권세력의 결속력은 크게 약화되었다. 3선 개헌 후의 공화당은 이전의 공화당은 아니었다. 집권층 내부에 메꿀 수 없는 균열이 생겼다. 3선에 반대했다고 출당시키고, 오치성의 장관 임명에 반대했다고 출당시키고 보니 여당인 공화당 지도부는 만신창이가 되었다.

1971년 대선에 그런 분열로 약화된 공화당을 이끌고 대통령후보로 나선 박정희와 마주치게 된 사람은 40대의 패기 있는 김대중이라는 호남 출신의 야당후보였다. 달변이고 대중연설에 익숙한 김대중하고 군생활이 몸에 밴 박정희의 훈시 형식의 연설은 매우 대조적이었다.

1971년 대선은 박정희에게 힘겨운 싸움이었다. 김대중은 장기집권과 빈부격차문제를 가지고 박정희를 맹렬히 공격하였다. 또 소련, 중국, 일본, 미국이 보장하는 '4대국 통일보장안'이라는 매우 충격적인 주장을 내세워 주목을 끌었다. 그리고 머지않아 한국에 대만과 같은 '총통제'가 도입될 것이라고 말해 언론의 큰 관심을 끌었다. 3선 개헌 때문에 일부 국민의 신망을 잃은 박정희는 '근대화작업을 마무리하기 위해 3선이 불가피하며 이것이 마지막이 된다'고 국민의 지지를 호소했다. 그러나 선거 결과 박정희는 95만 표 차이로 신승하였다. 현직 대통령으로서는 매우 낮은 지지율이었다.

선거에는 이겼으나 박 정권과 공화당의 앞날은 이전처럼 밝지 않았다. 3선 개헌으로 국민 가운데 박정희의 장기집권에 대한 우려와 비판이 높아가고 있었다. 특히 그동안 박 정권에게 소외당하고 있다고 느껴온 호남이 그곳 출신의 김대중 후보를 몰표로 지원하였다. 3선 개헌으로 박정희의 임기는 4년 후인 1975년까지 연장되었다. 그때 다시 출마하기 위해 4선 개헌을 시도하는 것은 상식적으로 불가능한 일이었다.

격렬한 반대를 극복하면서 11년 동안 집권한 데에는 무엇보다 박정희의 역할을 빼놓을 수 없다. 이승만처럼 박정희도 강인하고 소신이 강한 지도자였다. 박정희도 한일관계를 타결하기 위해 정권의 운명을 걸었고 월남전에 한국군을 파병하였으며 경제개발을 위해 미국을 위시하여 전 세계로 무역시장을 개척한 과감하고 과제task 지향적인 지도자였다. 이승만이 없는 이 정권을 상상할 수 없듯이 박정희가 없는 박 정권은 상상할 수 없다. 두 사람이 모두 높은 수준의 정치적 교활성astuteness을 지녔던 탁월한 지도자들이었다. 그래서 두 사람의 국가건설 과정에서의 역할을 집약적으로 표현한다면 이승만의 국가주체성 확립과 박정희의 근대국로 서의 국가통합이었다고 할 수 있다는 것이다.

박 정권의 장기집권을 지탱한 것은 그 정권 엘리트의 자질이다. 이 정권 때와 비교할 수 없을 정도로 박 정권의 집권엘리트는 강한 결속력을 가진 집단이었다. 많은 엘리트가 공통된 경험을 겪은 군 출신들이었다. 경제성장의 결과가 나타나면서 쿠데타 후 정권에 부정적이었던 정당성문제도 해소되기 시작했다. 경제개발정책의 추진에 주요 역할을 한 경제관료진도 높은 수준의 결속력과 응집력과 능력으로 통치기구(정보기관 포함해서)를 운영하는 능률적인 인적자원으로 구성되었다. 처음의 갈등관계를 청산하고 월남파병을 계기로 한미관계도 우호적으로 변했다. 월남파병을 계기로 국방산업을 통한 한국군의 군사력을 증강시켰다. 모든 면에서 박 정권의 집권엘리트의 역량이나 자질은 이승만 정권 때의 엘리트와 비교할 수 없는 높은 수준의 것이었다. 박정희의 장기집권은 그런 요인이 복합적으로 유리하게 작용하였기 때문에 가능했던 것이다.

헌정주의를 파기한 유신정권(1972~79)

네 번째 정권교체는 그 이전에 있었던 어느 것과도 달랐다. 물론 선거에 의한 것이 아니었다. 4·19 때처럼 집단행동에 의한 것도 아니었다. 그리고 5·16 쿠데타의 되풀이도 아니었다. 전혀 다른 방식의 정권교체였다. 그래서 하나의 은유로 말하면 마치 동물이 변하는 것 같이, 일종의 '마법에 의한 변신metamorphosis'이라는 표현을 쓸 수 있다. 올챙이가 개구리로 변하듯 권위주의 정권이 철저한 독재체제로 변형된 것이라 할 수 있다. 또 그것은 마치 누에고치 속의 번데기가 유리한 환경조건을 이용하여 그곳을 벗어나 하나의 흰나비가 되어 날기 시작한 것으로 비유할 수 있다.

1972년 10월 17일 박 정권은 계엄령을 발령하고 11월 유신헌법을 국민투표에 붙여 91퍼센트의 지지표를 얻었다. 유신헌법은 대통령을 수천 명으로 구성하는 〈통일주체국민회의〉라는 일종의 선거인단이 선출하는 간선제를 채택했다. 그리고 국민회의가 출마한 백여 명의 유신정우회(유정회) 소속의 국회의원을 선출하기도 했다. 공화당과 유정회의원을 합쳐 여당의원들이 국회의석의 3분의 2 이상을 차지하게 되었다. 유신체제라는 전대미문前代未聞의 새로운 통치체제가 탄생한 것이다. 국가통합에 성공했고 과거 정권들이 이루지 못한 정치불안의 원천이었던 빈곤의 악순환을 깼고 한국군을 막강한 군사력으로 무장시켜 국가안보의 기반을 튼튼히 한 것으로 긍정적인 평가를 받아온 박정희가 왜 그런 과격한 조치를 취하게 되었을까?

하나의 역사적 추측historical conjecture이지만, 만일 박정희가 1975년으로 끝나는 3선 임기를 무사히 마치고 무사히 은퇴했다면 어떻게 되었을까? 야당에 의한 교체가 아니더라도 여당 내에서라도 그런 '정권계승'이 순조롭게 이루어졌다면 그 후의 한국정치는 어떻게 되었을까? 아마 오늘과 같은 양상과는 많이 다르게 전개 되었을 것이다. 그러나 역사는 정치가 합리성과 이성과 도덕성만이 지배하는 현상이 아님을 역력하게 보여주고 있다.

박정희 공화당 정권에서 유신체제로의 선회는 단순한 또 하나의 군부정권으로의 변화가 아니었다. 해방 이후 그때까지 전례가 없었던 일인중심 지배체제로의 변신이었다. "아침에 눈을 떠보니 세상이 바뀌었더라"는 표현대로 청천벽력 같은 유신정치의 선포에 놀란 국민들을 향해 박정권은 "이 일에 반대가 있을 수 없다"고 엄포를 놓았다. 유신헌법을 국민투표에 붙이면서 "부결되면 정치에서 은퇴하겠다"고 일종의 공갈을 하기도 했다.

'왜 그런 형의 정권이 출현하게 되었나'라는 질문에 여러 가지 억측이나 주장이 나왔다. 신권위주의 정권이라는 용어가 나왔다. 박정희의 공화당 정권을 구권위주의 정권이라고 보고 유신체제는 노동계급의 팽창이 야기하는 국가안보 차원의 위기를 사전에 저지하기 위한 조치로 유신체제를 선택하게 되었다는 주장이 있었다. 이런 주장이 한국의 일부 좌경화한 정치학자와 사회학자 사이에서 나왔다.

신권위주의 정권이라는 용어는 중남미에서 나왔다. 유사한 것으로 종속이론dependencia이 있다. 아르헨티나의 좌익 정치학자 오도넬O'Donnel이 그들에게 영향을 주었다. 세계 자본주의체제를 중심부와 주변부로 나누고, 주변국은 중심부국가에 경제적으로나 정치적으로 종속되어 있는한 근대화나 경제발전은 물론 정치발전도 달성할 수 없다는 매우 결정론적인 주장을 했다. 주변부란 주로 저개발국가들을 말하는 것이다. 그것은 레닌이 말한 제국주의에 의한 식민지의 착취라는 〈제국주의론〉과 맥을 같이 하며 '신新식민주의'라는 용어도 그것을 바탕으로 한 것이다.

또 중남미에서 〈종속이론〉의 연속선상에서 정치적 담론으로 '관료적 권위주의bureaucratic authoritarianism'라는 개념이 나왔다. 중남미 학자들과 미국과 유럽의 일부 학자들 사이에서 '회전문 쿠데타revolving door coup´deta'로 집권한 정권은 구식 권위주의 정권이고, 1960~70년대에 나타난 군부집권세력은 공산주의(쿠바)와 좌파(주로 노동세력)의 위협으로부터 국가를 보호한다는 명분으로 현역군인이 직접 정부를 장악하여 정권을 운영하는 체제를 가리켜서 관료적 권위주의 정권이라 불렀다.

그런데 유신체제가 등장한 얼마 후 한국에서도 그런 논의와 용어를 직접 한국의 실정에 그대로 대입하여 유신체제를 '관료적 권위주의' 정권으로 호칭하려는 일군의 학자들이 있었다. 그러나 그것은 견강부회牽强附會였다. 한국을 방문했던 종속이론가인 오도넬 교수가 "한국의 경우는 그의 주장이 맞지 않는다"고 술회하였다. 그의 주장이 한국의 현실과는 동떨어진 주장에 불과하다는 것을 스스로 자인한 것이다.

그러나 박 정권이 1970년대 초 산업화의 후유증이 가져온 여러 가지 부담 때문에 심각한 문제를 안고 있었던 것은 부인할 수 없다. 도농都農 간에 격차가 벌어졌고, 도시 층에도 빈부격차에 따르는 심리적인 '상대적 박탈감'이 퍼지기 시작했다. 노사관계가 정치화되면서 잠재적 불안요인이 되기 시작했다. 더구나 1972년 8월, 유신헌법 선포 두 달 전, 박 정권은 8·3 조치로 불리는 〈재정긴급명령〉으로 사채私債를 동결시키는 조치를 취했다. 그것으로 사채로 부담을 갖고 있던 기업은 혜택을 보았으나 기업에 사채를 빌려준 사람들은 하루아침에 재산을 날려버렸다. 그 때문에 자살한 사람도 있었다. 사회적·경제적 혼란을 겪었다.

그런 상황에서 박정희는 중앙정보부장 이후락李厚洛을 시켜 남북관계에 변화를 가져오려는 시도를 했다. 그런 극적인 변화를 통해 국민의 눈을 당시의 상황에서 다른 곳으로 돌리는 일시적인 장면변경場面變更 효과를 노린 것이다. 만약에 그것이 의도한 대로 성공적인 변화를 가져와 남북한관계에 근본적인 변화가 일어났다면 박정희는 무난히 4선 개헌을 달성할 수 있었을 것이다. 그러나 그것은 환상이었다. 북한 같은 체제를 파트너로 하는 계획이 실패할 것을 누구나 예감할 수 있었다.

유신체제로의 급선회는 정치적인 요인 때문이지 경제적 위기 때문은 아니었다. 안보문제 때문도 아니었다. 박정희의 공화당 정권이 여러 가지 문제들을 안고 있었지만 그것들은 극복 불가능한 것은 아니었다. 노사문제가 사회불안 요인이 되어 정권안위를 위협할 정도로 격한 것이 아니었고, 정권은 충분히 노동운동을 통제할 수 있는 위치에 있었다. 더구나 군부는 박 정권을 확고하게 뒷받침하고 있었다. 군 내부에 동요도 없었다.

야당은 구호만의 야당으로 완전히 무력한 세력이었다. 오히려 대학생들의 시위와 행동가activist로 불리는 일부 학생들이 과격한 시위와 재야인사들의 비판과, 특히 미국정부의 한국의 민주화요구가 정권에 어느 정도 부담이 되었다. 그러나 겉으로 보기에는 평온한 분위기였다. 그러나 평온한 것 같았지만 겉과는 달리 정권 내부에서는 1971년 대선 후의 정권계승문제를 놓고 눈에 보이지 않는 처절한 암투가 벌어졌을 것이다.

이승만에게는 그래도 병약하지만 믿을 수 있는 이기붕이라는 인물이 있었다. 그를 후계자로 지명하다시피 했다. 그런데 박정희에게는 그런 믿을 수 있고 유능한 인물들이 보이지 않았는지 모른다. 마치 이승만에게 조병옥이나 장면이 나약하고 신뢰할 수 없는 인물들이었던 것처럼 김종필은 '문학청년'의 이미지를 가진, 강인함toughness과 악착같은 성격이 아닌 것으로 보였는지 모른다. 김종필과는 유신정치 이전부터 이미 관계가 소원해졌고 한때 총리로 기용했으나 결국 후계자로 인정하지 않았다. 항간에는 김종필과 이후락 사이에 2인자 자리를 놓고 경쟁과 갈등을 벌였다는 이야기도 돌았다. 그러나 박정희는 끝내 1969년 3선 임기 후 후계자 문제를 한 번도 언급한 적이 없다.

그래서 왜 1972년에 박 정권이 비상계엄령을 선포하고 국회를 해산시키고 정권교체를 하였나를 설명하기 쉽지 않다. 국민에게 유신헌법과 유신체제의 등장은 청천벽력 같았다. 그 일이 국민도 모르게 암암리에 이루어졌기 때문이다. 그러나 한국정치의 깊은 내막을 들여다 보아온 어떤 학자는 유신체제야말로 "쿠데타로 성공한 박정희가 평소 자신이 바람직한 정치체제로 생각한 것이 바로 유신체제 같은 것이었다"라는 예리한 관찰을 하기도 했다. 한국에 미국식 민주주의가 맞지 않는다는 확신을 가졌던 박정희는 자신이 생각하는 "한국식 정치체제, 수사적으로는 '한국식 민주주의라'는 형에 걸맞는 유신체제 같은 정치에 대해 많은 생각을 했을 것이다.

청와대의 보좌관으로 가까운 거리에서 근무했던 한 사람에 의하면 박정희는 자기와 동료들 앞에서 때때로 "돈이 많이 드는 선거가 문제다"라고 불평을 했다고 했다. 1971년 대선에서 김대중 같은 새파란 정치인에게 신승한 모욕감도 있었을 것이다. 그동안 공화당정치에서 겪어 본 실망과 후회도 있었을 것이다. 그래서인지 모르나 "어떻게 하면 돈이 들지 않는 선거를 하느냐"를 고민했던 것 같다. 그러나 박정희도 한국에서 '선거 없는 민주주의'를 실시할 때 국내외 정치세력의 저항은 물론 미국의 강력한 반대에 부딪칠 것이라는 것을 예상했을 것이다.

유신체제가 출범한 지 1년도 지나지 않아 대학생의 반체제운동이 나타났다. 야당의원들과 재야정치인들도 격렬하게 유신반대운동을 전개했다. 장준하가 주도한 민주회복운동이라는 이름의 단체를 만들어 유신체제를 반대하는 100만 인의 서명을 받는 활동을 시작했다. 반대가 격화되자 유신정권은 대통령령으로 일련의 긴급조치령을 선포하여 반대 세력을 제압하려고 했다. 유산체제를 반대할 경우 실형을 살도록 했다. 많은 대학생과 긴급조치 위반자가 투옥되었다. 1호에서 9호로 바뀌면서 형량은 점점 더 늘어났다. 그럼에도 불구하고 위반사건은 멈추지 않았다. 당시 미국의 국무장관이었던 밴스Vance가 방한하여 박 대통령에게 한국의 인권문제에 대한 카터 대통령의 우려를 전한 적이 있다. 그때 밴스가 말했다고 보도한 기사에는 그 숫자가 3,000명에 달했다고 했다.

결국 바윗덩어리같이 단단한 줄 알았던 유신체제에 금이 가기 시작했다. 균열龜裂이 생긴 것이다. 국민은 박 정권의 장기집권에 대해 피로감을 느끼기 시작했다. 긴급조치가 너무 지나치다고 생각하는 국민도 많았다. 유신체제 반대운동과 긴급조치 위반으로 투옥된 자들의 인권人權에 대해 국내와 국제적으로 문제가 제기되고 그들의 석방을 요구하는 운동이 벌어졌다. 모두가 유신정권에게 감당하기 어려운 도전들이었다.

그런 상황 속에서 부마사태가 일어났고 1979년 10월 26일 박정희 대통령은 그의 심복이자 최측근인 김재규 중앙정보부장에 의해 시해되었다. 박 대통령은 1961년 쿠데타로 집권한 후 한국을 경제적 강국으로 변화시키고 군사대국으로 성장시킨 '부국강병'의 목표를 달성한 후 18년간의 파란 많은 정치생활을 마감하였다.

박정희 대통령의 시해사건이 있은 후 그동안 박 정권에 대항해 온 야당과 정치화된 노동운동 세력과 대학생들은 '민주화'를 위한 절호의 기회가 왔다고 생각했다. 야당은 즉각 대통령직선제로의 개헌을 요구하였으나 최규하崔圭夏 대통령권한대행은 그 요구를 거부하고 1년 후 대통령직접선거를 실시한다고 하고 본인은 유신헌법의 절차를 따라 대통령에 취임함으로써 대통령과 야당 사이의 갈등은 더욱 격화되었다.

정국이 교착상태에 빠지자 야당의 김영삼, 김대중, 그리고 김종필 당수들의 대권투쟁이 벌어졌다. 유신헌법을 지켜 간선으로 대통령에 당선된 최규하 대통령은 "1년 후 대통령직선제를 위한 개헌을 하겠다"는 입장을 표명했지만 야당과 반대세력의 격렬한 반대에 부딪혀 날로 악화되던 정국수습에 실패하였다.

그런 혼란을 틈타서 전두환 소장이 이끈 '하나회' 소속 장교들이 제2의 쿠데타를 일으켰다. '신군부'라고 자처한 쿠데타 주동세력은 1951년에 신설한 4년제 육사출신의 장교들이었다. 전두환은 졸업생 가운데 우수한 장교를 뽑아서 사조직인 '하나회'를 만들었다. 그 구성원들을 1980년 5월 16일의 쿠데타에 동원하여 최규하 대통령을 강제로 하야시키고 정권을 장악하게 되었다. 계엄령을 실시한 후 김대중, 김영삼, 그리고 김종필 당수들을 구속 감금하였다. 이에 저항하던 광주시의 대학생과 일부 시민들의 시위를 진압하기 위해 파견된 공수부대의 무력진압 과정에서 수많은 민간인 희생자가 발생하였다. 후에 '광주민주항쟁'으로 호칭하는 비극적인 사태가 벌어졌다.

제2의 쿠데타로 집권한 전두환은 유신체제를 답습하였다. 통일주체국민회의에서 간선으로 대통령으로 당선되었고 헌법을 고쳐 종전의 대통령 연임제한을 없애는 대신 임기를 6년에서 7년 단임으로 연장하였다. 종신제대통령직을 갖기 원했던 박정희 대통령처럼 군부의 영구집권 의도를 반영한 것이다. 그런 의미에서 전두환 정권(1981~87)을 새로운 정권으로 간주할 것인가 또는 유신체제의 연장인가는 논란의 여지가 있다. 사실상 유신체제를 모방하고 계승하려 했던 정권이기 때문이다. 실제로 18년간 지배한 박정희 군부 권위주의의 연장선상에 있었던 정권이었다.

전두환을 계승한 노태우 정권 역시 군부정권이었다. 전두환이 제의한 6·29선언을 받아들이고 5년 단임제 대통령 직선제를 부활시켰다. 자택 감금 중이던 김대중에게 정치활동을 허용하였고 야당 세력의 분열을 통해 집권할 수 있었다. 전두환 정부와 달리 노태우는 국민의 '자유화요구'를 수용하려 했다. 노동조합의 단체행동을 허용하였고 학생데모에 대한 경찰 진압을 중지시켰다. 그것은 그 후 민주화를 위한 디딤돌이 되었다.

넘을 수 없었던 계승위기의 장벽

지금까지의 논의를 종합적으로 요약하여 "왜 정권이 자주 바뀌었나"라는 질문에 대해 잠정적이라도 결론을 내려야 할 차례가 되었다. 정권교체는 매우 복합적인 요인이 작용하는 현상이다. 여섯 번의 정권교체 과정을 통해서 나타난 두드러진 요인으로 최고영도자의 개성과 지도력, 집권엘리트, 정권의 과제와 수행력, 정치적 상황Setting, 국민의 정치참여 행태, 외부세력의 역할들로 간추려볼 수 있다. 정권교체에는 이런 요인들이 복합적으로, 그리고 매우 역동적으로 작용한다. 어느 한 요인으로 교체현상을 설명할 수 없다.

첫째로 최고영도자들의 개성과 역할이 가장 중대한 것으로 나타났다. 오랜 인치人治의 전통도 있으나 해방 후, 그리고 4·19 후, 한국정치는 과도기적인 정치적 상황에서 국민들 사이에 '강력한' 지도자가 필요하다는 생각이 지배적이었다. 혼란스러운 사태를 수습하려면 그런 지도자가 필요하다는 생각이었다. 한국에서는 최고지도자는 '영웅'이거나 '초인적인 존재'가 되어야 한다고 믿는 정치풍토가 있다. 한국문화에 권위주의적인 정치의식이 전통적으로 문화 속에 침재沈滓되어 있는 것이다.

이승만과 박정희는 그런 유형의 지도자상에 맞거나 비교적 가까웠다. 그러나 두 사람이 모두 전체주의적인 정치체제를 형성할 여건을 갖추지 못했다. 전체주의를 뒷받침할 카리스마적 성격과 이념이 없었고 그런 그들을 광적으로 지지할 대중도 없었다. 이승만과 박정희의 리더십 스타일은 다르고 대조적이다. 유교주의와 기독교와 민주주의가 혼합된 이승만의 사상과 개성이 지닌 배경은, 교사 출신으로 일군 장교와 한국군 장성을 거쳤던, 매우 다난하고 격동적이었던 일정시대와 해방 후의 혼란 스러운 역사 속에서 자라고 파란만장한 경험을 가진 박정희와는 너무나 대조적이다. 그것들이 두 사람의 통치방법에 많은 차이를 나타냈다고 본다. 두 사람의 개성이 한국정치에 결정적인 영향을 미쳤다.

두 사람이 국가적 과제로 우선시한 것에도 차이가 있다. 이승만의 생각을 점유preoccupy 했던 것은 국가안보였다. 북한공산정권과 그 배후의 소련과 중공으로부터 대한민국을 지켜내는 일이었다. 그것이 최우선의 과제이었다. 이승만은 미국에 전적으로 의존함으로써 그 문제를 해결하였다. 안보만 아니라 경제문제도 미국에 의존하였다. 그런 점에서 이승만 정권 기간을 통해서 미국은 한국군에 대한 군사원조와 2개 미군사단의 한국주둔 그리고 경제원조라는 막강한 지렛대를 가지고 한국정부에게 큰 영향을 미쳤다. 외부세력이 정권의 존폐에도 작용할 수 있을 정도로 중요한 요인으로 작용했다. 어느 의미에서 이승만 정권을 지탱해준 것은 미국이었다고 할 수 있겠다.

이승만도 "한국에 민주주의는 아직 이르다"라는 말을 했던 적이 있다. 그러나 가능성은 열어놓았다. 이승만과 달리 박정희는 '미국식 민주주의'에 강한 거부감을 나타냈다. 그 대신 '한국식 민주주의'라는 말을 자주 사용했다. 나아가 극단적으로 미국식 민주주의는 한국에 맞지 않는다고 했다. 그의 통치목표는 단순했다. '부국강병'이었다. 고대시대부터 중국에서 사용했고 일본이 명치유신 후 국가목표로 내세운 구호이다. 박정희의 성향으로 보아 가장 적절한 표현이었다.

또 박정희를 점유했던 생각은 한국군과 한국경제를 미국의 영향으로부터 벗어나는 일이었다. 박정희의 이런 집념은 후일 유신체제로 집권한 후 '자주국방'과 '경제제일주의'라는 구체적인 구호로 표현되었다. 모두

측근들에게 토로해온 미국으로부터의 자립이나 독립이라는 생각을 그대로 반영했다.

둘째로 정권의 수행력과 연관이 깊다. 1948년 정부수립 당시 집권층을 구성한 것은 일부 독립운동가, 조선총독부의 관리와 경찰, 그리고 외국에서 이승만과 연관이 있던 사람들이었다. 그런 잡다하고 경력이 다른 집권엘리트의 응집력과 통치능력이 높을 수 없다. 총독부에서 쌓은 행정경험을 지닌 식민시대의 관리들이 정부운영을 맡은 핵심세력이었다. 오늘날 좌파세력이 이승만 정권을 일제시대의 잔재였다고 혹독하게 비난하는 이유도 그런 데서 온 것이다. 그러나 당시의 상황으로 보면 그들 외에 그런 행정능력을 갖춘 사람들이 없었다. 반일 감정이 누구보다 강했던 이승만도 불가피하게 그런 현실을 받아들인 것이다.

결과적으로 이승만 정권의 집권엘리트의 통치력이나 결속력은 가장 시급했던 경제문제를 해결할 수준은 아니었다. 미국의 원조에 의존하여 무사안일한 관리생활에 몰두하고 권력이 주는 특권을 즐기고 있었던 것이다. 뿐만 아니라 문인文人 정치의 오랜 전통에 젖은 한국사회에서 군인을 깔보는 풍조가 퍼져 있는 가운데 군장교들이 생활고에 시달리고 있었다. 1958년경 미국의 민간연구소가 펴낸 한국정치현황에 대한 보고서는 그때 이미 한국군의 쿠데타 가능성을 언급했다. 그 정도로 이승만 정권의 말기는 매우 불안했고 혼란 속에서 다가오는 대통령·부통령 선거를 앞두고 집권당 내부에서는 고령에 달한 이승만의 유고시 상황을 염두에 둔 권력계승문제를 놓고 갈등을 겪고 있었다. 결국 법적·제도적 테두리 안에서 해결책을 찾지 못한 여당지도부는 마치 도박하는 사람처럼 부정선거의 향배에 정권의 운명을 건 것이다.

셋째로 집권엘리트의 결속력이 와해될 때 정권의 붕괴도 시작됐다. 무력으로 정권을 전복하는 행사에 목숨을 걸었다는 의미일 수도 있지만

'군사혁명'이라는 쿠데타로 집권한 박정희와 집권엘리트는 모두가 군 출신들이다. 소수의 민간인이 그들을 도왔다. 30여 명의 최고회의의원들이 근 3년간 군사정부를 구성하여 3권을 장악하여 정권을 운영했다. 그리고 3년 후 군정을 끝내고 민정으로 돌아가 대선을 실시하여 박정희를 대통령으로 당선시켰다. 아직 쿠데타 세력의 강권통치의 분위가가 살아 있는 가운데 실시된 선거에서 박 후보가 근소한 차로 당선되었고 야당 측의 부정선거 주장이 그 후유증으로 남았다.

이승만 정권보다 박 정권의 정치엘리트의 자질과 능력, 통치기구 운영의 능력수준, 정당성의 수준은 높았다. 그러나 박 정권은 강권에 많이 의존했던 정권이었다. 그 정권에 반대하는 개인이나 집단은 여러 형태의 압력과 심지어 탄압을 받았다. 야당은 항상 정보조직의 감시하에 있었다. 언론기관은 철저한 검열을 받았다. 언론사에 정보부 직원이 상주하면서 내용을 일일이 검열하였다.

이승만 정권을 단순 독재라고 한다면 박 정권은 매우 조직적으로 지배했던 독재체제였다. 이 정권과 박 정권은 권위주의 정권이라 하지만 반대세력에 대한 강력한 제재制裁나 언론통제 수준이 달랐고, 국민들의 사상·집회·표현의 자유도 통제와 탄압의 수준도 달랐다. 이승만 정권과는 많이 달랐다. 만일 박 정권이 고도경제성장을 이룩하지 못했다면 국민으로부터 상당한 저항을 받았을 것이다. 어떻게 보면 박 정권에 대한 국민의 불만과 원한을 경제성장을 가지고 맞바꿈으로써 어느 정도의 안정을 유지한 셈이다.

그런데 박 정권의 안정은 3선 개헌을 계기로 집권엘리트의 분열로 무너지기 시작했다. 3선을 둘러싸고 일어난 공화당 내의 분열은 정권엘리트의 결속력의 와해로 이어졌다. 대선에서의 박 후보가 고전하자 집권층은 정권의 앞날에 대해 어두운 전망을 갖기 시작했다. 무언가 특단의 조치가 있어야 한다는 분위기가 감돌았다. 그 결과가 유신체제의 도입이었다. 즉 선거 없이 계속 집권할 수 있는 헌법·제도를 고안해 냈다. 그 새로운 제도로 박정희는 또다시 대통령이 되었을 뿐 아니라 가능하면 계속해서 집권할 길도 열었다.

넷째로 박 정권과 유신체제의 장기집권을 반대하는 운동권세력의 등장이다. 유신체제가 진행되면서 예기치 않게 나타난 세력이 있었다. 운동권이라고 불리는 집단인데, 한국정치에 나타난 새로운 변수이기도 했다. 이들은 일시적으로 시위에 참가하는 사람이 아니라 구체적으로 정치적인 목적을 가지고 행동하는 집단이었다. 행동목표도 정권이나 정치체제를 비판하거나 전복까지도 포함시키려는 집단이었다. 그런 집단이 민주화를 추진하는 여러 세력과 연대하여 반체제운동을 전개하였다. 특히 공화당 정권 말기와 유신정권에서부터 그 세력이 늘어나고 점차 과격한 시위와 행동을 전개하기 시작했다.

유신체제하에서 정권과 정권반대운동 사이의 대립은 극도에 달했다. 많은 대학생과 일반인이 대통령의 긴급조치령을 위반한 이유로 투옥되었다. 반체제운동에 참여하는 자의 목적에 따라 그들의 성격이 온건하거나 매우 과격하거나 파괴적이 된다. 특히 그들을 투옥할 경우 과격한 운동가 사이에 일종의 순교자 콤플렉스martyr complex가 발생한다. 그러면서 정국은 점차 '정권 대 운동권'의 심각하고 날카로운 대결로 축소되기 쉽다. 그것이 박 정권 후기에 나타났던 정치의 모습이었다. 정권과 반대운동세력 사이에 긴 체 무력한 야당은 더욱 설 자리를 잃어갔고 아무런 역할도 할 수 없는 처지에 놓이게 되었다.

투옥된 사람들의 가족들의 반정권시위도 날로 격화되었다. 이 모든 것이 국제사회의 인권탄압문제로 비화되어 여러 나라에서 비판들이 쏟아져 나왔다. 특히 미국을 중심으로 주요 언론들이 유신정권의 강권정치를 비판하여 주한미국의 철수문제가 거론되는 상황에 이르렀다. 국내외적으로 매우 어수선하고 불안한 시기에 김영삼 의원의 뉴욕타임스 기자와의 대담기사가 문제가 되어 의원면직을 당하자 부산과 마산에서 폭력적인 시위가 연이어 일었다. 그 얼마 후 박정희 대통령은 김재규 중앙정보부장에 의해서 시해되었다.

돌이켜보면 해방 정국에서 시작하여 박정희의 시해사건에 이르는 동안의 빈번한 정권교체는, 한국정치가 얼마나 '정치의 본질'과 먼 거리에 있었나를 생각하게 한다. 이미 앞서서 정치의 본질은 "가치의 권위적인 분배"라고 했다. '권위적'으로 분배해야 하는 가치 중에서 가장 많은 사람들이 원하는 것은 권력과 부鬼 그리고 신체적인 안전이다. 그런 가치의 분배과정에서 혜택을 받는 자들이 있고 반대로 희생되는 자들도 있다. 정권의 존속과 교체는 그런 가치를 '권위'있게 정당하게 분배하느냐에 달려 있으나 국민 사이에 가치의 분배과정이나 결과에 이의를 제기하거나 불신을 갖게 될 때, 그리고 집권자가 국민의 기대와 의문을 해소하지 못할 경우 정권은 위기와 격변을 맞게 될 가능성이 높다.

하나의 흥미로운 사실은 이 정권과 박 정권은 모두 '선거'라는 민주제도 때문에 권력계승문제를 겪었고 또 종국에 그것이 정권의 종말을 가져왔다는 것이다. 이승만 정권은 역사상 유래없는 부정선거를 치르다 붕괴하였다. 박정희 정권은 선거로 장기집권이 불가능한 상황에서 '선거 없는' 정치체제로 체제를 바꾸려다 붕괴하였다. 독재정치를 펴면서도 최소한의 구비조건이라 할 선거제도를 중단할 수 없다는 데 두 정권의 딜레마가 있었다. 그것이 권력계승 위기의 원천이었다.

이 위기는 모든 독재체제가 내재하고 있는 딜레마이자 위기이다. 전체주의체제나 권위주의체제나 단순한 일인독재체제나 제도적으로 정권을 순탄하게 계승하는 방법은 없다. 그런 점에서 북한공산정권은 예외에 속한다. 권력계승을 세습화시켰다. 공산주의이론에도 없는 계승방식이다. 그러나 그것도 얼마나 계속될지는 의문이다. 스탈린 사망 후 피비린내 나는 권력투쟁과 숙청이 있었고, 중국은 문화혁명 후 마오쩌둥만 빼고 문화혁명을 주도한 5인방(마오의 아내가 주동자)을 위시해서 그들의 추종세력을 대거 숙청한 후 온건파가 집권했다. 권력계승의 위기를 해결하기 위해 극단적인 선택을 하게 된다. 그것이 권력이 지닌 신비스러운 마魔적 요소이자 특히 독재정치가 지닌 근본적인 한계점이다. 한국도 그 딜레마에서 쉽게 벗어나지 못했다. 인간의 권력추구에는 브레이크가 없다는 것을 보여준다. 이승만도 박정희도 '권력계승 위기'라는 마의 담을 의도한 대로 넘지 못했다.

민주화 이후 여야 정당의 합의로 독재정권의 장기집권을 막는다는 취지로 도입한 것이 대통령 임기를 '5년 단임제'로 한 것이다. 5년 단임제는 한국정치에 새로운 문제를 가져왔다. 이 제도의 맹점은 대통령은 5년으로 임기가 끝나지만 그의 정권은 5년으로 만족하지 않는다는 점이다. 대통령 자신도 임기종식 후에 자기의 측근세력이 집권하기를 바란다. 5년 동안 권력이 주는 특권prerogatives들을 누려온 집권층도 같은 정치세력이 다음 정부를 구성하기를 원한다.

최고지도자들의 자질도 문제다. 꼭 노무현, 이명박, 박근혜, 그리고 오늘의 문재인에 이르는 5년제 대통령의 정치지도력을 이승만이나 박정희, 그리고 김영삼과 김대중과 비교하자는 것은 아니다. 그런 걸출한 지도자들의 업적과 비교하자는 것도 아니다. 문제는 민주화라는 과정을 거쳐 새로운 정치가 시작되어야 할 시기에 그들이 발휘한 리더십과 집권수행력이 너무 기대에 미치지 못했다는 것이다. 그들이 자기들 나름의 뛰어난 능력을 가졌는지는 모르나 국가를 운영할 경륜과 경험이 많이 부족했다.

집권엘리트의 경우도 문제가 많았다. 박 정권은 우수한 관료들을 중심으로 국정을 운영했다. 높은 수준의 교육과 경험을 쌓은 인재를 경제개발에 투입하여 경제성장을 달성했다. 모든 정책을 그런 관료진과 청와대에 의해 계획하고 추진했다. 그들과 대기업의 엘리트 사원들이 이른바 '산업화세력'을 형성했다. 민주화 후 집권엘리트로 등장한 세력은 관료가 아니라 오랜 야당생활을 해온 정치인들이었다. 그리고 정권반대운동을 이끈 운동가들이었다. 양김 정권이 그랬고 노 정권과 특히 오늘의 문재인 정권은 국가경영에 참여한 경험이 적거나 전혀 없었던 반체제운동가들이 요직을 차지하고 있다.

그 결과는 하나는 세칭 '제왕적 대통령'이다. 임기 동안에 역사에 남을 좋은 업적을 달성하는 일보다 5년이라는 짧은 기간에 되도록 권력을 완전히 장악하여 자기 사람들을 모든 요직에 배치하고 다음 선거에서 유리한 고지를 차지하려고 한다. 그러다보니 많은 무리수를 두게 되고 온갖 비리의 원천이 되며 국민의 반대와 비판대상이 된다. 집권 말기에 국민의 지지도가 낮게 전락하게 되는 이유도 그런 것과 연관이 있다. 그런 일에 집중하다보니 역사에 남거나 기록할 만한 업적을 남기지 못하고 임기를 마치거나 불행한 사태를 맞는다.

또 하나는 5년 임기제가 여당에 극심한 파벌싸움을 부추긴다는 점이다. 특히 대통령의 임기만료와 국회의원 선거가 겹칠 경우 더욱 그렇다. 바로 박근혜 전 대통령이 여당의 차기 선거 후보자를 놓고 당과 큰 갈등을 빚은 것이 좋은 예이다. 대통령의 임기가 끝나갈수록 여당에 대한 통제력은 약해지고 그와 비례해서 당내 파벌 간의 투쟁이 격렬하게 나타난다. 이명박 정부와 박근혜 정부 임기만료 전에 있었던 파벌갈등이 예가 될 수 있다. 그리고 앞으로 문 정부의 경우도 같은 과정을 겪게 될 가능성이 크다.

이런 점으로 보아도 한국정치에서 5년 단임제가 독재정권의 장기화를 방지한다는 의도로 도입되었으나 장기적으로 집권하고 싶은 세력의 권력욕까지 제어할 수는 없다. 정권을 장악한 세력이 계속 집권하려는 목적에서 제도와 법을 벗어나려 할 때 그것을 방지하는 일은 정치세력에게 있는 것이 아니라 유권자인 국민에게 있다. 민주적으로 선거를 치를 능력과 시민의식을 가진 국민만이 할 수 있는 일이다.

5장

정치를 파국으로 몰고 간 파벌정치

정치는 집단적인 현상이다. 아무리 훌륭한 사람이라도 혼자서는 정치를 할 수 없다. 정치적으로 공통점을 갖거나 인간관계를 맺은 사람들이 모여 하게 되어 있다. 그런 집단 가운데 파벌이라 부르는 집단이 있다. 파벌은 한국에만 있는 것은 아니다. 한국에서는 일본의 '하바츠派閥'라는 말과 동일하게 '파벌'이라고 한다. 파벌을 히브리어로 '시야', 이탈리아 어로 '커렌티 correnti', 프랑스어는 '탕당스 tendence', 볼리비아어는 '섹토 sector', 우루과이어는 '서부레마 sub-lema'로 부른다. 파벌은 조직 또는 집단이 많은 나라에 존재하고 있음을 시사해 준다.

한국 국민 사이에는 파벌이 나라를 망친 것으로 보는 집단적 자책감 같은 것이 있다. 파벌하면 조선시대의 신하와 유생儒生들이 결탁하여 싸운 정치적 경쟁을 연상하기 때문이다. 왕조 체제하에서 있었던 권력투쟁이었지만 한국에만 있었던 독특한 것도 아니다. 모든 나라가 비슷한 역사를 갖고 있다. 영국도 한때 왕과 귀족을 중심으로 치열한 권력싸움이 있었고 오늘의 이탈리아에서는 파벌 사이의 갈등 때문에 내각이 수없이 교체되고 있다. 오늘날 일본의 정당정치에서 파벌은 중요한 위치를 차지하고 있다.

이것은 정치가 소수에 의해 좌우되는 현상임을 보여준다. 흔히 쓰는 말로 독재dictator라는 말이 있다. 여러 의미가 있지만 그중 '명령자'가 그 말의 진실에 가깝다. 정치는 혼자 할 수 없다. 아무리 강력한 지도자라해도 그의 주변에 세력에 둘러싸여 있고, 그 측근세력에게 명령할 수 있으나 명령을 내리기까지 주변세력의 영향에서 벗어나기 어렵다. 그래서 독재정치라는 말은 별의미가 없는 말이다. 모든 정치가 소수에 의한 과두지배oligarchy이기 때문이다. 심지어 유명한 링컨의 "국민에 의한, 국민을 위한, 국민의 정부"라는 명언은 수사일 뿐 그런 정치는 세상에 있을 수 없다. 있다면 국민이 선출한 대표에 의한 과두지배체제가 있을 뿐이다.

한국에서 정권이 여섯 번 바뀌었다. 그렇게 자주 정권이 바뀐 나라가 안정될 수 없다. 한국정치는 매우 불안정한 정치였다. 그 원인은 대통령이라는 최고지도자가 자신의 임기를 불법으로 연장하고 집권을 계속한 데서 온 경우가 많았다. 거기에 최고지도자의 집권연장을 통해 자신들도 계속 권력을 유지하려는 측근과 지지층의 역할도 크게 작용했다. 그런 세력은 개인 혼자서보다 '파벌'과 같은 그룹을 형성하여 집단적으로 최고지도자에게 영향을 미쳤다.

그런 파벌은 정당이 없거나 발달하지 못한 나라에서 나오는 자연스러운 현상이다. 서구의 정치사로 보면 정당정치가 등장한 이유는 집권한 최고지도자와 그를 둘러싼 소수에 의한 과두정치를 통제하거나 그렇게 할 수 없다면 견제라도 할 필요성이 있었기 때문이다. 그것은 서구민주국가에서 민주정치가 발전하도록 하였다. 이와 대조되는 것은 구소련의 공산당이라는 정당이다. 그것은 권력층을 견제하기 위한 것이 아니라 인민을 감시하고 통제하여 권력층을 보호하는 데 목적이 있었다. 전혀 다른 목적과 조직을 지닌 준準군대조직과 같은 역할을 했다. 정당이기보다 강권조직의 하나이다.

그런 점에서 파벌이 정치에서 중요한 역할을 한다면 그 이유는 정당이 없거나 있어도 유명무실하기 때문이다. 한국에는 해방 후부터 정당이 제도로서 공고화된 적이 없다. 무수한 정당들이 출몰하였다. 비교적 긴 시간 동안 같은 이름을 유지한 것은 1954년 이후 1960년까지 지속한 자유당과 민주당이고, 박 정권하의 공화당(1963~71)이다. 유신체제 후, 공화당은 사실상 무력화되었다. 그 대신 정당이라 볼 수 없는, 대통령이 지명한 '유정회' 소속의 국회의원이 득세하였다.

결국 국가를 운영하는 것은 국민전체가 아니다. 모든 정치가 소수의 과두寡頭적인 집단에 의해 운영되고 있는 것이다. 최고영도자를 둘러싸는 소수의 집권세력이 국가를 운영하는 것이다. 국가를 잘 운영하는 것도 과두지배세력이요, 국가를 망치는 것도 그런 과두지배세력이다. 국민이 국가를 망칠 수 없다. 과두지배세력의 능력과 판단과 행동에 따라 국민의 운명은 좌우되는 것이다. 그것은 독재정치하에서 더욱 그렇다. 한국은 한때 그런 과두지배세력에 의해 나라를 일본에 빼앗긴 부끄럽고 쓰라린 역사를 가지고 있다.

그뿐만 아니라, 1948년 건국 후에도, 한국정치는 되돌릴 수 없는 파국으로 빠져서 혼란과 격변을 겪은 일이 한두 번이 아니다. 그때마다 그 배후에 정치체제의 핵심부를 차지한 소수의 집단 사이에 갈등과 반목과 수단방법을 가리지 않는 쟁투가 잠재하거나 표면화하였다. 언론에서 일반적으로 그것을 파벌싸움이라고 부르고 있다. 이름만의 정당정치가 있는 곳에는 파벌정치가 그것을 대신하고 성행하게 되는 것이다.

파벌에 대한 다양한 의미

일반적으로 정당에 대해서는 어느 정도 개념 규정이 되어 있으나 파벌을 규정하는 일은 다양하고 불확실하다. 그렇다고 파벌이 없다는 것은 아니다. 전통적인 의미의 파벌은 세계 많은 나라에서 나타나고 있는 현상이다. 각각 다르게 부르지만 유럽, 아시아, 아프리카, 중남미에 파벌에 해당하는 집단이 정치현상과 깊은 관계를 맺고 있다. 한국에선 일본의 하바쓰와 같은 용어로 '파벌'이라 호칭하고 있다.

파벌이라는 단어처럼 다의적多意的이고 애매한 용어도 없다. 쓰는 사람마다 의미가 다르다. 대체로 부정적인 의미로 쓰인다. 없어져야 할 무엇으로 비하하려고 한다. 특히 한국의 경우가 그렇다. 파벌하면 조선시대의 당쟁을 떠올리기 때문이다. 그리고 당쟁의 여파로 일어난 사화士禍를 연상한다. 나라를 망하게 한 것이 당쟁이고 그 피해를 본 선비들이나 가족들의 고통을 당쟁과 연관시킨다. 그런데 엄연한 사실은 정치는 한 사람이 할 수 없다는 것이다. 아무리 똑똑한 사람이라도 국회에서 혼자 독불장군으로 있어봐야 아무 일도 할 수 없다. 민주정치같이 다수가 결정하는 정치에서 더욱 그렇다. 선거에서 이겨야 자리를 얻거나 지킬 수 있다. 그래서 파벌이라는 그룹이 정당이나 국회 같은 조직과 기구 안에서 성행하게 된다.

파벌은 영어로 'faction' 또는 'fraction'이라고 부른다. 그것은 "어떤 큰 그룹 속에 존재하는 '부분part'으로서 권력이나 여러 가지 이점을 얻기 위해 서로 라이벌이 되어 경쟁하는 비교적 소규모로 조직된 집단"이라고 규정할 수 있다. 일본의 자민당에는 여러개의 파벌들이 서로 라이벌이 되어 권력을 잡기 위한 경쟁을 하고 있다. 목표는 총리대신의 자리를 차지하고 내각에 자기 파벌의 구성원을 많이 입각시키는 것이다.

미국의 정당들도 한때 남부파와 북부파로 나뉘는 경향이 있었다. 남북전쟁의 여파라고 할 수 있다. 또 하원과 상원에는 당적과 상관없이 대통령을 지지하는 '대통령파'와 '대통령 반대파'가 존재한다. 그럴 경우 여야 의원들의 행정부에 대한 지지가 교차되면서 대통령과 의회 사이에서 완충역할을 하게 된다. 파벌이 순기능을 하고 있는 예라고 하겠다.

영국에도 19세기 중반에 휘그Whig 와 토리Tory 가 양대 정치세력으로 자리 잡기 전에는 파벌이 성행했다. 이미 18세기에 영국의 여러 저명한 사상가나 철학자가 정당과 파벌을 논하면서 정당에 대해서는 긍정적이고 파벌에 대해서는 국가이익을 해치는 구체적concrete 인 집단이라 비하하고 부정적인 견해를 나타낸 바 있다. 정당이 원리원칙을 따르는 것이라면 파벌은 '선동적seditious '이고 분열을 조장하며, 소란을 피우는 것으로 비판했다. 다만 그 당시 에드먼드 버크 같은 현실주의 정치가는 파벌을 '필요악'과 같은 조직으로 인정했다.

파벌을 큰 집합체 안의 라이벌인 비교적 조직된 집단으로 규정한다면, 그런 집단을 어떻게 인식하고 파악할 수 있느냐는 문제가 제기된다. 대체로 비하하거나 부정적으로 보려는 경향 때문에 파벌은 양성적이기보다 음성적인 성향을 띤다. 그 자체를 밝히기 싫어한다. 그러나 일본처럼 신문지상에 자민당의 파벌구성원의 명단을 올리는 경우도 있다. 완전히 공개되어 있다.

파벌이 있는지를 파악하기 위한 하나의 방법으로 '큰 그룹(대개는 정당)' 내에서 일어나는 결정 과정과 결과를 가지고 분석할 수 있다. 가령 큰 그룹이 A라는 목표를 추구하고 많은 구성원의 동의를 얻었으나, 그룹 내의 어떤 집단이 A보다 B라는 목적을 추구하기를 원하고, 또 다른 집단이 C라는 목표를 선호하며, 둘 사이에 경쟁관계(라이벌)가 있다고 가정할 때, 그리고 회의결과 큰 그룹이 C를 추구한 집단의 목표를 채택한다면, C를 제안한 집단은 파벌의 성격을 지닌 그룹이다. 이 그룹은 B를 추구하던 라이벌을 제쳤을 뿐 아니라, 큰 그룹이 제안하려던 목표를 바꿀 정도로 강력한 영향력을 지닌 파벌이라 할 수 있다. 그리고 때로는 B와 C를 추구하는 두 그룹이 연합하여 D라는 목표를 같이 추구하고 목표를 달성하는 경우도 있다. 일본의 정당 파벌들이 총리대신을 선출하는 과정에서 흔히 일어나는 현상이다. 그런 파벌의 목적도 다양하다고 하겠다. 정당 안에서는 권력의 분배와 밀접한 관계가 있다. 한국의 경우, 여당 안의 파벌은 장관의 자리나 정부 내에 중책을 차지하기 위한 것이고, 야당의 경우 당내에서 주도권을 두고 주류와 비주류라는 파벌이 경쟁을 벌인다. 한 가지 이유로 여당이 협상을 제의할 때 그 상대는 주류파가 되기 때문에 양파가 경쟁하게 된다.

파벌의 유형도 다양하다. 유능한 리더를 중심으로 형성하는 '실리형實利型'이 일반적이다. 그 대표적인 예가 일본 자민당 내의 8개 파벌이다. 다선경력을 갖고 재계나 관계와 폭넓은 인맥을 가진 리더(좌장)를 중심으로 그의 이름을 따라 파벌을 구성한다. 그런 파벌은 특히 내각개편이 있을 때 그 존재가 노골적으로 드러난다. 각료 자리를 놓고 파벌 사이에 협상을 벌이기 때문이다. 일본 자민당 정부의 내각은 그런 파벌의 연합으로 구성되며 그 연합에 의해 내각총리 후보가 결정되고 선출되어왔다.

수는 많지 않으나 이념을 가지고 형성하는 파벌도 있다. 구소련 붕괴 이전까지 일본의 사회당은 강력한 야당이었다. 그 안에 두 개의 대형파벌이 있었다. 그것이 공식적인 당기구와는 별도로 일본사회당의 활동에 큰 영향을 미쳤다. 하나는 일본의 사회주의혁명을 주장한 극좌파인 〈사회주의협회〉라는 이름의 파벌로 일본 규슈대학의 경제학 교수이며 마르크스주의자가 원외에서 영도하던 과격한 파벌이었다. 이들은 '혁명을 통한 일본의 사회주의화'를 목표로 하였다. 그 파는 특히 지방에 많은 지지층을 갖고 있었다. 청년층도 많았다. 지도자의 과격한 이데올로기에 매료된 좌파세력이었다. 다수는 아니었지만 원내에 그를 따르는 사회당의 원들이 '협회파'를 구성하였다.

또 하나는 개혁을 통해 사회주의 실현을 지향한다는 '구조개혁파'가 있었다. 두 파벌의 이념적 입장은 너무 간격이 넓어서 타협점을 찾을 수 없었고 당내에서 갈등과 분쟁이 사라지지 않았다. 그런 파벌싸움 때문에 일본사회당은 결코 집권할 수 없다는 비판이 많았다. 그런 파벌을 '이념형'이라 부를 수 있다. 서로 다른 이념적 입장을 가지고 모인 파벌이라는 뜻이다. 우리나라에 그런 형에 해당하는 것으로 조봉암을 지도자로 해서 모인 진보세력을 들 수 있다. 처음에 작은 파벌로 시작한 그 파벌은 조봉암이 창당한 진보당의 핵심을 이루었다가 조봉암이 사형된 후에도 오랫동안 파벌로 명맥을 유지한 이념형의 파벌이었다.

정당은 간판, 실세는 파벌

1945년 8월 15일, 미일전쟁이 일본의 무조건 항복으로 끝난 후 남한에 진주한 미 군정청에 등록한 사회단체가 250여 개였다고 한다. 그중 정당이 50여 개였다. 정당은 이름뿐, 소수가 모여 만든 사적 그룹이나 다름없었다. 그중 좌파 정당으로 당원 수가 가장 많았던 것은 남조선노동당(남로당)이었다. 우파 정당으로는 이승만이 조직한 초당적 성격의 독립촉성국민회의獨促와 김성수와 송진우의 호남세력으로 구성된 한국민주당(한민당)이 있었다.

이승만은 초당적이고 전 국민을 대표하는 조직을 만들고 싶었다. 정당조직을 일부러 피했다. 그래서 독촉을 결성하였다. 임시정부 주석을 지낸 김구는 한국독립당(한독당)을 결성하였다. 그 외에 임시정부시절 요직을 지냈던 조소앙과 김규식도 정치조직을 형성했다. 광복군 사령관을 지낸 이범석이 조직한 '민족청년단(족청族靑)'이라는 '사이비' 군 조직 같은 집단도 있었다.

1948년 8월 15일, 대한민국 정부가 수립되면서 그 많은 정당들은 자취를 감추었다. 남조선노동당(남로당) 당수인 박헌영朴憲永은 정부수립 전에 북한으로 도피하였다. 나머지 남로당 당원은 지하로 잠복하여 이승만 정부의 전복을 위한 공산화 활동을 계속하였다.

우파 정치세력은 두 개의 정파로 나뉘었다. 한민당과 독촉이 중심이 된 우파와 남북협상파로 불린 김구와 김규식의 협상세력이었다. 그들은 제헌국회의원선거에도 불참하였다. 정국이 매우 혼란스러웠다. 1948년 10월 이후 계속된 4·3 사태 진압을 위해 제주도로 출동명령을 받은 14연대가 여수와 순천에서 반란을 일으켰으나 곧 진압되었다. 남로당원인 연대장 강모 소령이 제주도로 출정하기 전 반란을 일으킨 것인데, 북한의 지령을 받았을 가능성도 배제할 수 없다.

그러다 1950년 6월, 한국전쟁이 일어난 후 한국전쟁을 계기로 남한에서 좌파세력에 대한 대대적인 검거와 숙청을 하면서 한국은 반공 이데올로기를 내세우는 우파 일색의 정치로 변모하였다. 좌파 정당이나 동조세력의 일소—掃로 한국정치는 우파 정당들의 독무대가 되었다.

그 후 오늘까지 한국 정당들의 이름을 살펴보면, 수십 개 이상이 될 것이다. 좋은 이름은 다 소진해서 다시 옛 이름 앞에 다른 말을 붙여서 새로운 이름으로 쓰고 있는 형편이다. 근 50년 동안 같은 이름을 갖고 있는 일본의 자유민주당自民黨이나 100년 이상 같은 이름으로 불리고 있는 미국의 민주당과 공화당과는 매우 대조적이다.

한국에서 파벌정치가 모습을 드러내는 계기가 된 것은 1952년 한국전쟁 초 임시수도 부산에서 일어난 개헌파동 때였다. 부산으로 피난한 국회는 1952년에 끝날 이승만 대통령의 임기만료(1948~52)를 앞두고, 친이승만파와 반이승만파로 갈라졌다. 반이파가 우세한 편이었다. 반대세력은 내각제개헌안을 내놓았다. 그러나 결국 직선제를 낸 이승만파에 의해 대통령직선제로의 개헌안을 통과시켰다.

부산정치파동의 혼란을 거친 후, 1952년 6월, 이승만은 임기 4년의 제2대 대통령에 당선되었다. 그 다음 해 1953년에 자유당自由黨을 창당했다. 창당에 주도적인 역할을 하여 자기에게 위협적인 존재가 된 이범석을 대만대사로 보낸 이승만은 그의 추종세력인 족청(민족청년당)을 해산시키고 이범석 대신 자신의 비서를 지낸 이기붕李起鵬을 총무부장으로 임명하여 자유당을 이기붕체제로 개편시켰다. 겉으로는 이승만을 지지하는 국회의원이 다수인 것처럼 보였지만 개헌파동을 겪은 이승만의 반대세력의 반감은 해소되지 않았다. 그런 가운데 1954년 자유당은 이승만을 종신대통령으로 만드는 '사사오입' 개헌안을 국회에서 통과시켰다.

그것이 야당인 민주당民主黨 창당의 계기를 만들었다. 흩어져 있던 반이승만 세력이 자유당에 대항하기 위해 결집하였다. 보수 성향의 국회의원이 중심이 된 '파벌연합'이었다고 할 수 있다. 창당 때 민주당은 진보 성향의 조봉암曺奉岩 전 국회부의장을 합류시키려 했으나 일부 강경보수주의자들의 반대로 조봉암의 입당이 거절되었다. 조봉암은 독자적으로 진보세력을 모아 진보당進步黨을 창당하였다.

시간이 지나면서 자유당과 민주당 내부에 파벌 간의 경쟁과 각축전이 벌어졌다. 자유당에는 '강경파'와 '온건파'라 불리는 파벌이 경합하였다. 야당인 민주당에도 구파와 신파가 대립하고 있었다. 모두 특정의 지도적 인물이 중심이 되었다. 자유당의 경우, 이기붕이 자유당 당무회의 의장으로 이승만에 충성하는 강경파를 이끌었다.

한국정치에서 파벌싸움이 정치를 파국으로 몰고 간 예는 많다. 그중 세 개의 사례를 가지고 파벌싸움이 실제로 정권의 존폐에 영향을 준 과정과 결과를 다루고자 한다. 하나는 자유당의 강경파가 주도한 3·15 부정선거와 그 결과로 이승만 정권의 붕괴를 가져온 경우이다. 두 번째는 박정희 대통령의 연임기한이 끝나기 얼마 전 3선 개헌을 둘러싼 공화당 내 주류파와 비주류파의 쟁투이다. 세 번째로 유신체제 시절 공화당의원과 유정회의원 간의 갈등이다. 가장 최근의 사례로 박근혜 전 대통령이 탄핵과 연관된 한나라당의 '친박'과 '반박' 사이의 쟁투를 빼놓을 수 없으나 그 사태에 대한 진실을 충분히 다루기에는 시기상조時機尙早라 하겠다.

파벌싸움이 정치를 파국으로 몰고 가다

사례 1: 자유당 강경파의 부정선거 강행

자유당의 최고결정기구인 당무회의를 장악한 강경파의 최대 목표는 이승만의 장기집권과 그의 후계자로 이기붕을 차기 대통령으로 당선시키는 일이었다. 그러기 위해서는 야당에 대해 타협하거나 양보할 여지가 없었다. 더욱이 장면 전 주미대사가 1956년 정·부통령선거에서 이기붕을 제치고 부통령으로 당선된 후 더욱 강경 노선을 취했다. 이승만의 유고시 장면 부통령이 대통령직을 자동계승하는 일은 무슨 수를 써서라도 막아야 한다는 것이 강경파의 절박한 입장이었다.

자유당 내에서 온건파에 속한 국회의원의 수는 적었다. 강경파 의원과 달리 온건파는 야당과의 극한적인 대결이 정치불안의 요소가 된다고 보았다. 이승만의 실정으로 여당에 대한 국민의 반감이 높아가고 있음을 인식하고 있었다. '빈곤의 악순환' 문제가 자유당 정권을 위협하는 치명적인 약점이라는 것도 알고 있었다. 이승만의 인기가 날로 떨어지고 있다는 것도 알고 있었다. 1956년 정·부통령선거에서 이기붕을 제치고 장면 후보가 당선된 것은, 야당 대통령 후보의 갑작스런 사망으로 그에 대한 동정표가 장면 후보에게 쏠리게 된 것도 사실이지만, 그런 민심의 향방을 말해주는 것이었다. 야당에 대한 국민의 동정과 지지가 커지고 있었다.

1956년 이후, 자유당 지도부가 직면한 가장 심각한 문제는 4년 후인 1960년에 있을 정·부통령선거였다. 국민과 정치계의 관심이 선거에 쏠리고 있었다. 80세를 넘은 이승만의 자유당에 대한 통제는 크게 약화된 상태였다. 이와 비례해서 이기붕과 자유당 당무회의의 권한과 역할은 커지고 있었다. 정부각료도 당무회의의 추천으로 임명되었고 그 지시를 따를 정도였다. 강경파를 견제하거나 통제할 조직은 자유당 안에 없었다.

후에 알려진 사실이지만, 온건파 의원을 대표했던 이재학李在鶴은 그의 회고담에서 강경파의 의도대로 정국을 주도할 경우, 그것이 가져올 정치적 파국을 피하기 위한 제안으로 비밀리에 야당의 조병옥 당수와 '내각제' 개헌 방안을 논의했다고 했다. 그의 제안은 조병옥 당수의 동의를 얻었고, 이기붕도 관심을 보였으나, 당무회의의 반대로 무산되었다. 이재학은 이승만을 영구직 대통령으로 있도록 하고, 내각수반을 여당과 야당이 교대로 맡으면, 정권을 놓고 극한으로 치닫는 위기상황을 피할 수 있다고 생각했던 것이다.

그러나 강경파로서는 이재학의 내각제 안에 부정적이었다. 사실 내각제로 개헌해도 여당이 꼭 집권한다는 보장도 없었다. 이기붕으로 하여금 이승만을 계승시키는 길만이 확실한 해결책이라 보았다. 그 후의 이야기는 잘 아는 사실이다. 강경파는 최인규崔仁圭를 내무장관으로 임명하고, 그에게 1960년 3월에 있을 정·부통령선거를 위한 사전준비를 시켰다. 그 결과가 3·15 부정선거였고 결국 4·19 학생혁명을 일으키게 만들었다.

야당인 민주당도 1956년 정·부통령선거를 앞두고 신파와 구파의 대립이 있었다. 국회의장을 지낸 신익희를 주축으로 한 신파는 그를 다음 선거에서 대통령으로 당선시키는 것이 목표였다. 1956년 대통령선거에 출마한 신익희는 선거유세 중에 심장마비로 사망하였다. 그의 러닝메이트로 부통령에 출마한 장면은 자유당의 이기붕을 압도적인 표차로 이겼다.

부통령으로 당선된 장면은 명목상 부통령일 뿐 자유당 정부로부터 완전히 냉대를 받았고 정무에서도 소외되었다. 그를 둘러싼 신파는 장면을 옹호하고 자유당 정부를 비판하며 공세를 펼쳤다. 야당인 민주당 내의 파벌경쟁도 소강상태로 돌아섰다. 1958년 자유당이 선거와 관련한 언론의 보도활동을 제한하려는 시도로 〈신보안법〉을 통과시키려 했을 때, 이를 제지하던 민주당의원이 국회경호원의 과도한 진압으로 다수가 부상을 입고 입원하는 사태가 발생하면서, 여야 간의 관계는 악화일로를 달리게 되었다.

자유당 강경파의 골칫거리는 부통령으로 당선된 장면이었다. 장면 부통령이 헌법에 따라 이승만의 유고시 자동으로 대통령이 될 수 있다는 가능성은 그들에게 악몽과 같았다. 이승만 대통령은 이미 80세를 넘긴 고령이었고, 언제, 어떤 사태가 일어날지를 예측할 수 없었다. 그의 뒤를 이어야 할 이기붕의 건강상태는 좋지 않았다. 병약한 이기붕은 병원을 들락날락하며 치료를 받고 있었다.

야당인 민주당은 신익희의 사망 후 조병옥을 대표로 선출하여 1960년 대통령선거에 대비하였다. 지난번 선거에 신파의 대표인 신익희를 대통령후보로 추대했던 만큼, 이번엔 당수이자 구파의 리더인 조병옥을 만장

일치로 대통령후보로 선정하였다. 1960년 민주당은 조병옥과 장면을 정·부통령 후보로 결정했다. 그런데 후보인 조병옥의 발병으로 민주당은 난관에 봉착하게 되었다. 대통령선거 1년 전인 1959년 말, 조병옥은 미국으로 건너가 위암수술을 받다가 사망하였다. 민주당은 두 번이나 대통령후보 없이 다음 선거를 치르게 되었다. 자유당은 이승만과 이기붕을 각각 후보로 내세웠고, 민주당은 장면 홀로 부통령후보로 선거에 나섰다. 그리고 1960년 3월 대대적인 부정선거가 탄로 난 자유당과 이승만 정부는 학생들의 항거와 봉기로 붕괴되었다.

사례 2: 박 정권 공화당 내의 3선 개헌 파벌싸움

한국정치는 해방 후 처음 군부가 정치에 직접 투신하여 정권을 장악하는 양상으로 변했다. 30여 명의 장성과 대령급 쿠데타 주동자로 구성된 '국가재건최고회의'라는 이름의 군사정부Junta가 민정으로 이행하기까지 3년간 행정·사법·입법 3권을 장악하여 이름뿐인 정부에 지시를 내리면서 국가를 운영하였다.

최고회의는 구정치인을 정치금지법으로 묶어놓고 새로 창설된 중앙정보부를 시켜 비밀리에 정당을 조직하고, 사회 각계의 엘리트를 선발하여 소위 '비밀당원'을 만들어 앞으로 있을 민정 이양 후의 정치에 대비하도록 하였다. 모든 계획은 중앙정보부장 김종필의 지휘 아래 진행되었다. 1963년 민정으로 이행하여 대통령선거가 실시되었고 이어서 국회의원선거를 실시할 때 비밀당원들은 모두 공화당후보로 출마하여 대부분 당선되었다.

대통령선거와 국회의원선거를 통해 집권했으니 '민주정권'이라 부를 수 있다고 강변할 수도 있으나, 군사정부를 지나 민정으로 옮기는 과정에서 선거를 실시했다고 해서 민주정권이라고 할 수는 없다. 이유는 박정희의 군부정권은 사회경제연합체, 정치사회, 경제제도를 조직하는 내용이나 방식에서 과거의 이승만 정권이나 장면 정권과 많이 달랐기 때문이다. 박 정권의 경우는 단순히 정부의 교체가 아니었다. 박 정권은 사회단체에 대한 통제뿐 아니라 재벌개편과 경제제도 운영에 깊이 개입하였고, 언론과 정치세력들에 대해서도 조직적인 감시와 통제를 실시했다. 국회에 공화당이 절대다수 의석을 차지하였고, 일당우위체제One-Party Dominant System를 유지하였다.

박 정권은 조직화된 중앙정보부와 군부의 감시를 위한 보안사령부라는 강력한 정보기관에 의해 뒷받침되었다. 그뿐만 아니라 박정희의 군부정권은 형식적으로는 3권분립을 내세웠지만 실제로 대통령이 국회와 대법원을 장악하고 있었다. 모든 면에서 박정희 군부정권은 '민주정권'이 갖춰야 할 민주적 정치제도의 자율적인 운영을 허용하지 않은 권위주의 정권에 속했던 정권이었다.

군부정권도 파벌정치의 병폐에서 벗어날 수 없었다. 사실 군대처럼 파벌경쟁이 심한 조직도 없다는 것이 전문가들의 견해이다. 일본군의 경우 장교들이 지방색을 띤 파벌로 나뉘어 경쟁하였다. 한국군의 경우도 출신지역별 또는 만군·육사·일군 출신 등 많은 파벌이 존재했다. 5·16 쿠데타 후에도 민정으로 넘어가기 전, 최고회의 내부와 그 밖의 군부 고위층을 중심으로 한 파벌 성격의 분쟁 때문에 정치적인 불안이 야기된 적이 있었다.

공화당은 야당처럼 당내의 파벌싸움이 신문지상을 통해 낱낱이 알려지지는 않았으나 공화당 내에도 소위 '주류' '비주류'로 불리는 파벌이 있었다. 주류가 5·16에 직접 가담하였거나 공화당 창당에 처음부터 참여한 의원들로 구성된 반면, 비주류는 구정치인의 집합체였다. 여당의 파벌 간 알력과 투쟁은 야당만큼 표면화되지는 않았다.

그러나 공화당 내에도 박정희 대통령을 의식한 경쟁은 있었다. 당내 파벌의 주요 관심사는 관료들의 정책결정에 영향을 미치거나 정책집행으로 얻을 수 있는 이득을 얻으려 하거나, 재계와 연관을 맺고 정치자금을 지원받으려는 것이었다. 하지만 여당의 파벌은 권력이 집중되어 있는 강력한 대통령을 의식하지 않을 수 없었다. 대통령의 신임을 얻기 위한 경쟁이 있었다. 그러나 정보기관이 정치인들을 수시로 감시하고 있는 상황에서 여당의 파벌의 역할과 정치적 활동은 과거와 비교가 안 될 정도로 제약을 받고 있었다. 신문도 파벌을 다룬 기사를 자의대로 낼 수 없었다.

그런 여당의 파벌이 표면적으로 갈등을 나타낸 것은 박 대통령의 연임 임기(1963~71)가 아직 3년 남아 있던 1968년이었다. 그때만 해도 박 대통령에 대한 국민의 지지도가 높았다. 그동안 경제개발로 한국경제가 고도성장을 이루었기 때문이었다. 그동안 쿠데타라는 불법적인 방법으로 집권하여 법적으로나 정치적으로 정통성문제를 겪어온 박 정권은 경제적 성과를 내세워 쿠데타를 정당화할 수 있는 여유가 생긴 것이다. 그뿐만 아니라 박 정권에 의해서만 경제성장을 계속할 수 있다는 '독선적 사고'가 군부와 집권층 내부에 퍼지기 시작하였다.

1967년 박정희의 재임을 위한 대선에서 압승한 여당은 박정희에 대한 국민의 높은 지지도에 고무되었다. 그것을 공화당 정부에 대한 지지라고 보고 대통령 임기문제를 해결하면 공화당의 장기집권도 가능하다고 보았다. 1971년 임기종료를 앞두고도 박정희는 자신의 후계자를 선정하지 않고 있었다. 그러면서 세간에는 갖가지 풍문이 나돌았다. 많은 사람이 김종필 공화당 총재가 후계자가 될 가능성이 높을 것으로 예상했다. 5·16 쿠데타 때의 그의 공로로 보나 그 후 중앙정보부장으로서 박 정권을 집권 초기부터 공고화하는 데 결정적으로 기여했고, 박정희의 조카사위라는 인척관계로 보아도 김종필이 당연히 후계자가 될 것으로 예상했다.

그런 상황에서 1967년 11월, 박정희의 임기를 3선까지 연장하자는 개헌문제를 제의하고 나온 사람은, 1952년 부산 정치파동 때 앞장서서 이승만의 재선을 추진했던 윤치영이었다. 윤치영은 이승만의 미국 망명시절 이승만을 알게 되었고 귀국 후 그의 비서를 지내다 내무장관으로 임명되었다. 윤치영 공화당 의장서리는 "조국의 근대화에 중단이 있을 수 없다"는 취지로 연임조항의 문제점을 연구할 필요가 있다고 박정희의 3선을 위한 개헌을 암시하는 발언을 했다. 그의 발언은 야당은 물론 공화당으로부터도 큰 반발과 비난을 받았다.

윤치영의 3선 개헌 제안에 가장 반발한 것은 공화당 내 김종필의 추종세력이었다. 1971년에 박 대통령이 은퇴할 것을 예상하며 김종필을 후보로 추대하려던 그들에게 윤치영과 공화당 내부 반김세력의 3선 개헌 주장은 그들의 계획에 정면으로 도전하는 것과 같았다. 김종필 세력의 반격으로 나타난 것이 김용태金龍泰 의원을 중심으로 추진한 〈한국국민복지회〉라는 사조직이었다. 육사 8기생 출신의 공화당 의원과 공화당 창당에 중요한 역할을 했던 의원들이 참여하여 출신 선거구의 지역 책임을 맡았다.

1968년 5월 중앙정보부는 〈한국국민복지회〉라는 사조직의 정체를 발표했다. 김종필 추종세력인 김용태 의원을 중심으로 전국적인 조직을 형성하여 김종필을 차기 대통령으로 추대할 계획이라는 것이었다. 공화당은 소용돌이에 빠졌다. 격노한 박정희는 김종필을 공화당을 비롯해서 모든 공직에서 물러나도록 했다. 그의 추종자들도 정보부에 끌려가 곤욕을 치렀고 당직에서 물러났다. 그리고 그 후 모두가 정계를 떠났다. 김종필은 소위 "자의반 타의반"이라는 널리 회자된 표현을 남기고 해외에서 장기간 떠도는 신세가 되었다.

'복지회 사건'은 공화당에 큰 타격을 주었다. 그것을 계기로 공화당 내부에 김종필파와 반김종필파 사이의 첨예한 대립이 나타났다. 반김종필파를 구성한 것은 일부 구정치인들과 최고회의시절부터 김종필의 공화당 창당에 반발했던 장성 출신의 5·16 주체세력들이었다. 그 당시 공화당 4인조로 불리던 김성곤, 백남억, 김진만, 길재호의 반김종필 세력이 신주류를 구성하게 되었다.

혼란과 내분을 겪은 국회는 1969년 9월 국회 회의장 단상을 점령한 야당의 반대에도 불구하고, 여당의 강세로 3선 개헌안을 밀어붙였다. 그리고 국민투표를 거쳐 개헌을 합법화하였다. 이로써 1951년 이승만에 의한 임시수도 부산에서의 절충개헌안 파동을 시작으로 1954년의 사사오입으로 이어진, 헌정사에 먹칠을 한 '헌법 주무르기'라는 헌법 파괴행위가 15년 만에 박정희에 의해 재연되었다.

박정희는 1971년 4월 27일 대통령선거에서 강적 김대중과 격돌 끝에 다시 대통령으로 당선되었다. 김대중 야당후보가 선거운동 중 "이번에 박정희가 당선되면 대만의 총통제를 할 것이다"라고 주장한 것이 실제로 '종신대통령제'와 다름없는 〈유신〉이라는 이름의 새로운 체제의 등장으로 나타날 것을 예측한 사람은 아무도 없었을 것이다.

임기제한이 없는 대통령의 일인지배와 대의기관인 국회의 일부 구성원으로 통일주체국민회의라는 긴 명칭을 가진 조직이 대통령이 지명한 유정회維政會 회원을 일괄 선출하는 유신체제가 등장하였다. 국회의석의 3분의 1을 차지한 유정회 회원과 선거로 당선된 공화당 의원들이 국회의석의 다수를 점하게 되었다. 직선제와 간선제로 선출된 여야 의원으로 구성된 국회는 실제로 대통령의 지배하에 놓이게 되었다.

사례 3: 부마사태와 공화당과 유정회 사이의 알력

유신체제는 많은 문제를 가져왔다. 건국 이후 유지해 온 기존의 정치제도를 새로운 조직과 제도로 교체하는 일이었기 때문이다. 집권층이 그동안 정치적으로나 경제적으로 부담을 느껴왔던 대통령직선제 자유선거를 폐기한 것은 이전에는 상상조차 할 수 없었던 과격한 변화였다. 야당은 유신체제에 강력하게 저항하였다. 다른 이유도 있었으나 무엇보다 유신체제가 야당의 집권가능성을 원천적으로 봉쇄하였기 때문이다. 민주정치의 기본원리인 자유로운 정치적 경쟁의 가능성을 완전히 폐쇄해 야당으로 하여금 '거리의 정치'로 나서게 만들었다. 정치가 경쟁의 틀을 벗어나 극한투쟁의 양상으로 변하게 된 것이다.

정당정치는 사라지고, 정당 안에는 과격파와 온건파라는 서로 다른 입장의 대립과 갈등만이 예리하게 나타나게 되었다. 특히 야당의 경우, 강경파와 유연파가 각각 유신체제에 대해 상반된 수용태도를 보였다. 온건파는 중도 노선을, 과격파는 극한투쟁을 주장하였다. 여권 내에도 대통령이 손수 선발한hand-pick 유정회 의원들이 주역으로 등장하였고 그동안 내분으로 약화된 공화당 의원의 위치는 대폭 위축되어 사실상 유정회의 들러리 역할을 하게 되었다. 공화당 의원과 유정회 의원 사이에 일종의 '충성경쟁'도 벌어졌다. 과거 여당 안의 파벌싸움에서 볼 수 없었던 새로운 양상의 싸움이 벌어진 것이다.

집권층은, 유신체제가 경제발전 수준을 높이기 위해 그동안 있었던 '민주적'이라는 정치적 폐습이 가져온 불필요한 소모를 없애기 위한 정권이라고 했다. 그것을 유신정신 또는 이념이라 부를 수 있다. 그러나 국민은 그런 주장을 그대로 받아들이지 않았다. 유신체제를 추진하는 이유로 내세운 한국에 주둔하던 미군 1개 사단의 철수문제와 닉슨 대통령의

'미·중공 접촉'이라는 극적이고 긴박한 안보상황이 불안감을 주었지만, 박정희 대통령의 정권욕이 이전보다 강력한 독재체제를 만드는 것에 대해 더 큰 우려를 하고 있었다. 그런 유신체제에 대해 정면으로 반대운동을 전개한 세력은 야당만 아니라 '민주회복운동'을 전개한 지식인, 종교인, 그리고 대학생들이었다. 그들은 정치권이 아니었기 때문에 '재야'라고 불렸다.

반정부운동이 격화될수록 정권의 대응도 보다 극렬해졌다. 그 클라이맥스가 대통령의 긴급조치 발동권 행사였다. 그것은 유신정권의 클라이맥스이자 또한 종말을 재촉하는 것이기도 했다. 정권과 야당 그리고 재야 정치세력 사이의 대립은 극한투쟁으로 상승작용을 가져왔다. 긴급조치 위반자의 수가 늘어나고 감옥에 갇힌 목사, 지식인, 대학생의 수가 수백에서 수천으로 늘어날수록 긴급조치법의 실효는 없어지게 되었다. 법의 실효는 그것을 지키는 사람이 어기는 사람보다 압도적으로 많아야 한다. 이것은 박정희의 유신정권의 권위가 도덕적 차원에서 벗어나 전적으로 폭력에 의존하고 있음을 과시하는 것이나 다름없었다.

경제개발의 성과로 늘어난 중산층을 구성한 지식인과 대학생 그리고 회사원도 반정부운동에 적극 가담하지는 않아도 심정적으로 운동권을 지지하려는 경향이 대세를 이루기 시작했다. 설상가상으로 한·미관계가 최악에 이르고 있었다. 한국의 인권문제를 비판한 카터Carter(1976~80) 미국대통령이 청와대 만찬에서 공개적으로 유신체제를 비판할 정도로 양국관계는 악화되었다. 한·미관계가 악화되던 중, 김영삼 의원의 의원직 제명으로 촉발된 부마사태로 정국이 불안 상태에 있었다.

김영삼 의원은 뉴욕타임스 기자와의 인터뷰에서 유신정권과 박 대통령을 지칭하며 극렬하게 비판하였다. 그 기사를 놓고 국회에서 김 의원의 '제명'을 앞장서서 주장하고 나온 것은 유정회 의원들이었다. 집권자를 의식한 충성경쟁심이 발동한 것이다. 유신정치가 시작된 1970년대 초부터 입법부인 국회는 그전보다 더 청와대의 통제 아래 있었다. 정부가 제출하는 법안은 일사천리로 처리되었다. 그 가운데 유신정권의 '친위부대'라 할 유정회 의원들이 공화당 의원들을 제치고 국회에서 주역을 맡게 된 것이다. 당연히 공화당 의원과 유정회 의원들 사이에 긴장관계가 조성되었다. 야당 대표인 김영삼 의원의 제명에 적극적이었던 것은 공화당보다 유정회였다. 그중에서도 유신체제를 적극 지지하고 집권층에 대한 충성을 과시해온 강경파라고 할 일부 정보기관 출신의 유정회 의원들이었다.

야당의 당수를 지냈고 대야투쟁에 앞장선 김영삼 의원의 제명은 큰 정치적 파문을 가져왔다. 부마사태가 그것이었다. 사태는 부산과 마산에 끝나지 않고 다른 도시로 확대될 조짐을 보였다. 그러나 집권층은 안이한 대응만을 보였다. 그 얼마 후, 1979년 10월 26일 김재규 중앙정보부장에 의한 박 대통령 시해사건이 일어났다.

박정희 대통령 시해사건 후 집권한 김영삼과 김대중 정부, 그리고 그후의 정부에서도 파벌정치는 계속되었으나 그 양상에는 약간의 차이가 있었다. 근본적으로 이승만과 박정희 정권 때처럼 집권자의 임기가 장기화되고 권력이 그에게 집중되어 있는 한, 파벌들의 활동은 제약을 받았다. 특히 정보기관의 철저한 감시와 개입이 있었다. 파벌싸움이 덜 격렬할 수 있었다.

반면에 집권자의 임기가 5년으로 제한된 후 파벌정치가 보다 격렬한 양상을 보이는 것으로 나타났다. 노무현 정부시절 좌경화한 운동권 출신의 일부가 집권층을 형성하였고 '이념적 색깔'이 드러나면서 집권엘리트 사이에 갈등이 있었다. 특히 대북관계와 대미관계를 놓고 집권층 내부에 소위 '자주파'와 '동맹파'라고 불리는 그룹 간의 대립이 두드러지게 나타났다. 이명박 정부도 심각한 파벌정치의 문제를 겪었다. 국회에서 다수를 차지한 여당이 이명박 대통령에 대한 지지를 놓고 '친이'와 '반이'로 갈라져 싸웠다. 박근혜 정부 때는 그 파벌들이 이름을 바꾸어 '친박'과 '반박'으로 나뉘어 대립각을 세웠다. 2012년 대통령후보 선출을 위한 전당대회에서 이명박과 박근혜 캠프가 경쟁하였고 이명박이 승리했다. 그 당시 생긴 두 파가 박근혜 정부 형성 후 '친박'과 '반박'으로 재등장한 것이다.

친박과 반박 두 파벌 사이의 싸움은 2016년 총선을 앞두고 가장 극렬하게 나타났다. 당대표가 국회의원후보의 공천장에 낙인을 거부하고 부산으로 도피하는 기현상도 일어났다. 여당의 추태를 본 유권자들이 국회에 다수를 차지해온 집권당 후보들을 대거 낙선시켜 야당이 1석 차로 다수당이 되었다. 그 후 '반박'과 국회의원이 야당과 합세하여 박근혜의 탄핵을 추진하였다. 해방 후 역사상 처음으로 이루어진 대통령의 탄핵은 사람들에게 충격을 주었다. 여당 의원들이 야당 의원들과 합세하여 자기 당의 대통령을 탄핵시키는 일이 일어났다.

"정치에는 어떤 일이든 일어날 수 있다"는 격언이 있지만 여당이 나서서 자기 당의 대통령을 탄핵하는 일은 양당정치가 발달된 선진민주국가에서도 쉽게 일어나지 않는다. 반대당이 추진하고 여당은 반대하는 것이 상식이다. 자기 당의 대통령이 기소를 당해도 많은 절차를 밟아야 하고 도덕적인 차원에서의 공개적인 논의가 있은 후 여당이라도 야당의 탄핵에 동의하는 경우는 있다. 그것이 민주정치에서 일어나는 탄핵이다. 그런데 한나라당의 당 대표와 그의 추종자들은 그런 행동을 보인 바 없다. 총선을 앞두고 완전히 원시적인 권력계승을 둘러싼 파벌들의 극한적인 투쟁으로 총선에서 패배하였다.

파벌이 정치를 파국으로 몰고 간 예는 많다. 그러나 파벌만이 정권의 몰락을 가져오는 것은 아니다. 앞서 4장에서 다룬 정권교체에 관련되는 요인들이 중요하게 작용한다. 최고지도자의 자질을 포함해서 정권의 도덕성을 묻는 정당성, 안보와 대외관계, 민생문제, 정권의 통치능력, 그리고 집권엘리트의 결속력과 응집력이 정권의 역량과 수행력을 좌우하는 요인이다. 그중 집권엘리트의 결속력은 정권의 존폐와 직결되는 요인이다. 그런 집권엘리트가 〈파벌정치〉의 구렁텅이에 빠져 앞뒤를 가리지 않는 암투에 모든 정력을 소모하는 경우 그 정권의 명운은 이미 끝난 것이나 다름없다. 자유당 강경파가 일으킨 3·15 부정선거, 신·구파의 분열로 몰락한 장면 정권, 권력계승 문제로 분열된 공화당과 박 정권, 최고지도자에 대한 충성경쟁에 빠진 유신 집권엘리트의 분열, 그리고 최근에 일어난 '친박'과 '반박'이 몰고 온 박근혜 정권의 몰락이 겪은 불행하고 비참한 역사가 그것을 극명으로 보여주었다.

파벌정치에서 정당정치로

정당political party 의 'party'는 'part' 즉, 부분에서 나온 용어다. 정당은 영국에서 왕의 권한을 제한하려던 의회에서 시작된 것으로 본다. 왕은 아무 제약 없이 국민들로부터 세금을 징수했다. 영국의회는 자신의 대표권을 강화하기 위해 '대표 없는 세금징수'를 반대하면서 왕의 징세권을 제한하였다. 그러나 정부에 대한 국왕의 권한은 여전이 막강하였다. 그런 국왕의 권력을 제한하기 위한 수단으로 나타난 것이 의원 중심의 정당이라 할 수 있다. 그 후 19세기 말에 이르러 유럽 여러 나라에 '현대적'인 의미의 대중을 기반으로 한 정당들이 등장하면서 정당이 정치에서 중심적인 위치를 차지하기 시작했다.

유럽 국가들의 정당발달과정과 대조적으로 2차 대전이 끝난 후 식민지배에서 벗어난 신생국들의 정당은 거의 모두가 이름만 정당일 뿐 사실은 집권세력의 지배하에 있는 독재정당이었다. 1972년 현재로 28개의 아프리카 국가 중 26개국이 일당체제one party rule를 갖고 있었다. 26개국 중, 민간인 집권이 10개국, 군부집권이 16개국이다. 나머지 두 나라는 독재정당이 지배하는 동원체제라 불리는 탄자니아와 베냉공화국이다.

탄자니아의 대통령 니에레레Nyerere는 양당제를 비판하는 논리로 "국민이 하나가 되지 못하고 있는 나라에서 부분(즉 정당들)이 왜 필요하냐"고 반문한 바 있다. 해방 직후 한국에 귀국한 이승만이 "뭉치면 살고 갈라지면 죽는다"고 말한 것을 상기 시킨다. 한국도 이승만 정권부터 전두환과 노태우 군부정권까지 여러 많은 정당들이 출몰出沒했으나 모두 일당우위체제를 계속 유지하였다. 인도를 비롯하여 동남아 대부분의 나라가 일당체제 아니면 일당우위체제를 갖고 있다.

정당 발달에는 여러 요인이 관련되어 있다. 정치체제의 성격이 가장 중요한 요인이다. 경제 발달 수준, 시민사회 발달 수준, 역사적 배경이나 문화적 특수성과 같은 요인이 정당 발달에 작용하는 개관적 조건이다. 그런 요인에 추가해서 정치체제로서 민주체제와 비민주적 독재체제, 대통령제와 내각책임제, 사회의 자율성 수준 등도 정당 발달과 관련이 있는 것으로 볼 수 있다.

아시아에서 유일하게 1880년경 극소수가 모인 집단이었지만 정당이름을 내걸었던 일본을 예로 들 수 있다. 그 당시의 정당은 당원이기보다 정부에서 소외된 명치유신의 유공자들이 모인 사조직 같은 집단이었다. 그러다 1920년대 초 잠시 이전보다 형식을 갖춘 정당정치를 실시하였으나 군부가 집권하면서 모든 정당들은 해체되고 군통제하의 애국운동 성격의 관제조직으로 편입되었다.

2차 대전에서 패전 후의 일본은 경제대국이 되었고, 명치시대부터 유지해온 내각제의 정부도 그대로 유지하였다. 역사와 전통으로 볼 때, 봉건체제를 수백 년 경험하였고, 그것을 해체하여 중앙집권적 근대국가를 형성하면서 분열되었던 국가를 통일하는 권력집중과정을 겪은 일본의 국민이 중앙집권을 선호하는 성향을 지니게 된 것은 당연하다 할 것이다. 그런 일본국민의 성향이 현재 일본의 정당정치에서도 일당 우위당인 자민당을 계속 지지하고 있는 것이다. 한때 자민당과 사회당 사이에 격렬한 이념적 대립과 경쟁이 있었으나 구소련 붕괴 후 자민당의 독주는 계속되고 있다. 정당 간에 정권교체가 이루어지고 있는 영미나 유럽의 선진민주국가와 대조되는 현상이다.

정당이라는 조직은 국민의 지적 수준이 높아지고 정치참여의 욕구가 생기고 대중사회로 변화할수록 그 사회의 정치체제를 유지하는 데 가장 적절하고 실현 가능한 조직이다. 이탈리아의 정치학자 사르토리Sartori는 정당의 기능으로 세 가지를 든다. 첫째로 통로 만들기channelment, 둘째로 의사소통communication, 그리고 셋째로 정책의 효율적인 표현expression이다. 첫째의 통로 만들기는 조직에 새로운 '피'를 공급하려면 통로가 열려 있어야 하고 문호를 개방해야 하다는 것이며, 둘째로 의사소통은 정당이 제시하는 정강party platform 정책을 전달하는 것이며, 셋째로 표현은 정당이 대중과 지지층에게 정강정책을 설득력 있게 설명해 주는 홍보능력이다.

위에 열거한 정당의 세 가지 기능을 다시 구체적으로 요약하면 다음과 같다. 첫째로 정당은 모든 선거에서 유권자와 지지자를 대표하려고 한다. 둘째로 정당 지도부를 형성하고 당원을 충원한다. 셋째로 정당이 추구하려는 목표(정당강령)를 수립한다. 넷째로 유권자가 원하는 이익이나 이해관계(가치)가 무엇인지를 알아내어 정당 목표에 반영시킨다. 다섯째로 당원과 유권자들을 위한 홍보와 교육 프로그램을 개발하여 그들을 정치화政治化와 사회화시키며 정당의 활동에 동참토록 한다. 그리고 마지막으로, 그러나 가장 중요한 목표로, 정부를 장악한다.

이런 기능을 완벽하고 원활하게 수행하는 정당은 이상적인 정당이고 그런 정당은 보기 드물다. 그런 정당이 되기 위해서 정당은 제도화 수준을 높이도록 해야 한다. '몇 사람'이 골방에서 결정하고 운영하는 정당이 아니라, 제도로 운영해야 한다. 제도주의자로 유명한 헌팅턴Huntington 교수는 파벌에서 정당으로 발전하는 3단계로 (1) 파벌 단계, (2) 준準 제도화 단계, (3) 제도화 단계를 말하고 있다. 단순하지만 시사해주는 바가 있는 주장이다.

한국의 정당은 지금 어느 단계에 있다고 볼 수 있을까? 아직 파벌단계인가? 아니면 그것을 벗어나 준 제도화의 단계로 진전하고 있는 과도기라고 할 수 있을까? 포괄적이지만 위에 제시한 정당의 기능을 재는 잣대로 한국의 정당 수준을 가늠해도 제도화 수준과는 멀다. 제도화 수준을 판단하는 기준은 정당이 안정된 사무진용을 갖추고 있는지, 사무국 운영을 당비로 하고 있는지, 선거 때 당을 대표할 후보를 선발하는 과정이 공개되고 투명한지, 그리고 집권할 때 추구할 명확하고 실현가능한 정강과 정책공약을 가지고 유권자를 설득할 수 있는지 등에 달려 있다. 그것이 정당이론가 사르토리 교수가 지적한 통로 만들기, 의사소통하기, 표현이라는 역할을 원활히 하고 있는 정당의 기능이다.

한국정당들의 역사를 되돌아볼 때 사르토리 교수의 세 가지 기능을 적용해 보면 과거나 지금이나 그것을 정당으로 간주할 수 있는지 의문을 갖게 한다. 정당이라기보다 파벌들의 연합이라고 보는 것이 타당하다. 한국정당의 가장 심각한 문제는 정당들이 정강platform을 갖고 있는지 없는지 명확하지 않고 또 있어도 국민이 정당의 강령에 대해 전혀 관심을 갖지 않는다는 사실이다. 정강은 정당이라는 조직이 왜 필요하며 정권을 얻기 위한 경쟁이나 투쟁의 필요성을 논한 주장을 담은 선언문이다. 그런데 한국의 정당들은 정강을 '있으나 마나'한 것으로 만들었다.

정당이 정강을 갖고 있을 때도 국민은 관심을 갖지 않는다. 이유는 정당이름을 기억할 수 없을 정도로 너무나 자주 바꿨기 때문이다. 어느 정당이 어느 때에 어떤 내용의 정강을 가졌는지를 기억할 길이 없었다. 그리고 아무리 내용이 풍부하고 수사학적으로 뛰어나서 국민 사이에 오랫동안 회자될 정도로 훌륭한 정강정책을 만들어도 그것이 담은 약속을 실천한 정당이 없었다. 국민이 정당을 신뢰하지 않는 것은 무리가 아니다. 국민에게 호소력을 가진 정강과 정책이 없으니 선거에서나 평상시나 유권자를 대상으로 한 의사소통이 활발할 수 없다. 선거에 임박해서 만든 '구호slogan'로 유권자들의 지지를 호소하려 할 뿐이다.

그러니 '정강정책이 없는 정당'이라고 비하하는 표현이 나올 수 있다. 이 말은 한국의 정당은 정당이 아니라는 뜻과 다름없는 표현이다. 오늘의 한국의 정당은 여야를 막론하고 새로운 인재를 영입하거나 설득력 있는 내용의 강령을 가지고 국민과 지속적으로 의사소통하면서 지지를 호소하는 능력이 없는 것들이다. 세 가지 기능을 가지고 평가한다면 정당이란 이름만의 정당이라는 결론이 나온다. 이유는 여당이나 야당이나 '파벌정치'의 틀에서 벗어나지 못하고 있기 때문이다.

유례가 없는 박근혜 전 대통령의 탄핵으로 정치권과 국론이 많이 분열된 가운데 집권한 문재인 정부는 좌익정권으로 알려져 있다. 주로 군부정권시절 반체제운동에 앞장섰던 좌익운동권 출신의 정치세력이 정부와 여당 내에 주류세력을 형성하였다. 만일 여당 내에 파벌이 존재한다면 '실리형實利型'도 있겠지만 그보다 '이념주의자ideologue'에 가까운 파벌이 실세를 이룰 가능성이 높다.

좌파 성향의 이념을 공유하는 파벌은 비교적 결속력도 강할 것으로 예상할 수 있지만 파벌연구를 해온 전문가들의 견해에 따르면 이념지향을 가지고 결속한 파벌일수록 내분이 보다 격렬하다는 견해도 있다. 서로 대립된 견해나 입장을 양보할 줄 모르고 이념에 집착하려고 하기 때문이다. 실제로 역사적으로 진보적인 정당일수록 많은 핵분열核分裂 현상이 나타났다. 더불어민주당 내에도 앞으로 시간이 갈수록 유사한 현상이 나타날 가능성이 높다는 것을 시사해 준다.

6장

마르크스주의를 신봉하는 무리들

전두환 군부정권에 대한 반정부운동이 한창이던 시절 매일같이 벌어지는 학생데모와 이를 진압하려는 경찰이 쏘아대는 최루탄의 연기 때문에 대학구내와 교실에서는 눈을 뜨기 어려울 지경이었다. 대학 분위기는 항상 어수선하고 긴장상태 그대로였다. 학생들은 흥분 상태에 있었고, 대학본부 옆에 붙인 대자보의 수는 매일 늘어났다. 어느날 같이 교내를 걷다 대자보를 본 동료 교수가 "다들 마르크스주의 열병에 걸렸어. 한동안 가겠군"이라고 말했다.

전두환 정부는 마르크스주의를 비롯한 좌익사상을 다룬 서적들에 대해 금서조치를 해제하였다. 당시 철학교수 출신의 문교부장관이, "금지하면 더욱 호기심을 갖는다고 차라리 금서조치를 해제하면 읽고 비판할 수 있다"는 주장을 내세워 대통령을 설득시켰다는 소문이 돌았다. 그러나 기대한 효과는 나타나지 않았다.

일본의 대학생들처럼 좌파서적을 자유롭게 읽고 소화할 수 있었던 것과 달리, 한국 학생들은 갑자기 그런 서적을 접하면서 제대로 이해하기가 쉽지 않았을 것이다. 그뿐만 아니라 한국에 들어온 좌익서적은 대부분 일본 서적이었다. 그것도 연구서가 아니라 일본에서 좌익운동가가 쓴 수준 낮은 것이 많았다.

운동권 학생들은 그런 책들을 독서회의 교재로 사용하였다. 사실 독서회에서 마르크스, 레닌, 기타 정통 좌파사상가들의 원본이나 연구서적을 소화하기 어려웠을 것이다. 운동권이 필요했던 것은 선동적인 내용에 가까운 행동지향적인 것이었다. 대학생만이 아니었다. 한국에서 좌파교수로 알려진 사람 중에도 마르크스이론을 다루는 전문적인 학술지에 논문을 게재한 학자가 있다고 듣지 못했다. 『자본론』을 번역했다고 마르크스이론의 전문가가 되는 것은 아니다.

좌파서적을 자유롭게 읽을 수 있는 외국대학에서 마르크스이론과 좌파서적을 자유롭게 읽고 한국에 돌아와 교수가 된 사람은 많다. 그러나 그들을 마르크스 연구자라고 하지 않는다. 이유가 어떻든 마르크스주의를 전문적으로 연구하기에 한국은 적당한 나라가 아니다. 70여 년 동안 북한공산정권과 첨예하게 대치해 온 한국의 정치적 환경이 전문가를 배출하는 데 유리한 환경은 아니다. 그뿐 아니라 한국에는 마르크스이론을 전문적으로 비판한 서적도 많지 않은 것 같다. 오랜 금서조치와 반공 일변도의 정치·사상적 경직성이 그런 순수한 비판연구에도 제약을 준 것이라 본다.

유대인 카를 마르크스

유대인들은 근 2000년 동안 국가 없이 세계를 떠돌던 유랑민이었다. 유대인 역사를 다룬 폴 존슨Paul Johnson은 그의 저서 『유대인의 역사』(1987)

에서 유대역사를 시기별로 (1) 이스라엘의 건설 초기, (2) 유대주의 Judaism 시기, (3) 음밀통치체제 Cathedocracy, (4) 해방시대, (5) 홀로코스트, (6) 시온 Zion 운동으로 시대구분을 하고 있다. 이스라엘에 총독을 두고 식민지로 지배해 온 로마제국이 직접 이스라엘을 침공하자(AD 66) 학살을 피해 유대인들은 사방으로 흩어졌다. 2,000년에 가까운 디아스포라 Diaspora 가 시작되었다. 나라도 없이 장기간의 유랑생활을 하는 동안 유대인들을 결속시킨 것이 랍비 Rabbi 들에 의한 음밀통치체제 Cathedocracy 였다고 존슨은 서술하고 있다.

유대인들은 가는 곳마다 공동체에 시나고그 synagogue 라는 교회당을 세웠다. 교회당은 유대인을 결속시켜 공동체의식을 유지하고 후손에게 전승시키는 종교적인 예배장소이자 유대인 자녀들이 정체성을 유지하게 하도록 교육시키는 장소이기도 했다. 그 중심엔 성경을 공부하던 랍비(율법박사, 개신교의 목사에 해당)가 있었다.

랍비는 종교지도자일 뿐 아니라 국가를 잃고 방랑하던 유대인들에게 사실상 지도자의 역할을 했다. 유대인 공동체의 책임자로서 구성원 사이의 분쟁을 해소하고 모세의 법과 600여 개의 규율을 해석하는 역할을 했다. 공동체 하나하나가 초超미니정부와 같은 곳이었다. 그것을 존슨은 음밀통치체제라고 부르고 있다.

유대인들은 유럽의 여러 나라에 흩어져 살면서 심한 차별과 학대를 받았다. 특히 기독교(프로테스탄트)가 번성한 나라에서 그랬다. 예수를 죽인 유대인에 대한 기독교도의 반감 때문이었다. 특히 영국과 프랑스에서 유대인 학대가 심했다. 유대인들은 학대를 피해 한곳에 모여 살면서 되도록 외부와의 접촉을 피했다. 그런 유대인의 거주지를 16세기 베니스의 지역 이름을 따서 게토 Ghetto 라고 불렀다.

유명한 셰익스피어의 희곡 '베니스의 상인'에서 나오는 유대인에 대한 이야기는 그 당시 학대받던 유대인을 묘사한 이야기이다. 동유럽의 폴란드, 헝가리, 체코에 '게토'가 많았다. 우수한 젊은 유대인들은 게토를 떠나 다른 서방국가로 나가 그곳에서 교육을 받아 정착하였다.

게토를 떠나 외국에 가서 자리 잡은 유대인들 가운데는 정계, 재계, 예술계, 학계 등 중요 분야에서 두각을 나타내는 인물이 많았다. 예로 영국의 수상을 지낸 디스레일리Disraeli, 은행가 로스차일드Rothschild 일가, 음악가 멘델스존Mendelssohn, 철학자 스피노자Spinoza 등이 외국에 정착하여 성공한 유대인들이다. 그리고 그 외에도 많은 인재들이 배출되었다. 서방국가들도 다수의 유대인을 이민으로 받아들였고 많은 유대인이 미국과 독일에 정착하였다. 서방의 기독교 국가들이 유대인 이민을 허용함으로써 유대인들이 오랫동안 받아온 차별과 학대에서 점차 해방되기 시작했다. 그때를 해방시기emancipation라고 부른다. 19세기 이후의 일이다.

카를 마르크스(1818~83)는 그런 '해방기'에 독일에서 태어났다. 대학에서 철학을 공부했고 한때 '젊은 헤겔Young Hegelian'이라는 별명을 얻을 정도로 헤겔철학에 심취하였다. 대학강사로 있다가 급진주의적 성향의 유대인인 헤스Hess가 경영하던 쾰른Cologne 지방 신문사Reinnische Zeintung 의 편집장이 되었다. 그러다 프러시아 정부가 그 신문을 폐간하고 헤스와 마르크스에게 체포령을 내리자 두 사람은 파리로 피신했다. 파리에 간 마르크스는 생시몽Saint Simon의 공상空想 사회주의를 따르던 젊은 유대인 지식인들을 만나 사귀게 되었다.

파리에 있는 동안 마르크스는 유대인인 하인리히 하이네Heinrich Heine (1797~1856)를 만나 가까운 친구가 되었다. 하이네는 많은 독일가곡들의 가사로 사용된 시를 쓴 유명한 유대인 시인이다. 하이네는 한때 생시몽의 제자였다. 하이네는 그 당시의 '히피hippy'라고 할 정도로, 자유분방하며 문란한 생활을 하고 있었고 기회주의적인 성격의 소유자였다.

하이네는 정통유대교인의 가정에서 태어났지만 파리에서 만난 유대인 친구들에게 개신교의 교회에서 세례洗禮받는 것이 '유럽사회에 들어가기 위한 입장표'라면서 자진해서 개신교로 개종한 인물이었다. 처세술도 능했던 시인이었다. 그러면서 '종교는 정신적 아편'이라고 농담 반 진담 반 조로 말하기도 했다.

후에 마르크스는 하이네의 이 표현을 바꿔 '종교는 인민의 아편'이라 했다. 하이네는 유명한 재벌인 로스차일드에게도 접근하여 금전적인 도움을 받기도 하였다. 그러면서 하이네는 "사회주의적 혁명의 장래에는 피비린내가 나고, 신神은 없으며, 셀 수 없이 많은 사람들을 때리는 소리가 난다"고 쓸 정도로 혁명에 대해 적극 반대하는 입장을 취했다.

사회주의자이던 마르크스와 사회주의를 비판하던 하이네가 어떻게 가까울 수 있었을까 하는 의문이 생기지만, 이유는 둘 다 시를 좋아했기 때문이었다. 그리고 또 하나의 중요한 공통점은 철저한 반유대주의자 Anti-semitism였다는 점이다. 둘을 가깝게 만든 것은 둘이 모두 유대인 골수분자인 동시에 유대인을 가장 증오했다는 역설paradox적인 사실 때문이었다. 마르크스는 유대인을 비판하는 「유대인문제Jewish Question」라는 논문에서 유대교와 유대인을 비판하기도 했다.

두 사람은 서로에게 보낸 글에서 친구든 적이든, 심지어 자기들에게 혜택을 준 사람까지도, 마음에 안 들면 가장 악의에 찬 독설을 퍼부었다. 유대인으로 받은 천대와 비난을 참아오며 쌓인 스트레스를 푸는 하나의 카타르시스적 방법이었는지 모른다. 유대인에 대한 증오심은 그 당시 해방된 유대인 배교자背敎者 사이에 볼 수 있는 하나의 특이한 자아증오 심리의 표현이었다. 마르크스는 유대주의에 대해 무식하다 할 정도였지만 그가 유대인의 특성을 지닌 사람이었다는 사실은 의심할 여지가 없다.

마르크스에게 깊은 영향은 준 것은 헤겔F. Hegel(1770~1831)철학이었다. 특히 소위 '젊은 헤겔주의자Young Hegelian'라고 불리는 그룹에 속해 있을 때 헤겔의 변증법과 역사철학에 심취하였다. 그러다 얼마 후 그의 스승의 주장을 완전히 뒤집어엎는 주장을 했다. 헤겔이 정신(이데아idea)을 역사 발전의 동인으로 본 데 반해 마르크스는 물질인 생산양식을 역사발전의 결정요인이라고 주장했다. 헤겔이 주장한 정신이라는 상부구조가 하부구조를 결정하는 것이 아니라, 거꾸로 하부가 상부를 좌우한다는 것이다. 그래서 마르크스가 헤겔의 주장을 전도顚倒, turn it upside down 시켰다고 한다.

마르크스주의의 주요명제

헤겔의 주장을 전도시키고 생산양식이라는 하부구조의 결정론을 주장한 마르크스가 내세운 기본적인 명제命題, proposition로 다음 여섯 개를 들 수 있다. 첫째로 유물사관이다. 둘째로 변증법적 변화론이다. 셋째로 소외疎外, alienation론이다. 넷째로 계급투쟁론이다. 다섯째로 잉여가치剩餘價値, surplus value론이다. 그리고 여섯째로 무산계급혁명론이다. 마르크스주의의 여섯 가지 주제들의 내용과 비판에 대해 간략히 살펴보기로 한다.

  첫째로 마르크스는 독일의 유물주의 철학자 포이어바흐Feuerbach의 유물론을 수용하다가 그를 이론만의 유물론자라고 비판하고 자신을 실천적 유물론자로 자처하며 그와 결별했다. 그리고 실재하는 것은 물질이고 그것이 구체적으로 생산으로 나타난다고 했다. 개인의 존재를 결정하는 것은 그가 처한 물리적 조직(환경)이고 그것은 곧 생산양식이며 그런 생산양식이 곧 인간의 생활양식이라는 것이다. 그리하여 경제(구체적으로는 생산수단)와 생산수단의 소유에서 생기는 계급갈등이론을 주개념으로 사회와 역사의 발전에 대해 설명한다. 그런 주장 위에 유물사관을 주장하면서 물질이 하부구조이고 그것이 상부구조(이데올로기)를 결정한다는 주장을 했다. 스승인 헤겔의 관념철학에서 이데아idea가 물질(현실)을 결정한다는 주장을 뒤엎은 것이다.

마르크스주의자들은 경제와 계급요인과 사회 및 역사적 변화 사이에는 마치 서로 연관성을 갖는 기계들을 바꿀 수 없듯이 인간의 행동이나 의지에 의해서는 바꿀 수 없는 불변의 법칙이 있다고 주장하고 있다. 그것을 경제결정론이라 부르기도 한다. 지금도 마르크스주의를 연구하고 긍정적으로 평가하는 사람들 사이에서 마르크스를 경제결정주의자로 볼 것이냐, 아니면 인본주의Humanist적 사회주의자로 볼 것이냐의 논쟁은 끊이지 않고 있다. 일반적인 견해로는 '젊은 마르크스'는 경제결정론에 치중했다가 후에 보다 인간적인 사회주의자로 변했다고 보고 있다.

둘째로 '변증법적 변화론'이다. 헤겔은 『역사철학』이라는 책의 긴 서설에서 동·서양의 역사를 변증법적 논리로 서술하고 있다. 역사의 변화를 모순을 지양하는 과정으로 본다. 그러면서 동양역사에는 그런 모순과 갈등이 없고 오직 왕조들의 존망만이 있는 정적(정체적)인 역사라고 평한다. 헤겔의 영향을 받은 마르크스도 역사는 정thesis과 반anti-thesis 그리고 합synthesis이라는 변증법적 과정을 거친다고 보았다. 역사 속 다양한 세력들 사이에 정과 반의 경쟁과 갈등이 있으며 그런 갈등과정을 통해 역사가 종합적으로 발전한다는 것이다. 그것은 다시 말해서 생산양식의 내부적 모순에서 생기는 계급적 대립이 역사발전의 원동력이 된다는 주장이기도 하다. 노동자와 자본가 사이의 갈등과 투쟁(정과 반)이 혁명을 통해 사회주의사회로 종합된다는 것이다.

셋째로 '소외'라는 개념이다. 소외라는 개념은 본래 헤겔이 제시한 개념으로 마르크스는 자기식으로 인간이 노동을 통해 만든 상품에 의해 인간 자신이 지배당한다는 뜻의 '인간의 자기소외'라는 표현을 썼다. 그러면서 유산계급과 무산계급이 모두 소외를 당하지만 유산계급은 자기소외를 당하면서 행복과 확실성을 간직하는 반면에 무산계급은 자신이 부정되고 있는 감정을 가지며 자신의 무력하고 비인간적 존재라는 현실을 깨닫게 된다고 했다.

마르크스는 특히 무산계급의 소외를 강조하였다. 소외라는 개념은 실존주의적 개념이다. 유대인으로서 유대적 요소에서 벗어나지 못하면서도 유대인이 된 것을 스스로 증오했던 마르크스에게 그 개념은 마음에 와닿았을 것이다. 마르크스는 그 개념을 자본주의사회하의 무산계급의 비참한 양상과 병폐현상을 서술하는 데 활용하였다. 산업현장에서 일하는 노동자들에게 적용하여 노동자는 단지 '상품'으로 전락되고 작업도 비인격화시키는 활동에 불과하다고 비난하였다.

결과적으로 노동자는 동료로부터 소외되어 있으며 자신이 만든 상품으로부터도 소외되며 노동과정에서 소외된다는 것이다. 그러므로 노동자는 비사회적이며 비창조적인 인간이 되어가고 있다고 주장했다. 정통파 마르크스주의자들은 그처럼 소외된 인간을 창조적이고 사회적인 공동체의 구성원으로 만드는 해결책이 바로 공산혁명을 통한 사회주의사회라고 주장하게 되는 것이다.

넷째로 '계급투쟁론'이다. 마르크스는 자본주의 사회에서 일어나는 모든 쟁투와 갈등의 원천은 〈사유재산제〉 때문이라고 보았다. 그것이 생산수단을 소유하는 유산계급(부르주아)과 재산을 소유하지 못하고 노동을 팔아 사는 무산계급 사이에 분열을 가져오게 된다는 것이다. 유산계급은 정치세력과 결탁하여 지배계급을 형성하고 임금인상을 요구하는 노동계급인 무산계급을 권력과 무력으로 탄압한다. 그것이 두 계급 사이의 투쟁으로 나타나게 된다고 했다.

다섯째로 '잉여가치'라는 개념은 두 계급 사이의 갈등원인이 되는 요소를 말한다. 즉 자본주의경제에서 노동자는 구조적으로 착취의 대상이 될 수밖에 없다는 것이다. 그것을 잉여가치라는 개념으로 설명하였다. 자본주의하에서 생산수단의 소유자는 다른 소유자와 계속 경쟁을 해야 한다. 보다 좋고 잘 팔리는 상품을 만들어내야 경쟁에서 살아남을 수 있기 때문이다.

그러기 위해 새로운 기계를 도입해야 하는데 그 경비를 충당하려면 잉여가치가 필요하며 그럴 경우 임금으로 사는 노동자들로부터 착취할 수밖에 없고 노동자가 희생물이 된다는 것이다. 마르크스는 모든 가치는 상품을 생산하기 위해 소모된 노동에서 유래되는데, 자본주의기업가는 노동자들의 노동의 대가에 비해 적은 임금을 지불함으로써 잉여가치를 축적하고 있다고 했다. 마르크스는 그것을 '착취'라고 주장했다.

여섯째로 무산계급혁명론이다. 마르크스에 의하면 자본주의는 항상 생산초과로 위기를 겪는다. 그것이 노동자들의 해고를 초래할 것이고 그들 사이에서 계급의식이 형성되게 된다는 것이다. 계급의식이 형성될수록, 자연발생적인 폭동이 일어나고, 무산계급이 생산수단을 장악하면서 불가피하게 혁명으로 발전하게 된다는 것이다. 마르크스는 말년에 그런 혁명보다는 평화로운 방법에 의한 사회주의 사회로의 이행을 상상해 보기도 했다고 한다.

그런데 진실은 이런 마르크스의 명제가 경험적인 사실에 의해 입증된 것이 아니라 오히려 사실에 의해 부정되었다는 점이다. 다시 말해서 그의 이론들은 진실이 아니라 단순한 주장이었다는 것이다. 첫째, 유물사관으로 역사의 변화를 설명하기 위해 하부구조sub structure와 상부구조super structure라는 애매한 개념으로 결정론을 폈으나 여러 역사학자나 사회과학자가 지적했듯이 역사가 경제 요인 하나로만 설명될 수 있는 것은 아니다. 역사학자들은 유물사관을 〈역사주의Historicism 〉라고 부르고 비판하고 있다. 또 소련에서 공산정치제제를 정당화하기 위해 활용한 것이 레닌·스탈린주의라는 '상부구조'인 것은 아이러니라는 것이다.

역사가 정반합이라는 변증법적 과정을 거친다는 것도 사실이 아니다. 이 논리로 역사발전의 5단계설을 주장했으나, 자본주의체제가 무너지면 '필연적'으로 사회주의체제로 발전한다는 것도 사실이 아니었다.

1917년 러시아 레닌이 주도한 볼셰비키 과격주의자들의 공산혁명이 성공하였을 때 서방세계의 언론은 경쟁하듯 「세계를 흔들어 놓은 10일」이라는 기사를 신문에 실었다. 혁명 당시의 러시아는 표트르 대제大帝 의 서구화정책으로 봉건체제에서 벗어나려던 황제체제의 봉건사회였고 자본주의가 발달하고 산업노동자가 다수를 이룬 사회는 아니었다. 마르크스의 5단계설로 보면 자본주의 단계를 넘어서야 사회주의사회를 이룩할 수 있는데 소련혁명은 마르크스의 단계론으로 보면 두 단계를 한꺼번에 뛰어넘는 것을 의미한다. 모든 사회가 원시사회, 봉건사회, 자본주의사회, 사회주의사회, 그리고 마지막으로 공산주의사회라는 5단계를 겪게 된다는 마르크스의 사회발전이론을 무색하게 만든 것이다.

이 문제는 혁명을 주도했던 레닌이 설득해야 할 심각한 난제였다. 레닌은 사기를 쳤다. 러시아에서 공산주의혁명을 일으킬 수 있는 타당성을 주장하기 위해 마르크스의 5단계론을 수정하여 마르크스가 자기에게 "러시아 같은 나라에서는 자본주의사회 단계를 우회迂廻할 수 있다"고 말했다고 주장한 것이다. 그러나 마르크스가 소련혁명을 예외적인 사례로 인정했는지는 알 수 없다.

마르크스는 인도나 중국 같은 봉건사회가 자본주의사회로 발달한 후 사회주의 단계로 간다는 자신의 주장이 맞지 않다는 비판을 받자, '아시아적 생산양식'이라는 또 하나의 예외적인 발전단계를 만들었다. 어떤 이론이든 주장을 부인하는 사례나 예외가 많아지면, 그 이론의 타당성은 의심을 받거나 부정되는 것이다.

레닌의 주장대로, 마르크스가 "러시아에서는 자본주의사회를 우회하고 사회주의사회로 직행할 수 있다"고 했다는 말의 진원은 찾을 길이 없다. 왜 러시아만 그런 예외가 되는지도 알 수 없다. 소련혁명을 정당화하기 위해 레닌이 확실한 근거도 없는 주장으로 말을 만들어 이용했을 가능성이 크다. 그럼에도 레닌은 소련혁명으로 세상에 전대미문前代未聞의 전체주의적 독재체제를 만들어 놓았다. 그리고 그 체제는 잔인하고 악독한 스탈린에 의해 더욱 공포와 테러로 가득 찬, 악랄한 독재체제로 변모하게 되었다.

마르크스이론의 잉여가치론(사실은 착취론)은 자본주의 기업가와 노동자 사이가 결정론적으로 갈등 관계를 갖는 것으로 볼 뿐 아니라, 착취행위가 노동자를 비인간적인 상태로 만들 수 있다고 보았다. 마르크스주의 연구가들은 그것을 '비참화Emiserization'라는 표현을 쓴다. 영어의 비참한은 'misery'이다. 비참悲慘하게 만든다는 의미이다. '비참화'와 '소외'라는 용어는 마르크스주의 이론에 있어서 '휴머니스트' 마르크스의 면모를 느끼게 하는 표현이다. 노동자들의 비참한 처지에 동정했던 마르크스의 정의감이 나타나고 있다.

그러나 마르크스는 기술발달이 가져온 자본주의체제의 변화와 쇄신에 대해 잘 알 수 없었다. 더구나 자본주의경제가 〈자기교정self adjustment〉의 메커니즘을 내재하고 있는 체제라는 것도 알 수 없었다. 또한 노동운동을 합법화할수록, 노동자들의 단체행동으로 생활조건이 크게 향상될 수 있는 것이 자본주의 사회라는 것도 예상하지 못했다. 노동자들을 잉여가치로 착취하면 무산계급이 혁명을 일으킬 것이라는 예측도 빗나갔다. 마르크스는 사실 경제에 문외한이었던 것이다.

마르크스가 고대하던 사회주의혁명은 유럽의 어느 자본주의사회에서도 발생하지 않았다. 오히려 예상하던 것과 전혀 다르게, 마르크스가 죽은 후 60년이 지나 유럽 자본주의 사회가 아니라, 차르Czar(황제)가 지배하던 농노農奴 사회 러시아에서 의회주의적 사회주의를 주장한 온건세력인 멘셰비키파를 숙청한 레닌과 그를 추종하던 과격파 볼셰비키파에 의해 실현되었다.

마르크스주의라는 '신'이 없는 신학

간략하게 마르크스주의의 주요명제를 살펴보았다. 그것들은 마르크스 연구가들이 공통으로 지적하는 내용이다. 방대한 양의 책을 쓴 마르크스이지만 그가 주장한 핵심적인 명제를 추린다면 여섯 개로 집약할 수 있다는 것이다. 즉 하부 및 상부구조론, 잉여가치론, 소외론, 계급투쟁론, 사회발전 5단계론, 그리고 무산계급혁명론이다. 이것들은 마르크스가 오랫동안 읽은 역사나 경제학으로부터 얻은 결론들이다. 하지만 마르크스의 방법론에는 치명적인 결함이 있다. 그것은 그가 먼저 결론을 내려놓고 책들에서 그의 주장들과 부합되는 사실과 자료를 수집하여 자신의 명제를 증명하려 했다는 비판을 받았다.

독일 철학자 카를 야스퍼스Karl Jaspers는 "마르크스의 저술양식은 조사자investigator의 것은 아니다"라고 하면서 "마르크스가 신념belief을 갖고 궁극적인 진리라고 주장한 것들은 과학자로서 연구조사로 입증한 것이 아니라 '신자believer'로서 주장한 것이다"라고 마르크스의 방법론을 평한 바 있다.

마르크스는 철학자였다. 학문하는 방법도 방대한 철학적 체계를 세웠던 헤겔과 흡사했다. 자기가 세워 놓은 결론을 뒷받침하고 입증해 줄 증거물을 책에서 찾아내기 위해 무한량의 책들을 탐독하였다. 그렇지만 자기의 이론에 반대되는 자료를 수집함으로써, 자기의 주장(사실은 가설들)이 옳지 않다는 주장에 대해 반증反證하는 식으로 증명한 이론은 아니었다.

마르크스는 자신의 사회주의를 다른 사회주의사상과 대비해서 '과학적 사회주의'라고 주장했다. 마르크스는 지난날 파리에서 사귀던 생시몽을 따르던 유대인 제자들과 다른 사회주의 사상가들을 '혁명이론이 없고 비과학적이고 공상空想적인 사회주의자들'이라고 비웃었다. 그런데 마르크스의 '과학적 사회주의'의 방법론도 과학적이기보다 전적으로 책에서부터 추려낸 결론들이다.

마르크스는 한 번도 공장에 가서 구경을 한 적이 없다. 자본주의하에서 일어나고 있는 산업혁명이라는 격동적인 대규모의 변화를 공장 같은 현장에서 직접 체험하기를 피했다. 그의 친구 엥겔스Engels가 마르크스에게 여러 번 공장을 가보자고 권했지만 그때마다 거절했다. 만일 마르크스가 산업현장에 가보고 노동자들과 이야기를 나누고, 또 소유주의 의견을 들어봤다면, 그의 경제에 대한 이해와 주장이 좀 달라지지 않았을까. 그래서 마르크스의 경제학이 '형편없다'는 혹평을 내리는 경제학자가 많다.

마르크스의 '과학적'이라는 방법론은 전적으로 그의 머리에서 나온 구상들이다. 거의 평생을 골방에 들어앉아서 밖의 세상과 단절한 체 우주의 신비를 해결하려 했던 것이다. 그런 식으로 저술한 것이 마르크스의 『자본론』 1권이다. 그 후에 나온 2권과 3권은 엥겔스가 어지럽게 흩어져 있던 마르크스의 글들을 모아 자신이 편집하여 영국에서 출판한 것이다.

마르크스가 유물사관에서 자기가 주장한 철칙들이 인간사회에 영향을 미치는 '능동적이고 역동적인 세력으로 인간 역사를 결정하고 좌우한다'고 주장한 것은 매우 유대인적인 발상이다. 그런 철칙들은 어느 무신론자가 쓴 토라(구약의 모세 5경)와 같은 역할을 한다. 마르크스가 역사 5단계발전론에서 자본주의사회의 종말을 논한 것은 성경에서 말하는 '종말론Escatology'을 상기시키고 발전의 마지막 단계인 공산주의사회는 메시아가 왔을 때의 천년왕국설 같은 주장을 연상하게 한다.

유대인들은 다윗David이라는 기원전 8세기의 출중한 왕을 가장 위대한 왕으로 추앙했다. 이스라엘이 남과 북으로 분단되고 주변의 강대국이 이스라엘을 점령한 후 유대인들을 추방하였을 때 포로로 끌려갔던 유대인들은 다윗 같은 강력하고 위대한 인물이 다시 태어나 이스라엘을 재건할 것이라 믿었다. 그런 인물을 유대인들은 메시아Messia라고 불렀다.

마르크스가 구상한 혁명방식 또한 독특한 발상이다. 그가 생각하는 정치적인 통치방식은 유대인 공동체에서 '선생'으로 불리던 랍비(또는 라바이)들이 통치하던 식의 '음밀통치체제'와 같은 것이다. 마르크스는 유대교의 랍비들 같이 사회주의 이론을 공부하고 역사의 법칙을 이해한 엘리트지식인이 혁명을 주도하고 통제해야 한다고 했다. 마르크스는 그들을 경영자 또는 관리자라고 불렀다.

혁명의 내용을 알 수 없는 무산계급은 단지 혁명에 필요한 수단에 불과하며 그들의 의무는 엘리트에게 무조건 복종하는 것이라고 했다. 이것은 유대인 공동체를 사실상 통치하던 랍비가 일반 유대교인들을 관리하고, 그들의 무조건적인 복종을 강요하면서 미래의 세계를 말하던 음밀통치형식을 공산주의식 혁명 방식으로 옮겨놓은 것 같다.

마르크스가 자기의 이론을 '과학적'이라 했지만 사실은 과학이 아니라 자기가 만든 하나의 신학Theology이었던 것이다. 야스퍼스의 지적대로 과학적 방법이 아니라 마르크스라는 신자가 만들어낸 신학이었다. 그것은 신도 없고, 창조도 없고, 구원과 종말이 가져올 미래가 인간에게 달려 있는 엉성한 신학이었다. 그의 신학은 유대교의 랍비들이 골방에서 성경과 토라Tora를 외우면서 진리를 깨우치는 것과 매우 흡사하다. 마르크스는 매우 종교적인 기질의 소유자였다. 그러나 객관적이고 관찰 가능한 연구를 할 능력은 갖지 못했다. 그런 훈련을 받지도 않았다. 경제학을 제대로 공부하지도 않았다.

마르크스는 계급, 생산양식과 관계, 그리고 발전이라는 주요 개념들을 가지고 역사의 법칙을 설명할 수 있다고 보았다. 부르주아와 프롤레타리아라는 두 계급개념을 만들어 양자 간의 불가피한 적대 관계와 갈등을 논했으며, 역사를 변화시키는 동인들을 논했다. 또 사회의 발전단계로서 노예제, 봉건제, 자본주의, 사회주의, 그리고 공산주의사회라는 5단계설을 논했다.

그런데 재산과 토지의 소유자들로부터 재산과 토지를 몰수했을 때, 그래서 노동자의 천국인 '메시아'의 시대가 왔을 때, 무슨 일이 일어날 것인가?라는 질문에 대해 마르크스는 대답하지 못했다. 그의 신학에 '종말론'에 대한 설명이 없는 것이다. 기독교에서 말하는 '소명calling'사상 같이 많은 사람들 가운데 왜 노동계급만이 '지상 천국'을 건설하는 중대한 임무를 맡게 되는지에 대한 질문에도 답이 없었다. 마르크스는 메시아 혁명이 올 것이라고 예언했을 뿐이다.

1849년 유럽 여러 지역에서 노동자들이 개입한 혁명이 발생했으나 사회주의혁명으로 이어지지는 않았다. 그 후 1859년에도 유사한 상황이 벌어졌으나 혁명은 일어나지 않았다. 결국 마르크스는 자기가 기대했던 '메시아적 혁명'이 도달하는 것을 보지 못하고 1883년 망명지 영국에서 눈을 감았다.

마르크스가 죽은 후 그의 방대한 저서들을 놓고 그에 대한 다양한 주장과 평가가 나타났다. 마르크스의 출생지 독일에서는 그의 영향을 받은 마르크스주의자들 가운데 혁명에 의한 사회주의 건설을 주장하는 과격파와 의회주의를 통한 개혁으로 사회주의를 실현하자는 온건파 사이에 격렬한 논쟁이 벌어졌다. 그 결과 사회주의 이론가이자 정치가였던 에두 아르트 베른슈타인(Eduard Bernstein, 1850~1932)이 정통 마르크스주의를 수정하고 계급투쟁론을 부정해야 한다고 주장하면서 의회주의를 강조한 사회민주당 결성에 참여하였다.

마르크스가 망명하여 생을 마친 영국에서도 마르크스의 영향을 받아 유명한 극작가 버나드 쇼Bernard Shaw와 마르크스주의자인 정치학자 해럴드 래스키Harold Joseph Laski가 중심이 되어 페이비언협회Fabian Society를 결성하였다. 그 협회는 의회주의적 방법에 의한 사회주의를 주장한 점에서 사회민주주의자들의 모임으로 후에 영국노동당 창당의 모태 역할을 하였다. 독일과 영국에서는 정통 마르크스주의가 자리 잡을 수 없었다. 사회주의혁명도 일어나지 않았다.

성경의 내용이나 구절에 대한 해석을 놓고, 많은 교회들이 정통파와 개혁파로 분파되듯이 마르크스주의자들도 서로 다른 해석과 주장을 하면서 분열과 분파과정을 겪었다. 지금도 마르크스를 정의감에 넘치던 과격한 혁명가로 보는 정통파와, 그를 사회 및 역사적 변화에 대한 이론을 제시한 사회주의 이론가로 보려는 주장으로 나뉘고 있다. 최근에는 마르크스 연구가들 사이에 마르크스를 경제학자보다 사회학자로 보려는 추세도 있다. 마르크스의 기본적인 관심이 사회변화의 원인을 규명하려는 것이었다는 의미에서 그를 사회학자로 보려는 것이다.

마르크스의 이데올로기론의 허점

이데올로기라는 말을 처음 사용한 사람은 프랑스의 철학자 트라시Destutt de

Tracy(1754~1836)로 알려져 있다. 그가 쓴 '사상의 과학science of ideas'이라는 말에서 비롯되었다고 한다. 사상을 과학과 합쳐 이데올로기Ideology로 불렀다. 트라시가 생각한 '사상의 과학'은 지금의 심리학에 가까운 것이었다. 인간의 의식적인 사고와 이념의 원천을 밝히려는 것이었다. 그것을 동물학이나 식물학 수준의 과학으로 만들려고 하였다.

그러나 트라시가 쓴 이데올로기라는 개념을 정치적인 상용어로 만든 사람은 마르크스였다. 마르크스는 이데올로기를 '지배계급의 사상', '계급체제와 저들의 항구적인 착취를 지탱하는 사상'이라고 자기식으로 부정적인 의미로 사용하였다. 이것은 그 용어의 원래의 뜻과는 전혀 다른 것이다. 그러면서 마르크스는 지배계급의 사상으로서의 이데올로기는 근본적으로 '잘못된 것'이라고 주장했다. 왜냐하면 그것은 피착취계급으로 하여금 모든 계급사회가 지닌 모순을 알지 못하도록 감추고 있기 때문이라는 것이다. 그리고 피착취계급인 프롤레타리아에게 '가짜 의식'을 심어주면서 자본주의체제를 유지하고 강화하는 일을 하도록 하고 있다고 했다.

그러나 마르크스는 '모든' 이데올로기가 '가짜'는 아니라고 했다. 자기가 주장한 무산계급의 착취론은 거짓이 아니라 '과학적'인 이론이라고 했다. 일반적으로 쓰는 이데올로기는 가짜이지만, 자기가 주장하는 마르크스주의라는 이데올로기는 '과학'이라는 것이다. 과학은 틀릴 수 없다. 그래서 그가 주장한 사회주의 이론은 '과학적 사회주의'라고 주장하였다. 그런데 마르크스 이후의 마르크스주의자들 가운데 '이데올로기'에 대한 상이한 견해들이 나타나게 되었다. '사회주의 이데올로기', '프롤레타리아트 이데올로기', '소비에트 이데올로기' 같은 용어들이 생겨났다. 사회주의 이론을 '과학'이라고 했던 마르크스의 주장과는 반대로 일종의 공식 '이데올로기'를 내세운 공산주의 정권들이 생겼다. 이제는 이데올로기가 '가짜 사상'이 아니라 공산정권을 지탱해 주는 정치적 수단이자, 인민의 세뇌공작의 내용으로 변하게 되었다.

그런데 마르크스의 이데올로기론에는 여러 개의 결정적인 문제점과 오류가 있다. 첫째로 마르크스는 이데올로기의 본질을 논하면서 사유재산에서 오는 이익interest, 다시 말하면 '사유재산제도'를 갖느냐 못 갖느냐가 지식을 좌우한다고 주장하고 있다. 간단히 말해서 물질이 지식을 좌우한다는 뜻이다. 바로 유물사관의 논리이다. 그러나 이익만이 지식에 '결정적'인 영향을 미치는 것으로 볼 수는 없다. 지식은 이익만에 의해 형성되거나 좌우되는 것은 아니다.

둘째로 마르크스는 이익(그에게는 사유재산)을 독점한 세력(지배계급)이 '지식'도 '독점'한다는 주장을 하고 있다. 그런데 이익(사유재산) 때문에 어떤 계급이 지식도 독점하여 역사적으로 오점을 남기거나 오류를 범하게 된다는 주장은 사실과는 다른 잘못된 주장이다. 역사에 나타나는 과오나 잘못은 이익(재산)만이 아니라 인간이 지닌 여러 형태의 열정과 욕망이 판단을 흐리게 하고 그릇되게 행동함으로써 생기는 것이다. 사유재산제만이 '가짜 지식'인 '이데올로기'를 만들어 인간의 판단을 그릇되게 한다는 주장은 근거 없는 주장이다.

셋째로 마르크스식의 이데올로기론은 이익(즉 재산)이 인간의 역사에 대해 의도적으로 부정직한 지식을 갖게 만들고, 나아가 불의Injustice를 조장하고 정당화하고 있다고 주장했다. 그러나 불의의 정도를 어떻게 측정하고 어떻게 설명할 수 있느냐의 문제는 간단치 않다. 어느 정도의 재산을 가져야 어느 정도의 부정을 조장할 수 있는지를 논할 수도 없다. 그의 주장을 따른다면 프롤레타리아는 절대 '정직'한 것이 된다. 반면에 무산계급과 적대적인 모든 계급은 모두 부정직하다고 주장하게 된다. 자신은 정직하나 적들은 정직하지 않다는 주장이다. 이것은 매우 독선적인 주장이라 할 수 있다.

넷째로, 마르크스는 이데올로기에 대한 주장을 정치적 투쟁을 위한 도구로 만들어 자기의 적에게만 적용하고 자신들에게는 적용하지 않았다는 사실이다. 마르크스에 의하면 계급 없는 사회, 인간들의 이익이 서로 상호의존관계를 갖는 공산사회에서는 인간관계에 '이데올로기'가 필요 없다는 것이었다. 이것은 다시 말하면 인간이 재산을 갖고 있지 않으면 강자와 약자 사이에는 차이가 없고 절대적인 권력을 가진 자가 약자들을 학대하는 잔인한 폭정暴政이나 독재체제가 나올 수 없다는 것이다.

이런 식의 주장은 결국 재산을 갖지 않고 있는 사람들은 아무리 악행을 저질러도 용서하고 눈감아 줄 수 있다는 주장이나 마찬가지이다. 그래서 구소련에서는 마르크스가 무산계급의 적들이 조작해 낸 것이라고 비난했던 이데올로기를 '소비에트 이데올로기'라는 이름으로 포장하고 무산계급을 착취하면서 소련과 적대적인 자본주의 국가와의 싸움에 편리한 정치적 선전도구로 사용했던 것이다. 그뿐만 아니라 마르크스주의를 공산주의적 전체주의체제를 공고화하고 통치하는 데 억압적인 수단으로 활용하였다는 것은 하나의 커다란 아이러니가 아닐 수 없다.

마르크스주의 신학의 종말론: 구소련의 붕괴

마르크스주의의 유물사관과 경제결정론, 계급투쟁론, 무산계급 혁명론, 5단계 발전론은 이제는 설득력을 잃은 주장이 되었다. 하부와 상부구조론도 하나의 비유일 수 있어도 그것이 불변의 진리라고 할 수는 없다. 무산계급에 의한 혁명은 어느 나라에서도 일어나지 않았다. 혁명을 이끈 세력은 노동자가 아니라 부르주아 출신이다. 공산체제에서 지배층을 구성한 것도 노동계 출신이 아니라 고등교육을 받은 엘리트층이다. 새로운 지배계급을 형성하는 집권층의 자녀들이다.

자본주의가 망하고 사회주의에 의해 대치된다는 5단계설에도 불구하고 자본주의체제는 전 세계로 확장되고 있다. 공산주의가 실현되면 '국가'라는 탄압적인 강권조직인 '집행위원회'는 스스로 사라질 것이라는 예언도 들어맞지 않았다. 그런데 왜 아직도 마르크스주의는 사람들의 관심을 끌고 있을까?

그 이유는 편견과 차별 속에서 자란 '해방'된 유대인 지식인이자 철학도로서 누구보다 현실부정적이었고 프러시아제국의 전제적 체제 밑에서 숨 막히는 소외감을 느꼈던 청년혁명가 마르크스가 있었기 때문이다. 그가 사회변혁을 추구한 정의감이 강했던 천재적인 인물이었기 때문이다. 마르크스주의 이론이 현실에 맞지는 않았지만 마르크스가 비상한 사상가인 것은 그가 사회와 정치에 대해 매우 '기본적인 질문'들을 제기한 인물이었기 때문이다.

마르크스는 '사회와 역사에 변화를 일으키는 원동력prime mover 이 무엇이냐'라는 기본적인 질문을 제기한 사상가이다. 왜 세상은 이처럼 불공평하고, 정의롭지 못한가? 그것은 '사유재산제'라는 제도 때문이 아닌가? 그렇다면 그 제도를 폐지하고 국가가 재산과 토지를 수용·몰수해서 골고루 나눠주면 '정의'가 실현되는 이상향이 실현될 수 있지 않을까? 이런 질문을 던진 마르크스는 역사나 사회의 모든 변화를 여는 열쇠가 '사유제산제의 폐지'에 있다고 보았다.

그런데 마르크스가 제기한 '사회불평등의 원인이 무엇이냐'라는 적절한 질문에도 불구하고 그가 내린 해답, 즉 사유재산이 모든 사회악의 근원이라는 결론은 맞지 않았다. 사유재산만 없애면 이상사회가 온다는 주장은 현실과 거리가 먼 유토피아임이 드러났다. 그뿐만 아니라 그것을

'실현 가능한 것'으로 맹신하고 착각한 국가들이 모두 몰락하거나 몰락하는 과정에 있다.

　마르크스의 문제제기나 진단은 부분적으로 옳았지만 그가 제시한 처방(공산사회)은 맞지 않았고 그가 믿었던 공산사회는 '천국'이 아니라 '지옥'이 되었다. 그 이유는 간단하다. 마르크스가 인간의 소유욕을 과소평가했기 때문이다. 사유재산제도가 모든 악의 원천은 아니라는 것이다. 충성스러운 공산주의자에게도 '사회'라는 추상적인 상징보다 '자기 개인'과 '가족'이 더 중요하다는 보편적이고 단순한 진리를 과소평가한 것이다. 아무리 이상사회가 좋더라도 그것을 위해 자기와 가족을 희생해가며 충성하는 사람은 없다. "아침에 일하고, 낮에는 책을 보며, 저녁에는 사냥을 나간다"고 『독일이데올로기_German Ideology_』에서 마르크스가 묘사했던 '공산주의사회의 인간상'도 허상에 불과했다.

　만일 공산사회가 '한 사람은 전체를, 전체는 한 사람을'이라는 루소의 표현을 실제로 구현한 이상적인 사회라면, 왜 역사상 유례가 없는 폭력과 테러terror와 공포로 수천만 명을 강제노동수용소에 감금하고 솔제니친이 『수용소군도』에서 서술한 수용소 생활 중에 죽게 만들었느냐는 것이다. 그것이 마르크스와 레닌이 그리던 이상사회였다면 그들은 인간이 얼마나 잔인하고 악할 수 있는가를 보여준 '악과 파괴의 대명사'라는 낙인을 피할 길이 없다.

　구소련 그리고 소련군 점령하에서 공산화된 동구권의 공산국가, 카스트로의 쿠바, 김일성의 북한, 마오쩌둥의 중국은 마르크스주의가 예언한 나라들이 아니라 마르크스주의를 이데올로기로 이용하여 독재체제를 수립하고 정당화하는 데 쓴 나라들이다. 독재자들을 신격화한 나라들이다. 그런데 구소련이 붕괴한 후 동구권 국가들은 탈공산화하였고 쿠바도 최근 개방의 길을 택하였다. 철저하게 봉쇄되어 있는 유일한 공산국가가 북한의 김정은 정권이다. 애매모호한 '주체사상'을 마치 세련된 이데올로기라도 되는 것처럼 포장하여 정권을 위한 세뇌작업에 사용하고 있다.

스탈린과 히틀러가 공산주의와 나치즘 같은 전체주의 이데올로기를 악용하면서 통치하는 것을 체험한 철학자 카를 포퍼Karl R. Popper와 한나 아렌트Hanna Arendt는 이데올로기를 폐쇄적이고 악랄한 목적을 위해 이용되는 사상체계라고 부정적으로 보고 있다. 구소련과 나치독일에서 이데올로기가 그런 일을 한 것은 사실이다.

그러나 이데올로기를 마르크스가 주장한 내용으로 다루지 않고 중립적인 개념으로 이해할 수도 있다. 미국 정치학자 칼 도이치K. Deutch는 이데올로기를 항해하는 배에 없어서 안 될 해도海圖와 같은 것이라며 중립적인 의미로 쓰고 있다. 해도는 배의 항해 목적지까지 길을 안내해주는 가장 중요한 지도이다. 마르크스주의, 자유주의, 자유민주주의, 사회민주주의, 보수주의, 신보수주의, 신자유주의 등 다양한 명칭의 이데올로기라는 사상체계가 정치에서 중요한 역할을 맡는 이유가 그 때문이다. 그리고 이데올로기는 대부분 미래지향적이고 이상주의적이다. 모든 정치체제가 나름대로 이상적인 정치를 하려는 의욕을 보이고 있는 것이다.

그런 목표가 없으면 진보도 있을 수 없다. 이데올로기는 마르크스주의자의 전유물이 아니며 마르크스가 주장한 것 같이 특권지배층이 만든 '거짓 사상'도 아니다. 자유민주주의라는 정치사상 하나만 들더라도 그것은 몇 세기 전부터 서구의 사상가들이 꿈꾸던 이상적인 정치의 실현을 위한 주장을 묶은 사상이다. 인간이 어떻게 하면 정의롭고, 평화로운 정치 생활을 누릴 수 있을지를 사색한 이데올로기이자 사상체계system of thoughts이다.

이것들은 제각기 가치와 정치적 교리에 대한 태도와 성향을 내포하고 있고 그것을 좋다, 나쁘다, 옳다, 그르다, 탄압적이다, 자유스럽다 등으로 단순화하여 판가름하는 것은 의미가 없다. 어느 의미에서 모든 이데올로기는 미래지향적인 내용을 지니기 때문에 모두가 '유토피아'적인 요소를 지니는 것이다. 그렇지만 그런 사상 그대로 정치가 실현된 경우는 지구상에 없다. 따라서 이데올로기와 현실 사이에는 언제나 간격이 있다. 이루고 싶은 것, 바라는 것과 이룰 수 있는 것 사이에는 차이가 있다. 그러나 정치에는 그런 비전이 필요하다. 그래서 정치지도자는 그런 비전을 이데올로기로 감싸서 대중의 지지를 얻으려는 충동에서 벗어나기 어려운 면이 있다.

한때 그런 유토피아를 좇았던 구소련과 동구공산국가는 이제는 과거의 유토피아에서 벗어나 새로운 유토피아를 찾아야 하는 상황에 처해 있다. 그것이 오늘의 러시아처럼 공산주의체제를 포기하지 않은 채 형태만 다른 것으로 변할 것인지, 러시아의 특수성을 지닌 그 나름의 권위주의 체제나 일인지배체제로 굳힐 것인지, 아니면 동구권의 국가들처럼 불안정한 상태에 있지만 자유민주주의체제를 향해 변할 것인지는 지금으로서는 예측하기 어렵다. 그러나 가까운 장래에 중국과 북한에서 마르크스의 종말론이 일어났던 구소련이나 동구권의 뒤를 따르는 변화가 생길 확률은 매우 낮아 보인다.

한국 좌익세력의 이데올로기는 어떤 것인가?

한국의 좌파는 일찍부터 고전 마르크스주의의 세례를 받은 역사를 가지고 있다. 일본은 일찍부터 명치시대에 서구문물을 도입하고 모방하였다. 일본에 유입된 서구문화 중에는 서구의 정치사상도 포함되었다. 러시아에서 공산주의혁명이 일어난 후, 일본의 학계와 지식인 가운데 마르크스주의와 그외의 다양한 사회주의사상에 대한 관심이 생겨났다. 다수의 사회주의 관계서적이 출판되었다.

주한 미국대사관의 문정관을 지낸 그레고리 헨더슨G. Henderson 은 그가 쓴『한국: 소용돌이의 정치』에서 1930년대의 서울은 각양각색의 서구사상의 집합장소였다고 쓰고 있다. 마르크스주의, 공산주의, 사회민주주의, 무정부주의, 민족주의, 민주주 등 다양한 사상을 추종하려는 지식인들이 살고 있었다고 쓰고 있다. 대개 일본에서 유학하고 돌아온 사람들이었다.

식민지에 살고 있던 많은 지식인들은 마르크스주의가 민족해방투쟁을 위한 적절한 이념이자 혁명을 위한 투쟁방식을 제시하는 것으로 생각하였다. 후진국이었던 소련의 공산혁명이 식민지의 해방을 위한 모델이 될 수 있다고 본 것이다. 여러 명의 조선의 청년들이 모스크바로 유학을 떠났다. 조봉암과 김준연이 일제식민기에 모스크바에 유학했던 정치가들이다.

일본제국의 식민지 조선에는 전국적인 조직망을 가진 일본 헌병군사령부와 일반경찰조직뿐만 아니라 고등계 형사가 수시로 지식인들의 동향을 감시하고 있었다. 독립운동과 관련되었다고 의심만 받아도 영장 없이 예비구속하였다. 그럼에도 불구하고 조선에서 지하조직을 통해 비밀리에 항일활동을 했던 공산주의자들이 존재하였다.

마르크스주의는 다양한 의미를 갖고 있다. 어떤 마르크스주의냐 하는 것이다. 젊은 시절의 마르크스의 주장들이냐, 노년기와 수정주의적 마르크스주의냐, 어느 시기, 어떤 주장을 한 마르크스주의를 진정한 의미의 마르크스주의라고 부를 수 있느냐는 질문에 대한 대답이 간단치 않다. 그래서 좌파 정당들 내부에서 그런 해석을 놓고 논쟁이 끊이지 않았다. 오늘날의 북한과 같은 공산정권들이 주장하고 믿고 신봉하고 싶었던 마르크스, 자기의 정권 강화를 위해 필요한 마르크스, 독재체제를 미화하기 위해 분장한 복수의 마르크스 중 어떤 마르크스를 따르느냐 하는 문제는 간단하지 않다.

한국에서 좌파라는 의미는 넓은 의미로 사용되고 있다. 보수주의의 반대개념으로 사용되나 그 범위는 매우 광범위하다. 좀 과장해서 말한다면, 트로츠키주의, 스탈린주의, 레닌주의, 무정부주의, 공상^{空想}적 사회주의, 민주사회주의, 녹색주의는 좌파의 이념들이다.

그러나 위에 나열한 좌파 이데올로기들은 모두가 같은 것은 아니다. 크게 나누어 과격주의와 진보주의로 구별한다. 과격주의는 구소련이 지향했던 공산사회라는 유토피아를 실현한다는 목적으로 '혁명' 같은 폭력이나 무력을 동원하여, 기존의 정치·경제·사회구조와 조직들을 완전히 파괴하고, 완전히 다른 형의 정치·경제·사회구조를 조성하려는 것을 말한다. 이것이 과격주의 또는 급진주의의 대표적인 예이다.

그것과 대조적으로 대의기구인 국회를 통해 법률을 기반으로 점진적이고 온건한 방법으로 정치, 경제, 사회구조를 개혁하려는 이데올로기는 진보주의이다. 독일의 사회민주당, 영국의 노동당, 스웨덴, 노르웨이, 핀란드에 있는 사회당은 모두가 진보적이지만 과격주의나 급진주의 정당은 아니다. 합법적인 방법이냐 폭력과 혁명적인 방법이냐의 차이다. 그런데 그 차이는 매우 크고 그 결과도 크게 다를 수 있다. 유럽에서 사회민주주의와 자유민주주의를 택한 국가들은 입법을 통한 개혁을 통해서 점진적인 진보를 가져온 국가들이다.

상해 임시정부시절에도 정부 내에 민주주의자, 의회주의자, 그리고 공산주의자 사이에 대립이 있었던 것은 이미 알려진 사실이다. 그런 대립은 해방 후 정부수립을 앞두고 더욱 예리하게 나타났다. 건국이념을 무엇으로 할 것이냐는 심각하고 쉽게 양보할 수 없는 중대한 쟁점이었기 때문이다. 2차 대전 종료 후, 임시정부에 있었던 공산주의자 중 거의 모두가 북한으로 갔다. 공산주의사회를 건설하겠다는 것이었다.

남한에서는 해방 직후, 미국의 이승만과 임시정부의 김구를 위시한 요인들이 귀국하기 이전에, 조선총독부와 협의 끝에 여운형이 건국준비위원회(건준으로 불림)를 구성하여 남한의 치안 담당과 조선 내 일본인들의 모국 귀환을 돕는 역할을 맡았다. 여운형 자신은 진보적인 좌파였으나 건준에는 다양한 좌파 정치세력이 가담하였는데, 남로당도 여기에 참여하였다. 미군이 인천에 상륙하여 서울에서 군정을 시작하면서 여운형의 '건준建準'을 해체하도록 명령하였다. 그것을 합법적인 단체로 인정하지 않은 것이다.

박헌영과 이승엽은 국내에서 활동하던 공산주의자였다. 해방 직후, 두 사람은 남한에서 남로당이라는 공산주의정당을 조직하고 좌익운동을 지휘하게 되었다. 일제시대 국내에서 항일운동을 하다 발각되기 전에 중국으로 피신한 독립운동가는 상해임시정부에서 활동하였다. 혹은 일경에 체포되어 감옥살이를 한 사람도 많았다. 일제 강점기의 항일운동에는 민족주의자들과 공산주의자들이 독립을 위해 공동투쟁을 하는 경우가 많았다.

임시정부 요인들과 이승만은 해방되고 한 달이 지난 9월 중순에 귀국하였다. 귀국한 김구는 독립당을, 그리고 이승만은 초당적임을 자처한 독립촉성국민회(독촉)를 구성하였다. 보수정당으로는 김성수와 송진우가 창설한 한국민주당(한민당)이 있었다. 여운형은 건준이 해체된 후 근로인민당(인민당)을 결성하였다. 이로써 그 당시의 한국의 정계는 박헌영을 중심으로 한 좌파세력과 여운형의 중도좌파, 김규식의 중도우파, 그리고 한민당과 독촉의 우파세력으로 4분화되었다. 박헌영의 남로당은 남한에서 공산주의혁명을 달성하고 북조선의 김일성과 남북통일을 이룬다는 것을 목표로 하고 있었다. 미국과 소련이 조선을 향후 5년간 신탁통치한 후 독립시키는 안을 제의한다는 소식이 들려오자, 우파는 신탁통치안을 거부한 반면, 소련의 지시를 받은 남로당과 좌파는 그 안에 찬성함으로써 좌우가 격렬하게 대립하였다. 미국과 소련도 남북통일 방안을 놓고 완전히 대립하였다. 신탁통치안은 이승만을 비롯한 남한의 우파 정치세력들의 격렬한 반대로 취소되고 말았다.

그 후 미·소 양국은 북한과 남한의 미군과 소련군 주둔사령관을 공동대표로 한 미·소공동위원회를 구성하고 남북한의 민간인단체 대표들을 자문으로 초청해서 통일안을 내도록 하였다. 그런데 회의 시초부터 회의에 초청할 한국인의 좌우 민간단체의 수를 놓고 서로 자기편의 민간단체를 더 많이 초청하려다 합의를 보지 못하고 수차례 서울과 평양 사이를 왕래하며 회의를 가졌으나 끝내 해체되고 말았다.

공동위가 아무 성과 없이 결렬되자, 미국은 소련의 반대를 무릅쓰고 유엔의 감시 아래 남북에서 자유선거를 실시하는 안을 유엔총회에서 통과시켰다. 1948년 5월 한반도에서 제헌국회의원을 선출하기 위한 선거를 감시하기 위해 유엔선거감시단이 내한하여 북한 측의 입국허가를 얻으려 했으나 실패하자 남한에서 단독으로 선거를 실시하였다. 선거 후 남한에 단독정부가 수립되자 유엔은 한국정부를 '한반도의 유일 합법적인 정부The only legitimate government on the Korean peninsula'로 승인하였다. 그러나 단서로 총선이 실시되었던 지역에 한해서 그런 유일 합법적인 정부라는 것을 명기했다. 북한은 제외시킨 것이다.

남한의 단독정부 수립을 위한 총선에 반대한 남로당은 파업과 폭동과 반란으로 단독정부를 전복하려 하였다. 한편, 북한은 남한에서의 단독선거 실시 이전에, 북한대로 입법부 구성을 위한 선거를 실시하면서 남한의 대표선출을 위한 선거를 남한에서 비밀리에 실시하도록 남로당에 지령을 내렸다. 지령에 따라 남한에서 활동하던 좌파인사를 대표로 선출하였다.

남한에서 활동하던 박헌영 남로당수는 교과서를 인쇄하던 조선정판사 精版社라는 인쇄회사 내의 남로당원을 시켜 위조지폐를 찍어 남한의 경제를 교란시키려다 탄로나자 북으로 도피하였다. 나머지 당원들은 지리산과 다른 산악지대를 중심으로 '빨치산'투쟁을 계속하였고 도시에서도 지하에서 저항활동을 하였다.

1948년 8월 15일 남한에 대한민국정부가 수립되었으나 남로당계의 파괴활동은 끝나지 않았다. 또 국회 내에 이승만 대통령의 정책을 둘러싸고 당파들이 대립하고 있었다. 북한의 김일성이 그동안 남한에 공급해온 전기를 중단시키자 산업이 큰 타격을 입었다. 인천항에 미군의 발전선을 놓고 일부 산업에 시간제로 전기를 공급할 정도였다. 그러던 중 남한은 1950년 6월 25일 김일성의 남침으로 3년간 전쟁을 겪었다.

38선 전역에서 급습작전을 벌인 북한군은 노도와 같이 대구와 부산을 제외한 남한 전역을 점령하였다. 북한인민군은 가는 곳마다, 그 지역에서 우파로 불리던 사람들을 인민재판으로 즉석에서 숙청하였다. 인민군이 미처 점령하지 못한 대구와 부산을 제외한 남한의 모든 지역에서 그런 학살이 벌어졌다. 특히 주민들 간에 좌우대립이 심했던 호남지역에서 많은 희생자가 나왔다. 그리고 1950년 9월, 인천상륙작전 후 북진을 시작한 한국군과 경찰이 북진한 곳에서도 인민군에 협력했거나 그런 혐의를 받은 사람을 즉결 처형하는 일이 벌어졌다. 양측으로부터 적으로 몰려 죽어간 이들이 많았다.

양쪽으로부터 증오심이나 사적 원한으로 무고하게 희생된 가족들의 슬픔은 쉽게 사라질 수 없었다. 뼈아픈 슬픔은 당대에서만 아니라 후대에까지 이어졌다. 1950년 전쟁을 겪은 후, 남한에서 '좌익'이라는 말은 거의 '저주'에 가까운 말이 되었다. 국민 사이에 동족상잔同族相殘의 전쟁을 일으킨 김일성에 대한 증오심과 원한이 깊었다. 그래서 반공反共은 애국이고 용공容共은 반역이라는 단순한 흑백논리가 지배하였다. 건국 초부터 국시처럼 간주해 온 '반공주의'라는 매우 단순한 이념이 자연스럽게 남한국민들을 결속시키는 국가목표로 자리 잡게 되었다.

6·25전쟁이 끝난 후 한국은 반공 일색이 되었다. 북한공산정권과 연관된 어떤 사상이나 사람, 행동 등은 모두 감시의 대상이 되거나 법적으로 제재를 받았다. 전쟁 동안 생긴 북한에 대한 증오심이 단순한 흑백논리를 더욱 조장했다. 일반 국민은 마르크스주의, 사회주의, 민족주의, 사회민주주의 같은 복잡한 내용의 이념을 알 수 없었고, '사회주의'와 '공산주의'의 차이도 구별할 수 없었다.

반공주의를 마치 국시처럼 강요했던 이승만 정부는 철저하게 좌파세력을 통제하거나 제거했기 때문에 정부에 반대하는 야권세력은 우파 중에서 나올 수밖에 없었다. 처음에 이승만의 독재를 비판한 한국민주당(한민당)이 그랬고 전쟁으로 한민당이 와해된 후, 그 잔여 세력과 새로 형성된 우파세력이 민주당을 구성하여 이승만 정부를 비판하고 야당을 형성하였다. 이승만이 장기집권하고 정권이 점차 소수의 과두세력이 지배하는 독재체제로 변하면서 우파 반대 세력이 결집하여 이승만 독재정권의 타도를 공동투쟁목표로 세웠다. 선거유세의 구호로 나온 것이 "못살겠다 갈아보자"였다.

우파 일색의 정계가 반공주의와 민주화로 대립하면서 4·19가 이승만 정부의 붕괴를 가져왔고 민주세력이 장면 정권을 수립하였다. 이후 장면 정부가 박정희의 쿠데타로 와해되면서 역사상 처음으로 군부가 현실정치에 개입하는 사태가 일어났다. 3년간의 정치활동 금지기간 중 행정·입법·사법권을 모두 장악한 '최고회의' 시기가 지나고 공화당 후보 박정희의 대통령선출로 군부가 정권의 핵심을 차지한 군부권위주의 정권이 등장하였다.

박정희 정부가 집권한 동안 과거 이승만 정부처럼 박 정권도 민주화를 요구하는 세력의 끊임없는 도전을 받았다. 박 정권이 반대 세력에 대해 강권으로 대응하면 할수록 민주화 세력도 보다 강력하게 저항하였다. 정권과 반대 세력 사이의 대립은 시간이 갈수록 격화되었다.

그것이 극에 달한 때는 유신정치시대였다. 야당은 정권의 조직적인 감시로 활동이 위축되었고 지식인들의 반대도 산발적이었다. 대학을 폐지할 수 없는 상황에서 대학생들이 반정부운동을 주동하는 것을 완전히 막을 수 없었다. 대학 구내와 밖에서 반정부시위를 할 수 있었던 집단은 대학생들뿐이었다. 유신체제의 반대운동 탄압이 격화될수록 대학생 중심의 저항도 격렬해졌다. 그뿐만 아니라 대학생들 사이에 간단히 말하면, 반정부세력과 반정부 차원을 넘어선 남한체제 자체를 부정하는 '혁명운동'이라는 두 갈래로의 대립이 나타났다.

그것이 그동안 한국에서 있었던 모든 학생운동이 취했던 반정부운동과는 궤를 달리하는 양상이었다. 그중에는 남한체제의 부정을 넘어 북한 정권을 찬양하고 그 체제를 이상적인 것으로 동경하는 세력도 나타났다. 또 반정부나 반체제운동에 가담한 학생 중 대학생 중심의 시위에 만족하지 않고 위장취업을 통해 노동자들 속에 들어가 그들을 의식화하는 활동을 벌이기도 했다.

노동자들을 대상으로 반정부나 반체제 논리를 펴려고 하면 자연히 마르크스의 주장인 '착취exploitation'라는 말이 가장 설득력을 지닌다. 사실 그 당시 노동자들이 받던 임금은 겨우 생존을 유지할 정도의 수준이었다. 노태우 정권이 '자유화'를 구실로 노동운동을 인정하자 지하에서 활동하던 대학생과 그들의 영향을 받은 노동운동가들이 민주화 투사로 부상하기 시작했다.

데모에 참가한 대학생의 대부분은 졸업 후 각자 직장을 찾아 사회에 진출하였다. 1980년대에 언론은 그들을 모두 386세대라고 불렀다. 민주화 후, 과거에 지하노동운동을 한 학생 중 일부는 노동자와의 인맥을 토대로 정계에 진출하기도 했다. 그들은 대개 야당을 정계 진출의 발판으로 삼았다. 이미 야당생활을 해온 운동권의 선배들과 지하노동운동 출신으로 구성된 인맥이 중심이 되어 야당에 새로운 피를 공급하게 된 것이다. 이들은 기성 야당의 파벌세력과 달리, 과격하거나 진보적인 사상으로 무장한 신진세력이었다. 김영삼의 상도동 '가신'들이나 김대중의 동교동 '가신'들과도 달랐다. 이들은 자신들이 속한 야당을 좌파적인 방향으로 선회시키는 데 주력했다.

이미 노동운동을 하는 동안 현실정치와 사회에 실망하고 비판해 온 운동권 출신 학생들이 좌경화된 것도 그들의 지하노동운동 경험과 관계가 깊다. 추가로 한국정치의 고질적인 문제라고 할 지역감정도 좌파세력의 결집을 촉진시킨 요인이었다.

한국에서 좌파라고 부를 세력의 결집을 강화시킨 또 다른 요인은 광주민주항쟁의 여파이다. 제2 쿠데타가 일어난 1980년 5월, 광주민주화운동에서 진압부대의 발포로 수많은 학생과 시민이 군의 발포로 사망하였다. 희생자들의 가족과 친구 그리고 친척들 사이에 전두환 정권에 대한 원한은 이루 말할 수 없을 정도였다. 특히 광주나 전남 출신의 대학생 가운데 전 정권에 대한 저항과 항거가 가장 격렬했다. 원한에 찼던 호남지역 출신의 학생이 데모를 주도하거나 자살로 정권에 항거한 경우가 많았다.

좌파의 결집을 촉진시킨 또 하나의 요인은, '나의 적의 적은 나의 친구'라는 심리가 발동한 점이다. 즉 광주사태를 초래한 전두환 정권에 대한 증오가 북한정권에 대한 호기심이나 동정심으로 전이轉移된 것이다.

자기들의 적이 북한을 적대시할수록 북한공산정권에 호감을 갖거나 동정적이 되었다. 특히 김대중 정부가 북한과 교류를 갖게 된 후, 북한에 대한 일반 국민의 인식이 달라졌고, 북한정권에 대한 부정적인 감정이 많이 희석되었다.

아무 죄 없는 백성을 데모했다는 이유로 죽인 군부정권보다 김일성 정권이 오히려 낫다는 식의 주장이 좌파 추종자들 사이에 통용될 수 있는 여건이 조성되었다. 주체사상에 대한 관심이 커갔고 김일성의 일제시대의 유격대 경력을 과장한 북한의 선전을 그대로 받아들여 김일성을 '민족주의자'로 긍정적인 평가를 하려는 경향도 나타났다. 반대로 이승만은 독재자로, 또 박정희는 만군 출신이었다는 이유로 '친일파'라는 낙인을 찍어 비하하며 격하시켰다. 남한에서 벌어진 대학생과 일부 지식인들 사이에서 일어난 급진주의적 경향을 북한이 외면할 리가 없었다. 모든 수단을 동원하여 남한에서 이승만과 박정희를 격하시키고 한국을 혼란 속으로 몰아가려는 활동이 벌어졌다.

또 일부 좌경화 학생 가운데는 '한국의 좌파는 민족주의자요, 우파는 친일파'라는 등식 아닌 등식을 내세워 정계와 사상계 내부에 분열과 갈등을 더욱 첨예하게 만들기도 했다. 이런 흑백논리는 좌파가 흔히 쓰는 이분법으로 소위 이념투쟁을 보다 효과적으로 하는 데 종종 활용되는 수법이다. 북한에서는 친일파로 몰린 사람들은 남한으로 왔기 때문에 숙청할 대상도 없었다. 그러나 해방 후나 건국 후, 미 군정청은 남한에서 군정을 실시하기 위해 조선총독부의 관리로 일했던 조선인을 기용하여 행정을 맡겼다.

또 미 군정청은 국내치안을 유지하기 위해 조병옥을 경무부장警務部長으로 임명하고 일본경찰출신의 사람도 경찰관으로 재기용하도록 하였다. 건국 후 이승만 정부는 미 군정청에 의해 기용된 일경 출신을 그대로 현직에 잔류시켰다. 국내 치안문제뿐만 아니라 공산당과의 투쟁이 격화되면서 반일운동과 독립운동가의 색출에 능했던 일경 출신 경찰관들을 활용하여 공산주의자들을 색출하게 한 것이다. 그들이 '필요악'이긴 했지만, 새롭게 출발하던 대한민국으로서는 대안이 없지 않았을 것이다. 새롭게 시작하기 위해 기존 일경 출신 경찰들을 대체할 경찰관을 새로 충원하여 훈련시킬 수 있었으나, 그 당시의 남한의 치안과 정치상황은 그러기에 매우 긴박하고 불안정했다. 건국 후 이미 기득권을 확보한 일경 출신 경찰의 영향력은 이미 너무 커져 있었다.

남한 내에는 북한은 친일파를 모두 숙청했는데 남한의 이승만은 친일파를 정부의 요직에 기용하여 좌파를 숙청했다는 주장도 있다. 물론 모두가 진실은 아니며, 부분적으로 맞는 것도 있다. 그러나 정치란 간단한 흑백논리로 설명할 수 있는 것이 아니다. 이런 주장은 선전propaganda 이지 사실은 아니다. 사실은 훨씬 복잡한 것이고 설명하기 어렵고, 역사도 모든 것을 설명해 줄 수 없다. 그러나 사람은 복잡한 설명이나 주장보다 간단하고, 단순하며, 듣기 좋고, 그럴싸한 말과 선전에 더 쉽게 빠져든다.

신기루를 좇는 '종북주의'의 이중적 정체성

언제부터인지 확실히 모르지만, '종북주의'라는 말이 나돌기 시작했다. '주사파'라는 말과 동의어로 볼 수도 있다. 어떤 이유이든 북한이 남한의 대안代案이라고 하는 사람들을 지칭한다. 쉽게 말해서 북한을 모범으로 삼고 북한처럼 남한을 바꾸자는 것이다. 김일성을 위대한 인물로 따르고 그 손자가 통치하고 있는 북한을 평등하고 살기 좋은 나라라고 말한다. 극단적으로 소위 민족해방운동NL을 주장하는 사람은 남한에서 혁명을 일으켜서라도 미제국주의자를 남한에서 쫓아내고 북한 같은 '자주적'인 사회주의 국가를 세워야 한다고 주장한다. 그런 이유로 어떤 사람은 주체사상에 빠지기도 하고 북한이 남한보다 '평등'하고 '정의'로운 사회라고 믿기도 한다.

앞에서 인용한 글에서 니버 교수는 '세상에는 영원한 평화도 없고 평등이나 형제애도 없다'고 했는데, 종북주의자의 경우, 오직 북한만이 그런 정의와 평등과 형제애라는 인류 최고의 가치를 구현하고 있다는 것이다. 그들 중에는 남한을 북한 같은 사회로 만들기 위해 북한의 조선노동당(사실은 조선공산당)의 비밀당원이 되어 한국에서 살면서 활동하는 사람도 있다고 한다.

또 종북주의자나 주사파까지는 아니라도 마르크스주의와 북한의 선전과 선동에 빠져 북한이 남한보다 '민족주의적'이라고 소위 '감상적 민족주의'를 그대로 받아들여 '같은 민족끼리' 싸울 필요가 없다느니, 외세에 의해 분단되었으니 같은 민족끼리 통일하면 되지 않느냐느니, 감상적이고 정치학적으로 백치상태白痴狀態에 가까운 생각을 갖고 있는 사람도 있다. 그런 주장이 맞는다면 한민족이 70년 동안 분단 상태를 해결하지 못하고 있는 이유가 외세의 작용이나 남북의 두 정권 때문이 아니라, 지금까지 남북한 사람들이 '자기들이 같은 민족이라는 사실'을 모르고 있었기 때문이라는 것인가.

여러 가지 이유로 한국에 살면서도 자기가 살고 속하고 있는 국가보다 다른 정권이나 국가를 더 낫다고 평가하는 일은 있을 수 있다. 한국에 종북주의자라고 불리는 세력이 등장하게 된 것은 매우 심각하고 불행한 일이다. 그렇게 된 책임의 일단은 한국정치에 있다. 자기가 속한 정치체제를 부정하면서 공산정권을 선호하게 만든 것은 한국의 정치지도자들의 책임이라고 생각한다.

그래도 사상의 자유를 존중한다고 하고 '민주국가'라고 자부하는 한국으로서 북한을 동경하거나 남한보다 북한에 친근감을 갖는 사람을 무조건 제재할 수는 없다. 문제는 그들이 어떤 행동을 취하느냐에 달려 있다. 종북주의라는 말이 함축하는 것은 단지 생각만 한다는 의미만이 아니라 어떤 행동을 한다는 의미도 포함한다. 만일 그것이 한국의 정치질서를 파괴하거나 심지어 국가를 전복하는 데 목적을 둔 행동이라면, 그것은 대역죄treason에 속하며 법의 엄중한 심판을 받아야만 한다. 아무리 훌륭하고 타당한 사상이나 생각을 가진 행동이라도 그것이 국가를 전복하려는 배반행동이라면 그것을 관용할 국가는 지구상에 없다.

남북한이 대화와 교류를 시작한 것은 김대중 정부 때부터이다. 그 후 문재인 정부가 들어서면서 북한에 대한 인식에 많은 변화가 일어나고 있다. 무조건 공포스럽거나 가혹하고 비인간적인 체제와 사회 그리고 언제나 남한을 침공할 능력을 가진 적대적인 북한정권에 대한 획일화된 인상이 바뀌어가고 있다. 이제는 '생각했던 것과는 다른 이미지를 가진 북한'으로, 특히 김정은의 아름다운 아내 이설주의 미모에 반한 젊은 남성층이 늘어나는 상황이 되었다.

그러나 북한은 공산당 없이는 절대로 존속할 수 없는 정권이다. 공산정권은 달리 말하면 공산당이 지배하는 정권이라는 뜻이다. 공산당과 인민군대가 있는 한 북한은 다른 유형의 정권으로 바뀔 수 없다. 공산당이 독재정당으로 지배하고 있는데도, 공산국가가 아닌 나라는 없다. 반대로, 공산당이 합법화되어 있는 나라라도, 그 당이 집권하지 않는 한 그 나라는 공산국가가 아니다. 일본이 한 예이다. 일본은 공산당을 합법화하고 있다. 그러나 일본공산당이 집권할 가능성은 전무하다.

한국의 종북주의자는 일본에서 사회주의혁명을 주장하던 일본사회당 내의 강경파를 연상시킨다. 소련 붕괴 전만 해도 일본의 좌파 지식인들은 북한을 "성공한 사회주의 국가", "공해 없는 가장 깨끗하고 아름다운 나라"라고 입에 침이 마르게 칭송하였다. 이들은 자주 북한을 여행하였다. 일본의 '종북주의자'들이었다. 그리고 방송과 잡지에서 북한을 극구 찬양하였다. 북한을 비난하는 말은 하지 않았고 비판하는 글도 쓰지 않았다. 그랬다간 다시 북한에 들어갈 수 없었기 때문이었다.

그런데 일본의 좌파 지식인이나 대학교수, 공산당원, 정치인 가운데 북한에 가서 살고 있는 사람은 한 사람도 없다. 그렇게 칭찬하고 선전하는 사람들에게 북한에 가서 살라고 하면 모두 도망칠 사람들이다. 여행하는 것은 좋으나 살 곳은 못 되는 곳이라는 것이다. 이중적이고 기회주의적인 일본 좌파 지식인들이었다. 소련이 붕괴한 뒤 그들의 종적은 알 수 없다.

오늘 북한을 남한의 대안이라고 말하는 사람들의 말을 믿고 잠시 혼란을 겪으며 대한민국의 국민으로서의 '주체성'을 상실하고 있는 세대나 세력이 적지 않다는 것으로 알려져 있다. 정체성을 잠시 잃고 있다고 보고 싶다. 그러나 그들이 동경하고 '좋은 정치체제'로 생각하는 북한의 실상은 너무나 참혹하다는 것을 모를 수 없다. 그들은 한동안 일본의 좌파 지식인들처럼 '가장 성공한 사회주의 국가'라는 신기루를 좇아 헤매다가 언젠가 '정체성'을 되찾아 대한민국으로 돌아올 수밖에 없을 것이다.

한국에 떠도는 또 하나의 생소한 말로 '진영논리'라는 것이 있다. 정당정치가 발달한 나라의 정당들은 '진영'이라는 표현은 쓰지 않는다. 영국에서 노동당과 보수당은 각각 진보주의와 보수주의를 대표하고 자유당은 중도세력을 대표한다. 하지만 그들은 서로를 '진영'이라고 생각하며 적대시하지는 않는다. 서로가 민주적인 정당정치의 파트너로 보기 때문이다. 파트너는 적이 될 수 없다. 파트너를 진영으로 갈라놓을 수는 없는 것이다.

영어 'camp'의 번역이 진영이다. 봉건시대 일본의 영주가 진두지휘하던 곳을 진영이라 했다. 미국과 소련이 서로 상용相容할 수 없는 이데올로기의 대립으로 냉전체제를 형성했을 때 한국 언론들은 '양대 진영two camps'이라는 표현을 썼다. 다시 말해서 진영이란 말은 '소련과 미국'처럼 하나가 살면 다른 것은 죽어야 하는, 생사를 다투는 적대관계를 바탕으로 한 대립에 적용되었던 용어이다.

해방정국에서 공산주의자가 중심이 된 남한의 극좌파는 자신들과 적대 세력인 민족주의자와 보수주의 세력을 '보수진영'이라 호칭하며 제거되어야 할 적대세력으로 대하였다. 혁명을 추구했던 극좌세력에게 보수주의자들은 전멸시켜야 할 대상으로 간주되었다. 그러나 지금 민주주의를 지향한다는 이 나라에서, 좌든 우든 정당들이 서로를 '전멸시켜야 할 진영'으로 간주하고 싸운다는 것은 매우 시대착오적이고 우스꽝스럽다.

그런데 왜 민주주의를 국시로 표방하고 있는 한국에서 '진영'이라는 말이 나오게 되었을까? 진영이라는 말은 정치를 마치 자기의 적이 누구인가와 그 적의 목적과 본질이 무엇이며, 어떻게 그를 제압하거나 심지어 없앨 것인가를 생각하는 군사 전략가들이 구상하는 전쟁터를 방불케한다. 민주적인 정치문화에서는 쓰지 말아야 할 부적절한 정치레토릭 rhetoric 이다.

민주정권의 정당정치는 '전투'가 아니다. 혁명을 위한 투쟁도 아니다. 러시아혁명을 이끈 레닌Lenin의 글을 모은 책에서 일관되게 나타나고 있는 것은 자신의 정적에 대한 분석이다. 처음에는 유럽의 사회주의자에 대한 날카로운 비판과 공격으로 시작해서, 후에는 패전 후 러시아에서 일어난, 레닌이 '부르주아혁명'으로 규정한 혁명 초기 비판으로 이어지다가, 혁명 후 멘셰비키를 포함한 적대관계에 있던 모든 세력에 대한 비판과 공격으로 일관되어 있다. 레닌은 러시아혁명에서 자기편과 적대적인 편을 명확하게 가를수록 투쟁을 위한 방향도 보다 명확하고 확실하게 드러난다고 했다.

1919년 스탈린은 'two camps'라고 제목을 단 세 페이지의 짧은 글을 썼다(*The Essential Stalin*, Anchor Books, 1972, pp. 85~88). 이미 그때 스탈린은 세계를 제국주의자와 사회주의자의 두 진영으로 보았다. 2차 대전 후 냉전체제가 시작되던 때 스탈린은 바로 그 '두 진영' 논리를 가지고 대미투쟁을 했다. 그의 두 진영논리도 레닌에게서 유래된 것이다. 그것이 바로 혁명을 추구하던 레닌과 그 후 레닌을 승계한 스탈린의 '진영논리'이다. 그런 배경을 잘 아는지 모르는지 '진영'의 논리라고 하면서 자기편과 다른 편을 구분하고 논하는 것은 마치 레닌에게 멘셰비키는 악이요, 볼셰비키는 선이었던 것처럼, 자기 편은 모두 옳고 정의로우며, 상대편은 모두 악이나 적으로 보려는 매우 배타적인 독선주의에 빠지게 만들 수 있다.

민주국가에서의 정당들은 선의의 경쟁을 하는 집단이어야 한다. 정치는 아군과 적군 사이의 전쟁상태가 아니다. 원수 사이도 아니다. 비록 선거에서 이기고 지더라도 상대방이 지면 손을 잡아 일으켜 다시 싸우도록 하는 것이 민주적인 정당들의 참모습이어야 한다. 여야 사이에 원수란 있을 수 없다. 지금처럼 여야 모두가 '죽기 살기' 식의 투쟁을 하는 한 한국에 정당정치가 자리 잡기란 요원한 일이다. 그럴수록 정권이 바뀔 때마다 감옥 가는 정치인들이 늘어나게 될 것이다.

국민 사이에 정치에 대한 불신과 정당정치에 부정적인 태도가 퍼질수록 한국에 정당정치가 자리 잡지 못하고, 진정한 의미의 대중적 자유민주주의가 뿌리내리기 어렵다. 정당정치의 발전은 정치자금이나 어떤 강제에 의해 이뤄지는 것이 아니다.

궁극적으로 유권자들과 정당과의 관계에 변화가 생겨야 하고 선출직 공무원들과 유권자의 관계에 변화가 생겨야 한다. 현실적이고 실현 가능한 목표와 정강정책을 중심으로 유권자와 건전하고 투명한 의사소통을 활발하게 할 때 정당정치가 발달할 수 있는 것이다.

7장

개혁만이 유토피아로서의
자유민주주의를 지킬 수 있다

자유는 인간에게만 있다. 동물에게는 없다. 자유는 정신적인 것이기 때문이다. 육체를 움직이는 것은 정신이다. 정신과 육체가 다른 것이 아니다. 통일체이다. 인간이 죄를 짓게 만드는 것은 육체가 아니라 정신이다. 수천 년 전 기록된 『성경Bible』에 자유라는 말이 수없이 많이 나온다. 예수 그리스도가 "진리가 너희를 자유롭게 하리라"고 말했을 때 그 자유란 정신적·영적인 자유를 의미한 것이다. 로마제국으로부터의 해방이라는 정치적 의미의 자유는 아니다.

자유를 지닌 인간이기에, 또 그 자유 때문에 죄를 범할 수 있다. 동물은 죄를 모른다. 인간만이 죄를 짓는다. 죄의식이 없는 인간은 동물이나 마찬가지다. 또 인간에게서 자유를 빼앗는다면 인간은 다른 동물들과 다름없다. 조지 오웰George Orwell의 『동물농장』은 그런 인간들이 사는 공산주의 사회를 희화한 소설이다.

구소련은 망했으나 오웰이 그려낸 『동물농장』은 아직도 지구상 여러 곳에 남아 있고 앞으로 생길 가능성도 있다. 인간에게는 죄를 지을 수 있는 자유도 있다. 그러나 그 자유를 다른 인간들의 자유를 박탈하거나 다른 사람을 죽이는 데 쓰는 것은 가장 악한 죄다. 자유를 누리면서 그 자유를 가지고 다른 사람의 자유를 억누르고 심지어 박탈하는 죄를 지을 수 있는 것이 인간이 가진 이중적인 본성이라 할 수 있다.

자유가 있어서 민주주의가 생겨난 것은 아니다. 자유는 민주주의와는 관계없이 그 이전에 이미 존재했기 때문이다. 권력에 의해 신체적인 자유는 빼앗겨도 정신적으로 자유를 누리며 지킨 사람은 많았다. 그러면서 그 대가로 죽임을 당하거나 영어의 몸이 되어 죽어간 사람도 있었다.

고대 그리스에서 실시한 민주주의는 정치적 자유를 누리던 소수의 시민이 참여한 것이었다. 흔히 그것을 민주주의의 효시라고 하지만 극소수가 참여한 정치를 '민주'라고 부르는 것은 모순이다. 소수만이 자유를 누리고 다수는 노예로 사는 사회는 민주주의가 아니다. 민주주의는 모든 국민이 정치적으로 자유롭게 의사를 표하고, 행동하며, 선거로 뽑힌 집권자가 국민을 대신해서 국가를 운영하는 정치체제이다. 그래서 '자유 없는 민주주의'는 있을 수 없다는 것이다.

그래서 자칭 '인민민주주의 공화국'이라 부르면서, 자유는 어느 구석에서도 찾아볼 수 없는 공산주의 정치체제는 자가당착自家撞着, contra-dictory-in-terms 이다. 각양각색의 형용사를 붙인 '민주주의'가 그런 식의 민주주의, 자유가 없는 민주주의다. 인민민주주의, 민족적 민주주의, 교도敎導 민주주의가 모두 자유가 없는 이름뿐인 민주주의이다.

자유는 민주주의가 없어도 존재한다. 하지만 민주주의는 자유 없이 존재할 수 없다. 영국의 예를 보면 민주주의가 확립된 것은 20세기 초반(1890~1900)이었다. 그 이전에 전제군주제에서 입헌군주제로 이행하는 데 수백 년이 걸렸고, 입헌군주제에서 의회민주주의로 변한 것도 19세기 말부터라고 보는 것이 온당하다. 민주주의가 확립되기 이전에 영국 상인들과 농민들의 자유는 많이 억제되었고 소수의 귀족들과 시민들이 제한적이긴 하지만 자유를 누렸다.

그러다 자유가 확대되고 산업화를 거쳐 대중민주주의체제로 변질하면서 자유민주주의라는 용어가 등장하였다. 시민들뿐만 아니라 농민과 노동자를 포함한 일반 대중이 더 많은 정치적 자유를 누리게 되었다. 그런 자유의 바탕 위에 오늘의 영국 의회민주주의가 세계에서 가장 발달된 정치체제로 자리를 잡게 되었다.

유엔의 세계인권선언서와 미국의 독립선언서도 모두 서두에 인간의 자유와 존엄성과 평등에 대한 선언으로 시작하고 있다. 또 자유를 '양도할 수 없는 권리Inalienable rights'라고 표현하고 있다. 아무도 그것을 빼앗을 수 없다고 하고 있다. 강하게 표현하면 목숨을 걸고 지켜야 할 권리요 가치라는 것이다.

자유에 대한 철학자들의 논의는 오랜 역사를 갖고 있다. 자유를 흔히 정치적인 내용으로만 이해하기 쉬우나 자유는 본질적으로 '정신적'인 것이다. 흔히 자유를 논하면서 '무엇으로부터의 자유'와 '무엇을 위한 자유'라고 구별하는 경우도 있다. 그러나 '자유롭다'는 것은 근본적으로 인간의 정신이 자유롭다는 것을 말한다. 양심의 자유라는 표현도 그것을 의미한다.

영국의 헨리Henry 8세가 첫 부인과의 이혼 문제에서 로마교황의 승인을 얻지 못하자 영국 내의 가톨릭교회를 폐쇄하고 새로이 영국의 국교(오늘의 성공회)를 만들었다. 그런 헨리 왕에게 가장 신임을 받았던 토마스 모어Thomas More 경卿이 왕의 잘못을 직고하고 죽음을 택했을 때 그의 죽음은 '종교적 자유, 양심의 자유'를 지킨 예로 볼 수 있다. 왕에게 굴복하여 그의 종교탄압에 동참했다면 위대한 '모어'경은 나올 수 없었을 것이다.

프랑스혁명(1789~99) 당시 시민들이 외쳤던 'Liberty', 'Equality', 그리고 'Fraternity'와 파리코뮌Paris commune이 작성한 '인권선언'도 자유와 평등의 원리를 담고 있다. 자유, 평등, 박애로 번역되는 프랑스혁명의 구호는 서구사회뿐 아니라 전 세계적으로 인간이 실현해야 할 이상과 가치를 천명한 것이다. 그러나 자유와 평등과 박애는 쉽게 실현할 수 없는 이상이다. 모든 국가가 항상 내세웠던 이상이자 명분이지만 그것을 그대로 실현한 국가는 지구상에 없다. 영원히 실현할 수 없는 목표이고 이상일 수도 있다.

자유는 단순히 정치적으로 지배자로부터 피지배자가 해방되는 것만을 의미하지 않는다. 자유는 기본적으로 정신적인 것이기 때문이다. 그것이 육체에서 나오는 것은 아니라는 것이다. 그렇기 때문에 어떤 정치체제도 국민의 신체적 자유는 박탈해도 그의 정신적인 자유는 파괴할 수 없다. 하지만 무력이나 폭력을 가지고 사람을 평생 자유롭게 의사표현을 못 하게 하고 가족 구성원 사이에서 진심을 말할 수 없을 정도로 인간의 행동과 사상의 자유를 속박하고 박탈할 때 인간은 정신적으로 식물인간의 상태에 있는 것이나 다름없다. 그렇게 되면 육체적인 생명은 연명하고 있어도 그 사람은 '혼'이 없는 존재가 된다. 그것이 바로 오늘 이 시점에도 북한 같은 '전체주의체제全體主義體制'의 인간들이 겪고 있는 처참한 모습이다.

초기 자유민주주의의 신조

정치적으로 자유가 박탈당하고 있던 17~18세기 유럽에서 일찍부터 통치자의 압박과 악정惡政으로부터 인간으로서의 자유를 갈망하던 사상가들이 나타났다. 그들을 '초기 자유주의자'라고 부르고 그들이 주장한 내용을 '초기 자유주의Liberalism'라고 불렀다. 이들의 활동은 오랫동안 왕제王制를 지켜온 영국을 중심으로 전개되었다.

한편 프랑스혁명 이후 유럽대륙에 자유와 평등을 주장하는 세력이 늘어나면서 사상가들은 개인의 자유 영역을 최대화하고 공적 권력은 최소화시키려는 데 역점을 두어야 한다는 주장을 내세웠다. 왕권신수설王權神授說을 가지고 무제한의 전제정치를 해온 프랑스를 비롯한 서유럽의 여러 전제주의 국가들에서 제한군주론이 나타났다.

그것을 영어로 자유주의Liberalism 라 부르는데, 같은 자유주의지만 최대한의 자유를 강조한 자유의지론Libertarianism 과 구별한다. 양자 사이에 개인이 누려야 할 자유의 정도나 범위를 놓고 이견이 있다. 이런 구별과 차이는 혁명을 겪은 진보적인 프랑스 및 다른 유럽대륙 국가들과 전통을 강조하는 보수적인 영국 사상가들의 견해차도 반영하고 있다. '해방'을 강조하고 사상과 의지의 무제한의 ′자유′를 주장하는 자유의지론과 정치적 자유를 강조하지만 동시에 상황에 따라 자유도 제한되어야 한다고 보는 자유주의자liberal 의 주장Liberalism 은 구별해야 한다.

다른 나라보다 앞서 산업화를 달성하고 자본주의 경제를 발달시킨 영국에서 먼저 자유와 평등 문제가 주요 사회적 쟁점으로 나타났다. 초기 자유주의자들의 철학은 '공리주의功利主義, Utilitarianism' 철학이었다. 제임스 밀James Mill 의 "가장 많은 사람들의 가장 많은 행복"이라는 주장이 그것을 단적으로 설명한다. 그의 아들인 존 스튜어트 밀John Stuart Mill 은 『자유론』에서 인간에 대한 차별의 부당성을 논하며 그런 차별로부터의 자유를 주장했다.

19세기 자유주의의 대표적인 사상가 존 로크John Locke 의 최대 관심은 자유와 견제를 강조하면서도 '사유재산'을 보호하는 것에 역점을 두었다. 정부가 그 권리를 침해할 경우, 시민들은 불복종해야 한다는 것이 그의 저서『시민정부론』의 요점이다. 존 스튜어트 밀은 사랑을 할 수 있는 자유를 누구도 간섭해서는 안 된다는 것이었다. 인간을 차별하지 말아야 한다고 했다. 사실은 밀은 어떤 기혼 여성과 연애 중이었는데 그 때문에 불륜이라는 비판을 받았다.

18세기 말에서 19세기 중반에 이르는 초기 자유주의는 그 당시 영국이 겪고 있었던 산업화와 자본주의를 위해 적절하고 필요한 사상적 기반을 제공해 주었다고 할 수 있다. 초기 자유주의 사상가들이 사유재산제를 강조한 것이나 인간 개인의 자유와 존엄성을 강조한 것은 자본주의체제를 뒷받침하는 데 긍정적인 역할을 했다. 그러나 개인적인 차원의 자유나 재산보호를 주장했으나 귀족사회의 전통이 강했던 영국이라는 점도 있었지만, 산업화에 따르는 빈부격차와 관련해서 나타난 평등문제는 아직 그들의 적극적인 관심을 끌지 못했다.

초기 자유주의 사상은 정치권력을 제한하는 데 역점을 두었다. 그것은 경제적으로 자유방임주의Laisez faire 사상의 등장에도 영향을 미치게 되었다. '눈에 보이지 않는 손'에 의해 운영되는 경제를 가장 바람직한 것이라고 한『국부론』의 저자 애덤 스미스Adam Smith 의 주장은 존 스튜어트 밀의 반간섭주의와 일맥상통하는 것이다.

그것은 정부의 경제에 대한 간섭을 반대하는 것이고 정부의 개입이 적으면 적을수록 경제는 스스로 잘 작동할 수 있다는 이론이다. 그런데 이런 주장의 결정적인 오류는 인간이 얼마나 탐욕스러운 존재인가를 간과한 데 있다. '보이지 않는 손'은 남들의 희생 위에 자기 이득만을 챙기는 탐욕으로 변할 가능성이 있다. 그것은 실제로 산업화와 자본주의 경제가 비약적으로 발전을 이룩한 19세기 말에서 20세기에 들어선 영국 사회에 해결하기 어려운 사회·정치적 문제들을 야기하였다. 초기 자유주의 사상의 근본인 '정부의 간섭을 최소화할수록 좋다'는 가정이 도전을 받게 된 것이다.

초기 자유주의 사상들은 다양하다. 그러나 한 가지 공통점을 찾는다면, 그것이 인간 사회에 대해 매우 낙관적인 사상을 바탕으로 하고 있었다는 점이다. '가장 많은 사람이 가장 많이 행복을 누릴 수 있는 사회'란 유토피아다. '보이지 않는 손'의 신비도 인간의 무한한 가능성을 전제로 한다. 모두가 낙관적이고 인간의 능력에 대한 무한한 자신감이 바탕이 되고 있다. 그런 자유주의적 낙관론과 진보사상이 유럽대륙의 여러 국가에 영향을 주었다. 이탈리아의 통일, 미국의 노예제도 폐지, 러시아의 농노 해방은 자유주의 사상을 체득한 그 나라의 개혁가들에 의해 이루어진 성과들이었다.

20세기에 들어서면서 초기 자유주의는 안팎으로 도전을 받았다. 첫째 도전은 영국의 사회주의자들로부터 왔다. 산업화의 발상지인 영국, 그리고 초기 산업자본주의 시대에 들어서서 노동자와 경영진 사이에 갈등이 심화되었던 시기에, 영국으로 망명한 카를 마르크스는 그의 친구 엥겔스와 함께 생시몽의 공상空想 사회주의를 비판한, 이른바 '과학적' 사회주의를 부르짖으며 『자본론』에서 자본주의의 모순을 지적하였다. 그것이 영국의 사회주의자와 노동자들의 큰 호응을 얻었고 그들의 계급의식을 함양시키는 결과를 가져왔다. 노동계층은 자유방임주의 경제와 초기자유주의 사상에 대한 적대적 반감을 나타내게 되었다.

영국이 밖으로부터 받은 도전은 전쟁의 위협이었다. 초기 자유주의 사상과 사회주의가 대립하던 시절, 세계는 제국주의 국가들이 식민지 쟁탈전을 벌이고 있었다. 그리고 제국주의 국가들의 군비 경쟁이 상승작용을 일으켜 마침내 1차 세계대전의 발발을 가져왔다. 세계대전은 독일과 오스트리아의 패전으로 끝나고 불안한 평화가 잠시 유지되었다. 그런 가운데 러시아에서는 대전에 참가하여 패전한 군대의 반란과 레닌에 의한 공산주의혁명이 일어났고, 역시 전쟁에 패전한 독일에서는 히틀러의 나치즘이 등장하여 자유주의 국가인 영국과 미국을 위협하게 되었다.

진보와 보수를 수렴한 현대자유주의

이미 1차 세계대전을 전후해서 자유주의자들 사이에서도 초기 자유주의 사상에 대한 심각한 비판론이 대두되고 있었다. 그것을 '후기 자유주의'로 부를 수 있고 개혁 자유주의라 부를 수도 있다. 초기 자유주의를 소극적 자유주의로 본다면 후자를 적극적 자유주의로 구별할 수 있다. 모든 사상이 그렇듯 초기나 후기에 자유주의라는 명칭으로 불린 주장들도 단일적이 아니고 복합적인 내용을 갖고 있다. 현대 정치학에서는 그것을 '현대 자유주의'라고 칭한다. 이처럼 다양한 명칭으로 불리는 후기 자유주의의 한 가지 공통점은 '정부의 역할과 개입'을 강조한다는 점이다.

초기 자유주의가 소극적인 자유를 강조한 것이라면 후기 자유주의 사상은 모든 인간이 자유를 누릴 권리가 있다는 주장을 토대로 하고 있다. 특히 2차 대전 전에 이미 영국에서 마르크스의 영향을 받은 혁명적인 사회주의자들이 정치세력을 형성하여 여러 차례 폭동을 일으키고 있었다. 이런 급진적인 정치세력에 대응하려는 움직임이 두 갈래로 나타났다.

하나는 페이비언협회Fabian Society의 창설이다. 영국의 대문호 버나드 쇼가 주동이 되어 저명한 지성인으로 구성된 조직으로 이른바 '진화적 사회주의' 또는 의회중심의 사회주의의 이론적 토대를 만든 사상가 집단이다. 그것은 독일 노동운동의 대가 베른슈타인Eduard Bernstein이 이미 제안했던 수정 사회주의 이론으로 오늘날 영국의 노동당과 독일의 사회민주당SDP 의 이념적 토대와 원리를 제공하게 되었다.

또 하나의 갈래는 자유주의자들 사이에서 일어났다. 그것은 주로 사회복지주의 정책을 주장하는 것으로 나타났다. 국가의 간섭을 최소화하려는 것이 아니라 국가의 적극적인 개입을 강조한 것이다. 그것을 주도한 것은 그린T. H. Green, 홉하우스L. T. Hobhouse, 홉슨J. A. Hobson으로 이들은 자유가 인간을 홀로 있게 하는 것이 아니라 인간 개인이 지닌 성장과 자기실현의 잠재력을 개발하여 스스로 발전할 수 있게 해야 한다고 주장했다. 그래서 저들을 '사회적 자유주의자'라고도 불렀다.

자유주의를 초기와 후기로 구분할 때 쓰는 표현으로 '무엇을 위한 자유'와 '무엇으로부터의 자유'가 있다. '무엇을 위한'이란 자기 재산을 지키기 위한 자유, 자기의 종교를 지키기 위한 자유, 사랑을 할 수 있는 자유와 같이, 자기를 위한 자유라는 뜻이다. 반면에 현대 자유주의자, 또는 적극적 자유주의자들은 국가와 사회가 공동노력으로 해결해야 할 사회적 과제로 다음과 같은 것들을 말한다. (1) 폭력이나 무력에 의한 공포로부터 자유로운 것, (2) 인간의 권리가 강탈되거나 짓밟히는 것으로부터 자유로운 것, (3) 무지無知로부터의 자유, (4) 굶주림으로부터 벗어나는 것, (5) 질병으로부터 벗어나는 것이다.

적극적 자유주의의 주장을 구체적으로 해결하는 정책들로 나타난 것이 오늘날 '복지국가'라 불리는 유럽의 많은 국가들이 실천하고 있는, 인권 보호, 의무교육제, 사회안전망을 확대하기 위한 다양한 사회보장, 그리고 국가가 의료비를 지원하는 의료보험제라고 할 수 있다.

현대의 적극적 자유주의는 개인들로 하여금 스스로 능력의 성장을 통해 자신의 어려운 처지나 환경을 극복할 책임을 갖는 도덕적 선택을 하도록 도와주고 키워줘야 한다고 주장한다. 사회적 책임을 져야 할 문제로 빈곤퇴치, 무지, 나태함, 질병, 그리고 불결함을 든다. 이 다섯 가지

문제를 '사회적 악'이라고 불렀다. 따라서 그런 '악'은 개인이 노력도 중요하지만 사회가 책임을 져야 한다는 주장이다. 교육, 위생, 후생과 복지를 위한 국가 차원의 정책을 통해 '복지국가'로 인간의 자유를 보존해 가도록 해야 한다는 것이었다.

사회복지 정책의 추진을 주장한 후기 자유주의자들은 정치 분야에서 자유주의 원리에 대해서도 논의하고 있다. 저들은 자유가 핵심적인 가치임을 지적했다. 그러면서 '자유'가 법의 구속을 받아야 한다는 것도 강조했다. 개인이 타인의 자유를 위협할 경우 그것은 자유가 아니라 방종放縱이라 했다. 그래서 개인은 자유를 얼마든지 향유할 수 있지만 그것이 모든 사람들의 자유와 일치되는 것이어야 한다는 것이다. 후기 자유주의자들은 국가가 보장할 정치적 가치로 이성, 평등성, 관용, 동의同意, 그리고 법치주의를 강조한다. 자유주의자에게 이런 가치들의 실현이 역사와 인간 사회의 모든 어려운 문제를 풀어가는 데 도움이 되는 열쇠가 된다는 것이다.

자유주의는 인간들의 '평등'을 중요한 가치로 여긴다. 인권사상의 원천이 되는 것은 평등이다. 미국의 권리장전선언문Bill of Rights은 "모든 사람은 평등하게 창조되었다created equal"로 시작한다. 자유주의는 '관용'을 강조한다. 이것은 정치에서 적대적이거나 갈등을 빚고 있는 상대들이 서로의 입장에 대해 이해와 관용을 베풀어야 한다는 주장이다. 인간은 누구나 '절대적'으로 옳을 수 없고 그를 수도 없다. 정치적 경쟁자를 적으로 대하는, 관용을 베풀지 않는 정치는 전체주의정치이거나 독재정치이다.

'다수결의 원칙'은 민주주의가 가장 중요시하는 정치적 가치이고 원리이다. 단 1표의 차이라 할지라도 다수로 인정하고 그 결정에 '동의consent'해야 한다. 동시에 다수는 소수의 권리를 존중하고 인정해야 한다. 그것 없이는 서로의 자유를 존중할 수 없다. 다른 방법으로 서로 상대방에 반대한다면 그것은 다수자의 자유와 권리를 빼앗는 것이다. 다수결의 원칙을 존중할 때 상대하고 있는 경쟁자의 자유를 서로 존중하게 되는 것이다. 전원일치 또는 만장일치는 결정에 참여한 사람의 자유의사를 원천적으로 봉쇄하는 공산주의 같은 전체주의체제의 결정방식이다. 제국주의 시대의 일본도 마찬가지였다.

'법치주의'와 '입헌주의'는 자유민주주의의 정치적 신조다. 법에 의한 통치, 법 앞에 모든 사람이 평등하다는 평등주의, 권력의 집중을 막기 위해 만든 헌법을 지키려는 것이 입헌주의 정신이다. 법을 세워야 나라가 선다는 주장인 것이다. 권력자 개인의 순간적인 기분이나 개인적인 이익을 위해 국가이익을 왜곡하거나 희생시키는 공직자들에게 국민이 눈감아주지 말고 책임을 묻도록 하는 정치체제를 만들어야 한다.

자유로부터의 도피가 독재정치를 만든다

자유민주주의liberal democracy는 자유와 민주를 합친 말이다. 자유는 자유주의사상을 낳았고 민주주의는 대중민주주의를 탄생시켰다. 자유는 정신적이고 사상적인 내용을 담은 것이고 민주정치는 정치체제의 유형을 말한다. 두 개의 용어가 합쳐 하나의 정치질서를 구성하는 것이다. 그것이 '자유민주주의'이다.

이미 앞에서 초기나 후기 자유주의 사상의 주요 내용을 요약해 보았지만 한국에서도 시간이 지나면서 자유가 늘어나고 더 많아지는 것은 확실하다. 그래서 교육을 통해 보다 많은 지식을 얻게 되고, 복지정책을 통해 보다 많은 사람이 경제적으로 혜택을 얻게 되는 것처럼, 자유도 더 확산되고 늘어나는 것이다. 보다 많은 사람이 자유롭게 교육을 받을 수 있게 된다든지, 복지정책을 통해 많은 사람이 보다 윤택하게 산다는 것은, 사회가 개인의 자유를 존중하고 그런 기회를 요구하는 국민의 자유가 보장되어 있기 때문에 가능하다.

여기서 제기되는 의문은 '자유'란 질質적인 것인가, 아니면 양量적인 것인가 하는 것이다. 나쁜 자유란 없다. 그렇다고 좋은 자유도 없다. 공산정권의 선전내용물이 주장하는 것처럼 "우리나라는 교육과 식생활을 모두 무상으로 제공하니까 인민들이 누리는 자유가 자본주의 국민들의 자유보다 '좋은' 자유"라고 주장한다. 그때 '좋다'라는 말의 의미는 그런 자유가 자본주의 사회에서 말하는 자유보다 '질적'으로 '좋다'는 것이다. 그럴 경우 '좋다'는 말의 의미는 매우 모호하고 무의미하다. 여기서 말하는 '좋다'의 기준은 지배층의 일방적인 것이지 그 안에 사는 사람들의 의견은 아니다. '좋다'의 의미가 다르게 마련이다. 자유를 질적으로 논하기 어렵다는 것을 말한다. 그래서 자유를 질적인 것으로 볼 수 없으며, 어떤 구체적인 행동에 대해 어느 정도 제도적인 구속이나 제약을 하느냐를 중심으로 자유를 양적으로 다룰 수밖에 없다.

가령 '좋은' 언론과 '나쁜' 언론이라는 말은 의미가 없다. 그러나 제약과 탄압을 받은 언론과, 그렇지 않은 언론의 차이는 논할 수 있다. 박정희 정권 시절에 비해 자유당 시절에 언론의 '자유가 보다 많았다'는 표현은 의미가 있다. 그것을 숫자로 자세하게 제시하기는 어렵다. 그러나 정부의 언론에 대한 규제나 감시의 빈도를 가지고 잴 수는 있다. 권력기관에 의해 얼마나 많은 수의 기자들이 구속되는지를 알 수는 있다. 집회의 자유도 마찬가지다. 좋은 집회의 자유란 없다. 그러나 집회의 자유가 많은지는 알 수 있다. 집회 허가를 받은 수와 거부당한 수를 비교하면 알 수 있다.

자유를 좋고 나쁘고가 아니라 양적인 것으로 볼 때 한국은 과거에 비해 오늘 많은 자유를 누리고 있다. 교육·경제·인권·학문·언론·예술 분야에서 과거보다 더 많은 자유를 누리고 있다. 일본제국주의 식민시대를 비교하면 천양지차이다. 그리고 시간이 가면 모든 분야에서 자유의 수치는 더욱 증가할 것이다. 한국의 여러 분야에서 자유가 더 많아질수록 자유주의는 보다 확고하게 자리 잡게 될 것이다.

그러려면 국민들이 현재 누리고 있는 자유에 대해 고마움과 소중함을 갖고 그것을 보존하기 위해 노력해야 한다. 자유를 많이 누릴수록 행동에 더 많은 책임이 따른다. 자유에는 의무도 따른다. 그것을 망각할 때 자유는 방종이 된다. 방종이 많을수록 사회는 혼란과 무질서로 빠지는 것이다. 보다 자유로울수록 그렇지 못했던 시절을 망각하기 쉽다. 그러면서 자유를 당연시하게 된다. 심지어 자유에서 도피하려는 사람이 늘어날 수 있다.

개인이 소외되고 소속감을 잃어 원자화atomized 된 대중사회에서 사람들은 쉽사리 사이비종교의 유혹에 넘어가고 정치적으로도 극단주의적 집단에 가담하여 과격한 활동을 할 수 있다. 이런 인간들이 다수를 형성할 경우, 그리고 그것을 이용하려는 광신적인 지도자가 나타날 경우, 그런 사회는 우파이든 좌파이든 전체주의적 성격의 체제를 향해 일보 다가서게 되는 것이다. 한국사회의 현재 정치상황을 볼 때 그런 가능성을 배제할 수 없다.

2차 세계대전이 일어난 얼마 후, 히틀러의 우파전체주의인 나치즘 nazism이 유럽을 휩쓸어 사람들이 전쟁의 피해로 고통받고 있던 때, 대서양을 넘어 유럽에서 벌어진 전쟁에 대해 중립주의를 고수하던 미국 국민들은 온갖 사치와 물질적 풍요를 즐기고 있었다. 히틀러와 같은 광기어린 희대의 독재자가 전쟁에서 승리할 경우, 미국국민이 즐기는 풍요와 평화가 하루아침에 사라질 수도 있다는 것을 상상조차 하지 못하고 있었다. 전화戰火로 타버린 유럽을 남의 집 불 보듯 하며 자기들만 즐기고 있었던 것이다.

그런 미국 국민들을 향해 "너희들은 자유로부터 도피하고 있다"고 외친 사람이 『자유로부터의 도피Escape from Freedom』를 쓴 에리히 프롬Erich Fromm이었다. 프롬은 그가 겪은 나치즘의 참혹상과 무자비함을 폭로하면서 전체주의 국가들이 승리할 경우 민주국가들의 자유는 사라진다는 것을 상기시켰다. 1차 대전 후 독일이 나치정권에게 승복하게 된 원인의 하나가 소극적이고 개인주의적인 자유에 탐닉해 있었던 중산층과 지식인층이 스스로 자유를 포기하고 히틀러와 같은 광적인 지도자를 추종하게 된 것이라고 했다. 프롬은 자유를 즐길 뿐 중립주의의 미명 아래 자유에 따르는 책임을 외면하고 있는 미국 시민들을 향해 너희들도 독일의 전철을 밟을 수 있다고 경고한 것이다.

나치독일에서 망명하여 미국 학계에 정착한 한나 아렌트Hannah Arendt는 독일에서의 경험과 소련의 공산정치체제를 분석한 결과를 담은 명저 『전체주의의 기원』을 출간하여 공포와 테러와 세뇌공작으로 유지되는 전체주의체제의 본색을 상세히 폭로하였다. 프롬과 아렌트는 독일 나치즘 치하에서 살다가 미국으로 망명한 사람들이다. 이들은 독일의 지식인층과 중산층이 스스로 자유를 포기한, 자유로부터의 도피 현상을 목격했다. 그 결과 히틀러가 등장했고 나치즘의 침략이 있었고 유대인에 대한 학살을 감행했다고 주장했다.

프롬이 말한 '자유로부터의 도피'는 오늘날 한국에서도 일어나고 있다. 그래서 '자유의 의미'가 한국에서는 절박한 의미를 지닌다는 것이다. 그런데 자유민주주의는 한국에만 의미 있는 가치는 아니다. 그것은 〈자유〉라는 보편적인 가치를 내포하고 있다. 자유의 의미는 미국인들이나 일본인들도 남미의 국민들도 그리고 아시아의 많은 국민들도 추구하는 가치이기도 하다. 민주주의 역시 하나의 정치제도이지만 그 제도가 지배하는 정치를 실현하기 위해 수세기에 걸쳐 많은 국민이 독재정치와 투쟁하면서 쟁취해 온 제도이다.

오늘의 한국이 놓인 정치적 상황으로 볼 때 한국에서 자유의 정치적 의미는 북한 공산주의체제의 위협과 밀접한 연관이 있다. 그 위협으로부터의 자유와 안전이 포함된다. 왜냐하면 그런 안전 없이는 한국에서 정치적 자유도 누릴 수 없기 때문이다. 그러나 그것만은 아니다. 더욱 중요한 의미는 민주적인 가치를 지키는 법치주의와 인권이 존중되어야 한다는 의미의 정치적 자유이다. 그런 점에서 한국에서 자유와 안전은 특별한 의미를 지니고 있다.

그동안 독재정권은 종종 안전을 위한다는 이유로 자유를 제한하거나 크게 통제하는 경우가 많았다. 한국이 처한 특수한 상황 때문에 그런 상황적인 논리가 설득력을 지녔다. 그러나 안전보장을 구실로 장기집권을 하기 위해 국민의 자유로운 참여를 대폭 제한하는 일은 목적과 수단이 전도되는 것이다. 자유를 지키기 위해 안전이 있는 것이지, 안전을 지키기 위해 자유가 있는 것은 아니기 때문이다. 적어도 자유민주주의체제의 이념이나 기본원리로 볼 때 자유를 지키지 못하는 안전은 잘못하면 민주주의도 지키지 못하고 독재로 전락할 수 있기 때문이다. 사실 자유와 안전 사이에는 상황에 따라 갈등과 부조리가 있을 수 있다. 자유를 과도하게 주장하다가 안전을 상실할 수도 있다. 그래서 양자 사이에 균형과 조화를 형성하는 체제가 가장 바람직한 것이다.

민주화를 달성한 오늘의 한국의 문제는 자유가 적어서가 아니라 이미 주어진 자유를 지키려는 사람보다 그것을 당연하게 여기고 그것으로부터 '도피'하려는 국민들의 수가 늘어나고 있다는 데 있다. 자유를 향유하는 데 열중할 뿐 그에 따르는 의무나 책임이나 행동은 외면하는 현상이

지배하고 있다. 그런 사람의 수가 늘어날수록 민주체제가 자유의 '적'에게 쉽게 굴복할 수 있다. 자유도 안전도 모두 잃어버리고 독재정치에 쉽게 복종할 수 있다. 오늘의 한국이 처한 상황은 2차 세계대전 당시 중립주의를 따른 미국 국민들이 누렸던 정치적 무관심이나 여유로움을 가질 수 있는 상황이 아니다. 위태롭고 긴박하며 불안한 상태이다. 지금 동아시아가 핵무기경쟁 상태로 돌입할 위험성은 점점 높아가고 있다. 특히 북한을 비롯한 전체주의 국가들이 한반도 주변을 둘러싸고 있는 것이 현실이다. 유럽에서 전쟁이 벌어졌을 때 남의 집 불구경하듯 했던 과거 미국 국민의 안이安易와 여유를 누릴 수 있다고 생각한다면 큰 착각이다. 대한민국이라는 나라는 정치적·군사적으로 고도의 긴장관계가 계속되는 환경에서 자유와 민주주의와 안전을 지켜야 할 상황이기 때문이다.

'민주주의는 매우 어려운 정부형태' — 윌슨 대통령

자유는 정신적인 것이라고 이미 지적한 바 있다. 아무리 사람을 육체적으로 가두고 행동을 통제하더라도 그의 정신적 자유까지도 박탈할 수 없다. 독립운동을 하다 영어의 몸이 되어도 그의 독립정신까지 박탈할 길은 없다. 그래서 인간을 영靈적 존재라고 하는 것이다.

　민주주의라는 정치체제는 자유를 요구하고 갈망하는 인간들의 본성을 충족시켜 줄 수 있는 정치적인 질서를 창출하려는 오랜 시도 끝에 얻어낸 정치적인 산물이다. 그러나 지구상에서 그런 내용의 정치질서를 유지하고 있는 나라의 수는 매우 적다. 심지어 민주정치를 실시한 역사가 오래된 국가에서도 '완전한' 의미의 민주정치는 없다.

　영어권에서 쓰는 표현 가운데 "Democracy is made by democrats"

라는 말이 있다. 민주주의자라야 민주주의를 만들 수 있다고 직역할 수 있다. 진정한 민주주의자에 의해 정치가 운영될 때 민주주의가 가능하다는 것이다. 그러나 발달된 선진민주 국가에도 민주주의자만이 아니라 반민주적인 정치인들도 있을 수 있다. 그런데도 민주주의가 유지되고 있는 것은 그 정치체제가 '사람'이 아니라 '법치' 그리고 제도에 의해 유지되고 운영되고 있기 때문이다. 민주주의자들이 제도를 유지하고 운영하기 때문이다. 한두 사람의 위대한 사람들에 의해 민주주의가 운영될 수 없는 것이다.

한국은 어느 나라보다 많은 고난과 역경을 겪은 나라이다. 민족분단과 전쟁뿐만 아니라 빈곤과 많은 혼란과 재난을 겪어온 나라가 한국이다. 그런 한국이 자유민주주의를 지키려 하고 있다. 모든 의미에서의 '자유'도 지키고 또 '민주정치'라는 정치체제도 운영하려고 하고 있다. 그것이 결코 쉬운 일은 아니라는 것은 지나간 한국정치가 보여주었다. 어떻게 보면 그런 체제가 우리에게 지나친 욕심이 아닌지 반문할 수도 있다. 아직도 오히려 독재체제 시대가 더 편했다고 생각하고 있는 사람도 많다.

자유민주주의를 신조로 하는 정치체제란 결코 운영하기 쉬운 체제가 아니다. 민주주의라는 정치체제는 자유와 창의성을 가진 인간들일지라도 실제로 그것을 제대로 발휘하면서 정의를 구현하기란 쉽지 않은 정치제도이다. 실현 가능성이 적은 가장 중요한 이유는 그것을 운영하는 인간들이 '천사'가 아니기 때문이다. 인간이란 천사와 악마 사이의 중간적인 존재라는 말도 있지만 천사보다 악마에 가까운 존재일지도 모른다.

그럼에도 불구하고 수천, 수억의 유권자가 참여하는 오늘의 민주주의라는 정치제도를 운영하는 일은 기적에 가까운 것이다. 그것이 민주주의라는 정치체제를 가진 국가가 겪어야 할 까다로운 절차이고 집권자를 고민하게 만드는 이유다. 그래서 미국의 윌슨T. W. Wilson 대통령은 "민주주의는 가장 어려운 정부형태"라고 말했다. 정치학자 출신의 대통령으로 미국정부를 운영했고 정치에 대한 여러 권의 저서를 남긴 그가 민주주의를 이렇게 평한 것은 매우 의미심장한 일이다.

그런데도 왜 세계의 모든 사람들은 민주주의를 논하고 그런 제도를 실시하려고 하는가? 그 말이 '듣기 좋아서'인가? 그렇지 않다. 민주주의라는 말을 사용하게 되는 이유는 간단하다. 개화되고 근대화된 나라는 다시 왕국으로 복귀하기를 원치 않을뿐더러 그렇게 할 수도 없다. 왕족을 찾거나 없으면 왕족을 만들어야 하는 것은 더욱 어려운 일이다. 그렇게 하기보다는 모두가 좋다고 말하는 민주주의를 택하는 것이 무난한 일이다.

그런 이유 때문인지 몰라도 민주주의라는 말이 신생국 사이에 회자되기 시작한 것은 2차 세계대전 직후이다. 심지어 소련과 그 종속국인 동구권 국가들도 '인민민주주의'라는 국호를 썼다. 소련을 따라 공산국가 중공과 북한도 '민주주의'를 한다고 했다. 공산주의를 국시로 한 소련은 단순하게 '소련공산주의국가'라는 말을 쓰기를 원했을 수도 있다. 그러나 '인민민주'를 넣어야 '민주적인 국가'라고 선전할 수 있었던 것이다.

자유민주주의라는 정치체제의 핵심은 복수 정당제를 바탕으로 한다. 단일 정당을 인정하지 않는다. 형식적으로 양당제를 갖고도 실제로 일당제 노릇을 하는 권위주의와도 구별된다. 미국을 비롯해 영국과 일본이 양당제나 다당제를 갖고 있다. 일본의 자민당은 보수 정당이지만 한때 최대 야당이었던 사회당도 의회민주주의체제를 인정한 진보 정당이었다. 미국의 민주당이 서민의 정당이고 약간 진보적이라면 공화당은 기업과 농업인이 지지하는 보수적인 정당이다.

미국이나 일본의 정당이 자유민주주의의 기치 아래 진보와 보수적인 성향을 나타내고 있으나 어느 정당도 자유민주주의체제를 파괴하기를 원하지 않는다. 영국의 경우도 마찬가지이다. 노동당이 진보적이지만 2차

244

대전 후 노동당이 집권하였을 때도 자유민주주의를 부정하는 혁명 정당으로 변하지 않았다. 몇 개의 기본 산업을 국유화했을 뿐이다. 영국은 자유민주주의체제하에서 보수와 진보세력이 공존하고 평화로운 경쟁과 정권교체를 해가며 자유와 민주주의와 평등이라는 가치를 누릴 수 있게 자유의 '양'을 더 많이 신장시켰다

같은 '민주주의'라는 용어를 쓰지만 '자유민주주의'와 '인민민주주의' 사이에는 천양지차天壤之差가 있다. 결정적인 차이는 통치자를 어떤 방식과 절차로 결정하느냐의 차이이다. '누가 어떻게 국민들의 대표를 뽑느냐'에서 비롯된다. 자유민주주의의 유권자는 자기를 대표할 대의원(국회의원)을 자유롭게 선출할 수 있다. 반면에 인민민주주의는 인민이 대표를 뽑지만 공산당이 선발한 단일후보를 놓고 찬반으로 결정하도록 한다. 민주주의와 공산주의, 그리고 다양한 유형의 독재체제를 구별하는 가장 핵심적인 요소는 '자유선거'에 있다. 자유선거라는 제도는 민주주의체제만이 갖는 결정적인 증표hallmark이다. 그것은 국민이 직접 자유로운 결정에 의해 '대표'를 선출하는 선거제도이기 때문이다.

공산주의체제에서는 있을 수 없고 찾아볼 수 없는 것이 '민주적인 선거'이다. 그것은 다음 세 가지 원칙을 바탕으로 하고 있다. 첫째, 선거는 비밀투표에 의한 것이어야 한다. 둘째, 선거는 자유로워야 한다. 경찰이나 관권이 개입하여 유권자를 위협하는 선거는 민주적 선거가 아니다. 셋째, 선거법에 저촉되지 않는 한 누구라도 후보가 될 수 있어야 한다. 후보자 자격에 대해 정치적인 이유로 제한을 두지 말아야 한다.

이것이 선거가 '민주적'으로 실시되고 있는가를 측정하는 잣대이다. 그러나 모든 민주국가가 처음부터 이 원리를 철저히 지키고 시작한 것은 아니다. 서구 민주국가에서도 초기에는 부정선거가 많았고 선거를 둘러싼 폭력이 난무했으며 관건이 개입하는 경우도 많이 있었다. 그러나 점진적

으로 자유롭고 공정한 선거제도로 자리를 잡아 오늘에 이르게 되었다.

민주주의는 '선거로 시작하여 선거로 끝나는 정치체제'이다. 그리고 선거에는 유권자를 투표하도록 설득하는 조직도 필요하다. 민주주의와 정당정치는 불가분의 관계에 있다. '민주주의는 정당만큼 발달한다'고 해도 과언이 아니다. 개인이 후보로 나서지만 정당정치가 발달한 국가에서는 정당의 후보가 공천을 받아 출마한다. 정당의 공천을 받지 않고 출마하는 무소속 후보자의 당선 가능성은 거의 전무하다. 유권자들이 정당 후보를 선출하고 그 후보를 추천한 정당이 정부를 구성하는 것인 만큼, 정부의 공적을 놓고 책임을 물을 수 있는 것은 후보 개인도 있지만 그런 후보를 낸 정당에 있다. 그래서 유권자들은 정당의 추천이 없는 무소속 후보를 기피하는 것이다.

선출직 공무원을 당선시키려는 정당들은 집권할 때 실시하겠다는 정책을 공약으로 내세워 국민들에게 지지를 호소하게 된다. 그것은 말 그대로 공적인 약속, 정당과 정당후보자가 국민(유권자)들에게 한 약속이다. 국민들은 선출된 후보자가 구성하는 새로운 정부가 약속한 정책을 얼마나 실천하고 성공했는가를 판단하여 그 정부에게 책임을 묻게 된다.

그것을 선거를 통해 하는 것이다. 기존의 정부가 약속대로 좋은 성과를 올린다면 같은 정당의 후보에 의해 계속 집권할 수 있으나 기대에 미치지 못할 경우 다른 정당의 후보에게 기회를 주게 되는 것이다. 이렇듯 선거라는 방식을 가지고 집권자들을 평화적으로 교체하는 것이 민주주의이다. 일정한 선거절차에 따라 한 집권자에서 다른 집권자에게 순조로운 계승이 가능하도록 권력계승방법이 '제도화'되어 있다. 이런 제도는 공산주의체제나 독재체제에는 없으며, 오직 권력쟁취를 위한 피비린내나는 혈투만 있을 뿐이다.

민주주의는 집권자를 선출하는 정치체제이며 동시에 국민들에게 가능한 한 최대의 자유를 보장하려는 체제이기도 하다. 그렇다고 국민에게 무제한의 자유를 허락하는 것은 아니다. 공공질서를 파괴하거나, 법을 어기거나, 무엇보다 국가의 안위를 위협하는 개인이나 집단에게는 자유를 제한할 수 있을 뿐 아니라 정도에 따라 엄한 법적인 제재를 가할 수 있다.

'덜' 나쁜정치로 개혁하려는 다두지배체제

세상에 '착한 정부'는 없다. '선한 정치'도 없다. '이상적인 정치'도 없다. 그것이 엄연한 현실이다. 있다면 전'보다 덜 나쁜 정부와 정치, 이전의 정부보다 낫다고 할 수 있는 정부나 정치가 있을 수 있다. 이것은 민주주의를 포함한 모든 정치체제에 해당하는 말이다.

역사상 가장 오랫동안 존속했던 지배양식은 전제정치autocracy였다. 또 왕이 지배한 경우는 군주제monarchy였다. 흔히 어떤 시대에 어떤 지배자가 선정善政을 베풀었다는 식의 표현을 쓰나 그것은 가령 임금이나 어떤 고을의 군수, 관찰사 개인의 도덕적 행위를 논하는 것이지 체제 차원의 평가를 의미하지는 않는다. 세상에는 그런 선한 정치는 없다. 지난 20세기의 역사를 보아도 선한 정치는커녕 '최악'의 정치가 나타났다. 전체주의 정치체제가 그것이다. 스탈린의 구소련과 히틀러의 나치독일, 무솔리니의 이탈리아 파시즘, 일본의 제국주의와 군국주의 파시즘의 만행과 학살, 중국의 마오쩌둥이 대약진운동과 문화혁명이라는 이름으로 저지른 수천만 명의 인민학살 등, 모두가 '아주 악한' 정치체제에 속한다고 평가할 수 있다. 그야말로 악이 극에 달한 정치였다.

일인독재나 군부독재체제와 같은 권위주의 정권의 유형은 나쁘기는 하지만 잔악한 전체주의 정권들과는 차원이 다른 정권이다. 이승만의 독재나 유신체제로 대표되는 박정희의 독재를 그런 수천만 명을 희생시키는 전체주의체제와 같은 차원에서 논할 수 없다. 한국에서 전체주의체제 하에서 일어났던 것 같은 일은 일어나지 않았다.

또한 일인지배나 권위주의체제는 국내의 반대 세력이나 외국의 비판에 의해 어느 정도 제약을 받거나 경우에 따라서는 지배자 자신이 개방적이고 덜 폭력적인 방법으로 '변질'할 수 있는 잠재적 가능성을 지니고 있다. 그러나 전체주의 정치체제에서는 그것이 완전히 봉쇄되고 불가능하다. 전쟁이나 체제 자체의 와해와 같은 내외적 힘에 의해 붕괴되지 않고서는 그런 '악한' 정치에서 벗어날 수 없다. 독일, 이탈리아 그리고 일본이 전쟁에서 패함으로써 비참한 종말을 겪은 후 다른 형태의 정치체제로 변할 수 있었다. 그동안 희생된 인명의 수가 얼마인지는 아무도 모른다. 대략 수천만 명에 이른다고 한다.

한국에서 이승만 정권, 박 정권, 그리고 그 후의 다른 정권들에서 이상적인 정치는 없었지만 나쁜 면과 덜 나쁜 면을 함께 지녔던 정치는 있었다. 그러나 강조해야 할 것은 인간의 본성에 비춰볼 때 '착한 정부'는 이상이고 유토피아이다. 따라서 어떻게 하면 정치를 덜 나쁘게 하느냐가 관건인 것이다. 민주정치를 실시한다고 자칭하면서 사실은 나쁜 정치를 하는 정권이 태어나지 않도록 하는 것이 덜 나쁜 정치를 가질 수 있는 최선의 길이다.

2차 대전 후 세계정치는 소비에트인민민주주의공화국을 주축으로 하는 여러 개의 위성국가들과 미국을 주축으로 영국과 그 연방국가들로 양분되었다. 공산주의와 민주주의의 대립으로 미·소 중심의 양대 진영으로 갈라지고 냉전시대가 시작되었다. 그뿐만 아니라 식민지였던 아프리카, 중남미, 아시아의 많은 신생국가들이 스스로를 '인민'민주주의 또는 민주주의 앞에 다른 명사를 붙여 부르는 경향이 나타났다. 민주주의라는 말이 일대 혼란을 가져왔다.

그런 상황에서 양자를 구별할 필요가 생겼고 구미歐美 정치학자들 사이에서 데모크라시의 의미를 보다 평이하게 다룰 수 있는 용어로 사용하게 된 것이 다두지배체제polyarchy라는 말이다. 다두多頭는 소수를 의미하는 과두寡頭와 구별된다. 'mono'의 반대인 'poly'이다. 군주제를 'monar-chy'라고 하는 것에 비추어 민주정치체제는 'poly' 즉 복수의 정치엘리트가 경쟁을 통해 서로 교체 집권하는 체제라는 점에서 다두지배체제라고 부르자는 것이다. 독재체제나 전체주의체제 같은 소수의 독재지배와 구별하자는 의도이다.

다두지배체제는 소수가 아니라 여러 층과 배경과 종족을 대표하는 다수의 정치엘리트들의 집권체제라는 의미를 담고 있다. 사실 민주정치는 국민이 직접 운영하는 정치가 아니다. 국민을 대표하여 소수의 정치엘리트가 운영하는 정치체제이다. 링컨 대통령이 말한 "인민에 의한, 인민을 위한, 인민의 정부"는 이상이지 현실세계에는 존재하지 않는다. 수천 수억의 국민을 가진 국가의 국민이 모두 참여하는 정치는 지구상에 없다. 유럽과 영미의 선진국들의 민주정치는 대의민주주의이지 직접민주주의는 아니다. 모두 다두지배체제를 실시하고 있는 것이다. 그런 다두지배체제의 특징을 다음과 같이 요약해 볼 수 있다.

(1) 모든 집단(특히 정당)이 자유롭게 경쟁에 참여할 수 있도록 게임 규칙을 정한다(헌법과 관련법 제정).
(2) 게임규칙에 따라 선거를 통하여 선출직 공무원을 선출한다.
(3) 유권자들은 선거를 통해 원하는 정치엘리트를 선출하는 역할을 한다.
(4) 선출된 엘리트가 유권자가 원하는 것을 실행하지 못할 경우, 유권

자는 다음 선거에서 그 엘리트를 교체할 수 있다.

(5) 정기적인 또는 임시적인 선거를 실시하여 정치엘리트의 정치활동
에 대해 유권자에게 '설명의 책임과 의무'를 이행하도록 한다.

다두지배체제의 요체는 선거에 출마하는 엘리트들이 공정하고 합법적인 선거운동을 해야 한다는 것이다. 선거에서 부정행위를 하는 엘리트에 대해서는 출마자격을 박탈하거나 심한 경우 형벌을 받도록 한다. 이 체제에서 유권자들의 역할은 후보를 선출하는 일이다. 그뿐만 아니라 자신들이 선출한 대통령을 포함한 모든 선출직 공무원들이 선거에서 약속한 것들을 제대로 지키는가를 감시하고 국회의원들이 어떤 결정을 하고 있는가를 조사하여 저들에게 책임을 묻는 역할도 해야 한다. 유권자들에게 그런 대표들이 설명책임accountability을 이행하도록 만들어야 하는 것이다.

다두지배체제의 성패는 누구보다도 정치엘리트에게 달려 있다. 정치엘리트들이 여야 정당을 떠나서 얼마나 실질적으로 정치·경제·사회 등 모든 분야에서 사회가 절실히 요구하는 '개혁'을 추진하고 제대로 달성하느냐에 있다. 그래서 정치엘리트가 유권자에게 한 약속을 이행하지 못하거나 부도덕한 행위로 사회적으로나 정치적으로 지탄을 받을 경우 그런 정치엘리트는 '정부'를 구성할 자격을 상실할 뿐 아니라 선거를 포함한 모든 방법에 의해 유권자의 심판을 받아야 하는 것이다. 때로는 유권자가 그런 정치엘리트를 다시는 선거에서 당선시키지 말아야 한다. 정치엘리트의 교체와 물갈이를 통해 정치를 개혁하고 변화시키는 것이다. 정치엘리트들이 개혁을 외면하거나 책임을 회피하거나 도덕적으로 불신을 받을 경우 자유민주주의, 즉 다두지배체제는 제대로 운영될 수 없다. 결과는 자유민주주의의 실종과 몰락이고 혼란과 위기의 연속일 뿐이다.

개혁을 통해 자유민주주의가 존속하려면 유권자들은 정기적으로 열리

는 선거나 다른 유사한 방식을 통해 정치엘리트가 개혁에 얼마나 기여했는가를 수시로 감시하고 필요에 따라 그들을 대체해야 한다. 그들에게 철저히 설명책임을 물어야 한다. 정치엘리트들이 지속적으로 정치개혁과 경제·사회적인 변화를 외면하거나 부도덕한 행위로 사회적 지탄을 받으면 그들을 대체할 수 있어야 한다. 유권자들이 정치엘리트들을 감시하고 책임추궁하는 일을 못 한다면, 그런 다두지배체제는 존속할 수 없고 존속할 이유도 없다. 그것을 대신해서 나타나는 체제는 예측할 수 없는 독재정치체제가 될 것이다. 그래서 개혁만이 자유민주주의를 지키는 길이라는 것이다.

다두지배체제에 대해 한국 국민 중 많은 사람들이 "지금까지 그렇게 해온 것 아니냐"라고 반문할 것이다. 그렇지만 과연 한국에서 그런 의미의 선거가 그리고 정치엘리트에게 책임을 물어 교체시킨 일이 얼마나 되는가를 묻지 않을 수 없다. 만일 한국정치가 이런 과정을 제대로 밟아왔다면 한국정치는 지금과는 전혀 다른 정치가 되어 있을 것이다. 그랬다면 지금보다 더 나쁘지는 않았을 것이다.

다두지배체제가 보다 좋은 정부를 보장하거나 그런 정부를 만드는 묘법도 아니다. 다두지배체제는 정치엘리트가 권력에 대한 욕심을 가지며 그것을 남용할 수 있고 도덕적으로 부도덕할 수 있다는 것을 전제로 하는 동시에 그들에게 책임을 묻게 할 수 있는 체제이다. 그들이 인간으로서의 모든 결함과 유혹에 넘어갈 수 있는 나약한 존재라는 것을 인정하고 강조하려는 것이다.

다두지배체제가 자리 잡으려면 유권자들뿐 아니라 매스미디어의 공정하고 중립적인 보도가 필수적 요소이다. 언론이 사실을 그대로 공정하게 보도할 수 없다면 아무리 발달한 민주주의도 온갖 부패와 부정으로 죄악의 나락에 빠질 수밖에 없다. 다두지배체제는 소극적으로는 '정치가 더 나빠지지 않게' 하려는 체제라고 말할 수 있다. 그러나 보다 적극적으로는 정치를 개혁하고 더 나빠지지 않게 엘리트를 감시하고 견제하려는 체제를 말한다. 정부와 정치엘리트가 유권자들의 요구를 외면하거나 부정을 저지르거나 정치개혁을 소홀히 할 경우, 선거라는 방법을 가지고 그런 엘리트와 정부를 교체하려는 것이다. 그것이 다두지배체제이고, 자유민주주의를 지키는 길이다. 그러기 위해 결정적으로 중요한 역할을 하는 것은 유권자들이다.

불행히도 한국은 아직도 그런 다두지배체제를 정착시키지 못하고 있다. 최근의 예로 문재인 정부의 여당이 소수 정당과 야합하여 야당의 불참 속에서 선거법을 개정한 일이 있었다. 민주국가에서 예를 찾을 수 없는 '동반비례대표제'라는 과거 유신정치시대를 연상시키는 이상한 선거 방식으로 비례대표의 수를 늘리는 선거법을 도입하여 유권자를 혼란스럽게 만들었다. 선거구의 조정도 유권자들의 인구비례대로 결정되지 않고 불평등하고 편중되어 있다. 무엇보다 한국의 유권자들의 투표행태는 정당이나 정책과의 일체감을 바탕으로 하는 것이 아니라 출마한 후보들의 출신지역이나 친소관계 그리고 대세라는 막연한 분위기에 휩쓸려 행동하는 경우가 많다. 특히 현직에 있는 의원들을 교체시키려는 시민단체나 이익단체의 활동이 미미하기 때문에 무능한 의원이 3선이나 4선을 하는 일이 흔하다. 그런데 유권자들이 그런 의원들에게 무엇을 했는지 묻는 일은 거의 없다. 이건 다두지배체제가 아니라 의회민주주의로 가장假裝한 전통적인 과두지배체제나 다름없다.

제대로 운영한다면 다두지배체제는 정치질서를 창출하고 유지하면서 정부를 교체하는 확실한 정치적 수단이 될 수 있다. 그것을 갖느냐 못 갖느냐는 전적으로 유권자 자신에 달려 있다. 유권자들은 정치인들을 착한 사람, 양심적인 사람, 애국적인 사람 등과 같은 막연하고 증명할 수 없는 요건을 가지고 판단하지 말아야 한다. 정치인은 인간이다. 얼마든지 교활하고 탐욕적일 수 있으며, 교만하고 이기적일 수 있고 부정행위를 할 수 있다는 사실을 알아야 한다. 권력을 가졌다고 그 사람이 위대해지는 것은 아니며 무조건 존경의 대상으로 삼거나 그런 사람의 말을 액면 그대로 믿는 어리석음을 범하지 말아야 한다. 그래서 정치인들은 항상 감시의 대상이 되어야 하는 것이다. 그것은 오직 다두지배체제 같은 자유민주적인 체제에서만 일어날 수 있는 것이다.

한국의 민주주의가 확실하게 자리 잡기 위해서는 항상 시민들과 그들로 구성되는 시민사회가 '아주 나쁜 정치'와 그보다 '덜 나쁜 정치'를 구분할 수 있는 정치적 식견과 판단력을 가지고 행동을 할 수 있어야 한다. 특히 시민사회는 매스미디어가 정치공론의 장이 아닌 정치권력의 선전기관으로 전락하는 것을 막아야 하고 부도덕하고 부정과 비리를 일삼는 정치인들을 정계에서 퇴출시키는 일을 할 수 있어야 한다. 그런 활동을 할 줄 아는 시민사회가 진정한 의미의 민주적 시민사회라 할 수 있다.

자신들의 개인적 이익 유지를 위해 시급하고 필수적인 정치·경제·사회의 개혁을 방해하거나 외면하려는 집권층에 대한 항의나 시위, 축출운동을 계속해야 한다. 그것만이 인민민주주의라는 가짜 민주주의, 자유는 눈곱만치도 없고 오직 인민을 착취하고 있는 북한식의 정치체제와 대한민국을 확실하게 서로 다른 나라로 구별할 수 있게 한다. 이것이 한국의 민주정치가 북한공산정권보다 훨씬 우월한 정치체제임을 온 천하에 알리는 길이다.

자유민주주의나 공산주의나 모두 유토피아이다. 그중 공산주의는 공중분해되어 희대의 거대 독재체제로 전락했다. 그러나 자유민주주의는 아직 유토피아로서 희망의 목표가 되고 있다.

8장

흔들린 민주정치, 어떻게 회복할 것인가

모든 국가의 건설단계는 제한 없는 조건 속에서 전개되고 진전되는 것이 아니다. 즉, 국가건설은 진공眞空상태에서 진행되는 것이 아니라 많은 위기와 문제를 극복하면서 이루어지는 복합적인 과정이다. 환경적(지정학적) 조건, 역사적 조건, 사회·경제구조를 포함해서 다수의 어려운 조건과 문제가 건설과정에 영향을 미치고 제약을 주게 된다.

국가마다 겪는 제약은 다르며 국가의 집권자는 그런 제약 속에서 당면과제를 해결하기 위한 선택을 해야 한다. 그의 선택이 국가건설 단계를 순조롭게 진행시킬 수도 있고 또한 차질과 후퇴를 가져올 수도 있다. 역사학자 토인비A. Toynbee의 표현을 빌린다면 지나간 70년 동안의 한국정치는 그런 제약과 문제를 극복해 온 국가건설의 '도전과 응전'의 역사라고 할 수 있다.

해방 후 대한민국의 선택은 옳았다

한국은 지금 미래에 중요한 영향을 미칠 선택을 해야 할 시점에 있다. 한국에서 자유민주주의가 중대한 기로에 놓여 있다. 국민이 흘린 피와 땀의 대가로, 그리고 훌륭한 국가지도자들이 선견지명과 날카로운 통찰력을 발휘한 지도력의 결과로, 한국은 국가정체성을 확립하고 경제성장으로 무역대국이 되었고 강력한 군사력을 지닌 민주적인 국가로 자리 잡게 되었다. 비록 많은 시비와 논란이 있기도 했지만 그런 결과를 가져올 수 있었던 이유 중의 하나는 한국이 여러 대안들을 놓고 올바른 선택을 했기 때문이었다.

해방 직후의 혼란기에 한국은 공산주의와 자유민주주의 중에서 자유민주주의를 택했다. 남북협상이냐 단독정부 수립이냐의 선택에서 남한 단독정부를 택했다. 미국이냐 소련이냐의 선택에서 미국을 택했다. 식민지배의 고통과 원한을 극복하고 많은 반대 속에서도 전후 경제대국이 된 일본을 경제개발의 모델로 택했다.

4·19 후 민주주의가 시련을 겪으면서 국가안보가 위협을 받았을 때 민주정권과 군부정권의 대안에서 군부정권을 선택했다. 그러나 그것은 지나가는 과도적인 대안이었다. 군부정권이 한국의 근본적이고 항구적인 대안은 될 수 없었다. 결국 군부 정치냐 민주정치냐의 선택에서 국민은 최종적으로 군부정치를 폐하고 민주정치를 택했다. 한국은 어려운 여건 속에서도 주어진 대안들 중 나름대로 합리적이고 옳은 선택을 해온 나라이다.

해방 후 공산주의가 아니라 자유민주주의를 택한 것은 옳았다. 경제적으로 부富를 갖춘 나라들은 자유민주주의 국가들이었다. 그런 나라들과 관계를 맺었기에 후에 경제발전의 토대를 쌓을 수 있었다. 그 당시 소련을 스스로 택한 나라는 없었다. 러시아가 점령하여 합병시킨 러시아 주변의 소련연방국가나 위성국으로서의 동구권 국가들과 북한은 모두 소련군이 점령하여 세운 국가들이다.

스탈린에 의해 소련연방으로 흡수되었던 곳과 2차 대전 후 소련군에 의해 강점당해 공산국가가 되었던 동유럽의 국가들은 소련의 붕괴 후 독립을 되찾았다. 소련의 착취와 통제와 억압 속에서 살아온 국가들 중 다시 공산정권으로 돌아간 나라는 없다. 비록 '순조롭게 진행된 것은 아니지만' 모두 민주화 과정을 밟고 있다. 오직, 소련 점령군에 의해 세워진 북한만 공산권 내의 변화와 전혀 무관한 예외적인 전체주의국가로 남아 있다.

한국은 천만다행으로 이들 공산국가들과 전혀 다른 경로를 밟아왔다. 시작부터 한국은 자유민주주의 국가의 대열에 들어가 그 국가들로부터 경제·정치·외교 분야에 걸쳐 많은 지원과 원조를 받아 아시아에서 비공산국가로서 일본 다음으로 경제대국의 반열에 속하게 되었다. 경제발전에 이어 근 40년간의 권위주의정권의 지배로부터 벗어나 '자생적'으로 민주적인 정치체제를 정착시켜 가고 있다. 이 모든 변화와 발전이 해방 후 자유민주주의를 지향하여 세계의 민주국가들과 관계를 맺는 올바른 선택을 했기 때문이다. 경제적으로 성장한 민주국가들과의 무역이 없었다면 한국의 '기적적'인 고도 경제성장은 불가능했다.

그런데 건국 후 집권세력은 자유민주주의가 표방하는 자유로운 정치질서를 정착시키지 않고 권력 위주의 정치에 몰두하였다. 정권연장을 위해 비민주적인 수단방법을 사용하기를 주저하지 않았다. 집권층은 자기를 위협하는 반대 세력이나 적대적인 세력을 용납하려 하지 않았다. 자유민주주의를 입버릇처럼 말했지만 그것은 그동안 실종상태에 있었다.

집권세력이 자유민주주의를 구호로만 활용한 배경에는 한국의 특수한 정치적 상황이 있었다. 권위주의 정권들은 모두 통치이념으로 '자유민주주의'라는 기치旗幟를 내세워왔다. 이승만 정권이 그랬고 박정희의 군부정권도 그랬다. 자유민주주의를 실천하기 위해서가 아니라 한국이 미국을 비롯한 선진 민주국가들과 우호적인 대외관계를 유지하기 위해서였다. 그런 이유로 자유민주주의는 군부정권을 포함한 보수정권과 동일시되었다. 1980년대 말 민주화가 본격화하던 시절, 다양한 세력들이 제각기 한국의 정치적 미래에 대한 이상주의적인 가치나 주장을 내세웠다. 혹자는 '자유'를 부르짖었다. 또 다른 정치세력은 '정의'를 주장했다. 또 다른 세력은 '통일'을 주장했다. 그리고 성급하게 '분배와 평등'을 주장하는 급진주의 세력도 나타났다. 그런데 '자유민주주의'를 요구하는 목소리는 가냘팠다.

한국에서 40년간의 권위주의 정권에서 민주정권 수립으로 이르는 과정은 정권과 그것에 대항하여 반대 운동을 전개한 정치세력 간의 대립과 갈등에서 비롯된 결과이다. 민주화는 정치적 자유를 회복하려는 투쟁이었다. 그래서 한국의 민주화는 자유민주주의의 복원과정이라고 말할 수 있다. 왜냐하면 해방 후 한국정치의 맥락에서 볼 때, 자유민주주의는 공산주의와 대결한 이념이었기 때문이다. 북한은 남한의 공산화와 동시에 한반도에서 자유민주주의를 말살시키기 위한 술책을 폈으나 모두 실패했다. 반대로 남한의 자유민주주의가 북한의 공산주의를 압도했다. 모든 분야에서 남한이 북한보다 우위를 차지하게 되었다.

그뿐만 아니라 권위주의 정권하에서 이름으로만 존재했던 자유민주주의는 4·19 학생의거를 거친 후, 강권조직으로 집권해온 군부정권도 초극했다. 변증법적 논리를 인용한다면, 자유민주주의는 공산주의라는 '테제'와 군부독재라는 '안티테제'를 지양止揚, aufheben한 한 단계 높은 수준의 정치이념이자 정치체제이다. '고루'하거나 '낡은' 정치체제 이념이 아니다.

자유민주주의는 극우 정치사상과도 구별되어야 한다. 한국에서 좌파라고 하는 세력은 자유민주주의를 극우집단의 이념이라고 매도했다. 그러나 자유민주주의는 극우사상이 아니다. 한국에서 해방정국의 혼란기에 우익과 극우세력은 남한의 남로당을 비롯한 공산주의 세력을 와해시키는 데 중요한 역할을 했다. 대한민국의 건국과정에서 단독정부안에 반대한 남로당원들과 좌파세력에 맞서 가장 강력하게 싸운 것은 극우세력이었다. 좌익의 폭력에 역시 폭력으로 맞서 싸웠다. 그 과정에서 무고한 희생자들이 나오기도 했다.

그러나 당시의 상황에서 볼 때 공산주의혁명을 위해 무장투쟁을 벌이던 극좌세력에 대항할 수 있었던 유일한 조직적인 세력은 극우세력뿐이었다. 철저한 반공주의자들로 구성된 세력이었다. 거의 무정부 상태에 있었던 남한에서 무력과 파괴행위로 남한을 공산화하려던 세력에게는 역시 폭력으로 응수하던 극우세력이 유일한 대항세력이었다. 그러나 극우세력의 투쟁 목표는 공산주의로부터 남한의 민주주의를 지키는 것이었다. 반공 자체가 목적은 아니었다. 극좌세력과 공산주의자로부터 자유를 지키기 위해 투쟁한 극우세력이 군부정권 같은 독재체제를 옹호하고 지지한다면 그것은 이율배반이다. 자유민주주의를 지키려는 것이라 할 수 없다. 따라서 극우세력을 자유민주주의와 동일시할 수는 없다.

그 이유는 자유민주주의는 공산주의는 물론 군부독재를 극복한 이념이기 때문이다. 그것은 미국의 것도 아니고 일본의 것도 아니다. 물론 한국만의 것도 아니다. 그것은 유럽의 군주국가에서 전제정치의 시련을 겪은 사상가들에 의해 창안된 인간의 권리와 자유를 신장하기 위한 바람직한 정치질서를 다룬 원리이다. 선진 민주국가들이 신봉하는 이념이다. 해방 후 한국은 그런 문명국가의 대열에 참여하기 위해 자유민주주의를 건국의 기초이념으로 택했다. 단순히 공산주의자들과 싸우기 위해 고안해 낸 구호가 아니었다.

　자유민주주의의 적대세력은 공산주의만이 아니다. 모든 형태나 내용의 극단주의 세력이다. 그중에 공산주의 전체주의는 말할 것도 없고 여러 종류의 친북세력과 주사파도 포함된다. 그들은 자신들의 목적을 달성하기 위해 폭력에 의지하는 세력들이기 때문이다. 자유민주주의는 모든 갈등과 쟁점을 폭력이 아니라, 동의나 타협을 수단으로 해결하려는 사상이자 체제이다. 공산주의도 극복하고 군부정권도 극복한 자유민주주의 이념은 한국정치를 한층 높은 '선진화'로 이끌 길잡이가 될 수 있다.

　민주화는 한국정치에 선진화의 길을 열어주는 가능성을 가져왔다. 단순하게 폭력과 명령으로 국민을 다스리는 전횡專橫적인 통치방식에서 탈피할 기회를 주었다. 민주화는 "사람이 아니라 법이 통치하는 법치주의 정치, 자유선거에 의해 국민을 대표하는 정치엘리트가 국회를 형성하며 정부와 사법부 사이에 균형과 견제를 형성하는 정치, 언론의 자유를 통해 국민들의 요구가 무엇인가를 파악할 수 있는 여론을 중시하는 정치, 정부나 공공기관의 견해와 공적 입장에 대해 비판할 수 있는 자유를 보장해 주는 정치, 정당을 비롯해 시민단체와 이익단체를 자유롭게 구성하며 시민사회가 민주화를 주도하는 정치로의 변화를 추구하는 이념이자 '민주적인 정치체제를 세우는 기본원리'"이기도 하다.

　민주화는 또한 인간의 기본적인 권리를 존중하며 인간의 자유로운 활동을 최대한 보장하는 제도를 확립하자는 것이다. 공정하며 비밀투표라는 선거제도와 시민들이 처벌받을 위험 없이 사상, 사회문제, 정권, 정부, 집권자에 대해 자신의 의견을 표현할 자유를 법치주의로 보장해 주자는 것이다. 법이 허용하는 범위에서 국민들이 국가의 통제나 강권의 개입 없이 독립적이고 자율적인 활동을 할 수 있는 시민단체나 이익단체를 형성할 권리를 가질 수 있게 하자는 것이다.

한국 국민 누구나 이 정도의 자유와 민주정치는 누릴 자격과 능력을 갖추고 있다. 자유의 최대치도 아니고 최소치도 아니다. 미국 국민이나 일본 국민이 누리는 자유에 비하면 작고 기본적인 수준의 것이다. 그러나 오늘의 한국이 처한 특수한 내외적 상황에 비추어 본다면 많지도 적지도 않은 상황에 맞는 수준의 것이다.

이런 자유를 위해 많은 한국 국민이 지금까지 우여곡절을 겪으면서도 자유민주주의 정치체제를 포기하지 않고 지켜왔다. 그리고 한국 국민이 앞으로도 지켜가야 할 이념이자 정치체제이다. 이런 이념을 놓고 보수적이라고 무시하거나 비방하는 사람은 한국에서 '민주화'가 정착되기를 바라지 않거나 민주주의에 대해 극도의 반감이나 증오심을 가진 사람일 뿐이다. 민주화가 필요 없다면 자유민주주의도 필요 없다. 오히려 군부통치가 민주정치보다 안정과 번영을 가져오는 데 보다 좋은 통치체제였다고 생각할 수도 있다. 그러나 역사가 입증한 것처럼 군부정권은 국민의 모든 수준이 높아지면 사라지는 시한부時限附정권이었고 자유민주주의의 대안代案은 아니었다.

한국에 계급정치는 없다, 편향된 지역주의 정치문화는 있다

한국에서 흔히 정치를 논할 때 좌파와 우파라는 표현을 쓴다. 영어로 'Left'와 'Right'는 방향을 가리키는 말이다. 그것이 정치적인 의미로 사용된 것은 프랑스혁명 후라는 설이 있다. 혁명 후 자코뱅파가 의사당의 좌측 의석을 차지하고 왕당파가 우측에 자리를 잡았을 때부터 그런 호칭이 사용되었다는 설이다. 그때부터 좌파는 진보 또는 급진주의를 상징하고 우파는 보수와 수구를 상징하는 것으로 생각해왔다.

그 후 유럽정치에서 귀족계급과 평민계급의 구별이 뚜렷해졌고 특히 산업화 과정을 거친 후 서구사회에 귀족과 자본가 중심의 계급과 노동자와 농민을 포함한 계급이 등장했다. 영국의 경우 일찍부터 귀족과 자본가를 대표하는 정당인 보수당과 중산층을 대표한 자유당이 정치경합을 벌였고 그 후 진보적인 정당으로 노동당이 결성되었다. 영국은 계급정치의 모형을 보여준 경우로 간주할 수 있다. 오랫동안 지속된 왕제와 귀족정치, 귀족정치에 저항한 평민과 상인들의 시민사회 형성, 그리고 가장 먼저 산업화를 이룩하고 그 결과로 등장한 노동계급이라는 특유한 역사적 배경이 그러한 계급정치를 발생하게 한 것이라 하겠다.

1970년대 중반, 한국에서 유신정치가 극도에 달하고 반대 운동이 반정부차원을 넘어 반체제운동으로 격화되었을 때, 정치학계의 학자 가운데 일부가 반체제운동이 마치 노동계급과 자본계급을 옹호하는 유신정권과의 투쟁인 것처럼 주장하려는 사람들이 있었다. 유신정권이 제도권만 아니라 지하조직인 노동자들을 통제하고 탄압하던 때였다. 중남미 학계에서 화제가 된 네오마르크스적인 논리를 담은 '신권주위주의 정권new authoritarianism'이라는 개념으로 한국에도 유신체제가 노동계급과 자본계급의 갈등으로 등장했다고 설명하려 했다.

또한 같은 논리로 유신체제의 붕괴요인에 대해 논하기도 했다. 특히 저임금으로 극도의 생활고에 시달리던 비기술직 노동자들의 반체제운동이 유신체제를 붕괴시키는 정치변화를 가져온 결정적인 원인이라고 주장하기도 했다. 모두가 사실과는 다른 과장되고 잘못된 주장들이었다. 그 당시 박정희 정권이나 유신체제는 어떤 노동집단에 의한 무력행위나 위협 때문에 붕괴될 정도로 허약한 정권은 아니었다. 군부가 확고한 지지층을 이루었고 강권조직이 모두 건재했다. 실제로 노동자나 노동단체 모두가 정권의 정보통치로 철저한 통제 아래 있었다. 일부 노동자를 좌익사상으로 의식화하려는 운동권 학생들의 노력이 있었지만 노동자 모두가 좌경화한 것도 아니고 반체제운동에 가담하지도 않았다. 정치변화에서 노동단체의 역할을 주장한 것은 과장되고 근거가 없다.

군부 권위주의 정권이 붕괴한 데에는 여러 가지 요인이 있으나 가장 중요한 것은 다수의 국민이 그런 정권의 정당성 또는 합법성을 인정하기를 거부한 것이었다. 민주화는 그 외에도 여러 요인이 관련된 정치변화였다. 장기간의 군부정치와 특히 유신정치하에서의 통제된 생활에 피곤함을 느낀 국민의 다수가 정권에 등을 돌린 것이 가장 큰 이유였다. 뿐만 아니라 미국을 비롯한 많은 민주 국가들로부터 민주화를 촉구하는 압력이 많았다. 그처럼 박정희 정권은 여러 가지 내외적인 요인과 압력 때문에 붕괴한 것이지 자본가계급과 노동자계급의 계급적 갈등의 결과라는 단일적인 주장은 근거는 없다. 그것은 마르크스류의 계급투쟁론을 한국의 현실에 맞추려는 견강부회적인 주장이다. 한국의 노동자가 계급을 형성하여 자본가계급을 상대로 갈등과 투쟁을 전개하였다는 주장은 아무 근거가 없는 주장이다.

그런데도 정치권은 민주화 후 정치참여가 활성화되면서 좌파와 우파라는 표현을 자주 사용하기 시작했다. 마치 한국에 좌파나 우파를 상징하는 사상이나 주의를 표방하는 세력이나 정당들이 존재하는 것 같았다. 좌파세력은 군부정권하에서 재야在野세력이라 불리던 국회의원을 포함한 기성세력과 민주화운동에 가담했던 재야세력, 좌경화된 운동권 출신 등으로 구성된 것으로 간주되었다. 우파세력은 군부정권 시절 여당 국회의원을 지낸 사람들과 군의 고위급 장교 출신과 고위급 관료 출신으로 구성된 것으로 알려졌다. 이들이 이른바 좌와 우의 정치세력을 구성한 핵심세력이라고 했다.

그러나 그런 식의 좌파와 우파라는 구분이 얼마나 사실과 부합하고 근거가 있는 것인지 의문이다. 계급정치가 없는데 좌파와 우파라는 표현이 어떤 의미가 있는지 의문이다. 한때 한국에서 좌파와 우파라는 말이 의미를 지녔던 때가 있었다. 바로 해방정국 시절이다. 그때는 좌파와 우파라는 용어의 실체와 의미를 논하는 데 참고가 될 수 있는 구체적인 정치적 맥락이 된다. 그 당시의 좌우 간의 싸움은 말 그대로 혈투였다. 좌파는 남한에서 공산주의혁명을 달성하고 그 여세를 몰아 남북을 통일하려는 데 목적이 있었다. 남로당이 그런 좌파세력이었다. 공산주의 사상으로 무장한 무력혁명세력이었다. 좌파에 대항하여 남로당과 북한 공산정권으로부터 남한을 지킬 단독정부안을 추진한 것은 이승만이 중심이 된 우파세력이었다. 이승만이 이끌던 독립촉성국민회의(독촉)와 한국민주당(한민당)이 주축을 이루었다.

좌우 양파 외에도 중도 또는 온건세력이 있었다. 2차 세계대전에 승리한 4개국(미국·소련·영국·중국)이 제안한 남북한을 5년간 신탁통치(후에 철회)하는 안을 지지하는 세력, 민족주의 감정에 호소하여 남북협상으로 통일하자는 김구 중심의 남북협상파, 그리고 여운형과 김규식을 중심으로 중도적인 입장을 취한 '좌우합작파'가 있었다. 그러나 사활을 건 두 극단적인 정치세력의 혈투가 벌어졌던 해방정국에서 중도는 설 자리가 없었다. 극좌와 극우 간의 폭력이 난무하는 격렬한 싸움이 정국을 지배했다. 외세(미·소)의 작용도 있었다. 미국이 중도세력의 '좌우합작'을 지원했으나 실패했고 그것을 추진했던 세력은 남한 단독정부 수립에 반대하고 정계를 떠났다.

이것이 한국에서 남로당의 좌파세력과 반공주의를 내세운 우파세력 사이에 처음이자 마지막으로 전개되었던 생사를 건 격렬한 투쟁이었다. 그 후 이승만 정부와 박정희 정부를 거쳐 오는 70년 동안, 과거 남로당과

266

같은 좌파연합세력이나 그와 유사한 좌파집단이 한국정치에 발붙일 공간이 없었다. 다시 말하면 대한민국 건국 이래로 한국에는 사회주의 이념을 둘러싸고 대립하는 의미의 좌파와 우파라는 집단은 없었다. 민주화된 오늘도 한국에는 일본의 일본사회당JSP 같은 좌파정당은 존재하지 않는다. 개인적으로 좌익사상이나 심지어 북한의 주체사상 같은 극좌사상을 따라 행동하는 사람은 있다. 그러나 그런 사람들이 결집하여 정당을 만들어 정치적으로 역할을 한 적은 없다. 특히 친북세력이 만드는 정당이나 조직은 반국가단체로 불법화되어 있다.

일본의 저명한 정치사회학자인 조지 와다누키綿貫讓治 교수는 선거비교연구로 널리 알려진 학자이다. 와다누키 교수는 여러 나라의 선거자료연구를 바탕으로 정치유형을 '계급정치class politics'와 '문화적 정치cultural politics'로 나누고 있다. 문화적 정치란 문화인들이 하는 정치라는 뜻은 아니다. 이와 유사한 개념으로 정치학에서는 개인의 정치적 정향orientation을 의미하는 용어로 정치문화political culture라는 개념을 사용하고 있다. 국가와 정권과 정치 일반에 대한 개인이 갖는 인식이나 이해, 호불호 등을 나타내는 태도, 그리고 긍정이나 부정적인 평가에 영향을 미치는 가치를 포함한 다양한 영향을 뜻한다. 그것을 전국적인 수준의 일반정치문화와 지방의 하위정치문화sub-political culture로 구분하기도 한다.

계급정치는 유권자가 특정 계급에 속하면서 특정 계급을 위한 이데올로기를 내세우는 정당에 동조하여 지지하는 정치를 뜻한다. 가령 노동자들의 절대다수가 사회주의 이념을 내세워 정당을 구성하고 그 정당 후보를 지지하거나, 중산층과 부유층이 또 다른 정당을 지지하는 경우 계급정치가 된다. 이와 대조적으로 문화적 정치는 계급이나 이데올로기가 아니라 유권자의 가치적 정향value orientation과 정치성향이 투표행위를 좌우하는 정치이다. 교육, 직업, 종교, 출신 지역, 시회계층strata 같은 사회적 배경이나 문화적 특성이 선거에 큰 영향을 미친다.

계급정치를 대표하는 나라로 영국을 들 수 있다. 영국은 역사적으로 귀족국가였었고 아직도 그 잔재가 영국정치문화를 조성하고 있다. 그래서 과거부터 영국정치의 특징은 귀족계급과 서민 사이의 계급 대립이었다. 한때 보수당과 자유당이 경합하였고 오늘날은 노동당과 보수당이 정당정치를 형성하는 양대 세력이다. 노동당을 좌파정당이라 볼 수 있고 보수당은 우파 보수정당이다.

그러나 오늘날의 영국의 노동당은 좌파정당이기보다 진보정당이라는 표현이 더 적절하다. 노동자들만이 아니라 서민들과 지식인들이 대거 참여하는 정당이 되면서 좌익이념이 퇴색되어 보수화되었다. 오늘날의 영국의 정당들도 좌파와 우파라는 이념지향적인 대립이 아니라 진보주의와 보수주의 사이의 대립양태를 나타내고 있다. 이른바 저인망정당 catch-all party이 등장하고 있다.

한국은 어떠한가? 건국 후부터 오늘에 이르기까지 셀 수 없을 정도로 정당들이 출몰하였으나 좌파라고 부를 만한 정당이 존재한 적이 없다. 선거에서 특정 좌익 이데올로기 추종을 공언한 정당도 없었고, 그런 정당만을 지지하고 투표하는 단일적인 계급도 없었다. 한국은 계급정치를 실시하고 있는 나라가 아니라는 것이다. 문화적 정치가 횡행하고 있는 나라이다.

한국에 계급정치는 없다. 그러나 한국에는 다른 나라에서 보기 드문 특이한 유형의 문화적 정치가 있다. 지방 중심의 편향된 정치문화는 있다. 그것을 극명하게 과시하고 있는 것이 호남지역의 선거행태이다. 호남지역은 노동자나 농민만이 사는 지역이 아니다. 중산층만 사는 것도 아니다. 적지만 부유층도 있다. 교육수준도 초등수준에서 대학 출신까지 다양하다. 종사하고 있는 직업의 수도 다양하다. 종교적으로도 기독교인도 있고 불교 신자도 있다. 진보적인 사고방식과 성향의 사람도 있고 극도로 보수적인 성향의 사람들도 있다. 다시 말해서 호남에 사는 사람들은 계층으로나 교육수준으로나 종교로나 직업직종으로 단일의 사상이나 이념을 모두 공유하고 노동자 같은 동일한 직업에 종사하고 있는 것이 아니라 다양한 배경을 가진 사람들이다.

그런데 선거 때 선거에서 유권자의 90퍼센트가 마치 어떤 사령탑에서 내린 명령을 받들 듯 특정 정당의 후보만 지지하고 있다. 다른 나라에서 보기 드문 현상이다. 다른 정당의 후보들은 그곳에서 당선될 가능성은 처음부터 포기해야 한다. 2020년의 4·15 총선에서도 더불어민주당이 180석을 얻는 대승landslide을 거두었다. 역시 선진 민주국가에서 나타날 수 없는 특이한 현상이다. 여당이 너무 정치를 잘해서 그런 압도적인 지지를 얻었다고 보는 사람은 없다. 실제로 여당이 전국에서 얻은 득표율은 과반수가 못 된다. 호남은 물론 심지어 전국에 흩어져 사는 그 지역 출신도 여당을 지지한 것이다.

분명히 이것은 계급정치가 아니다. 4·15 총선을 압도적 다수로 승리한 정당이 노동자들만의 단일 계급을 대표하여 승리한 것이 아니다. 물론 부유층이나 중산층만을 대표한 것도 아니다. 한국 특유의 문화적 정치이지만 '지역절대주의' 같은 변수가 좌우하는 한국식 문화적 정치가 만들어낸 현상이다. 그것도 전세계에 코로나19 전염병이 퍼진 시기에 극도의 불안감에 빠진 국민이 지푸라기라도 잡는 심정으로 여당에게 표를 몰아준 결과이다.

선거를 좌우하는 변수들 가운데서 지역감정이나 지역이익이 가장 돌출하고 결정적인 요인으로 작용하고 있는 것이 한국정치이다. 그 정치에는 진보주의만도 보수주의만도, 더구나 좌파만도 우파만도 없다. 그렇지 않고서는 유권자 수의 90퍼센트가 단일 정당의 후보를 지지할 수는 없다. 당연히 다른 정당들을 지지하는 유권자가 있어야 한다. 그래서 호남(특히 전남)지역은 '진보적'인 지역이라는 세평은 잘못된 표현이다. '보수적'인 지역도 아니다. 진보와 보수와 중도가 뒤섞인 유권자들이 사는 지역일 뿐이다. 다만 지역중심주의가 그 모든 것을 초월하는 결정적 요인이 되는 지역이다.

그러나 이런 현상은 호남에만 국한된 현상이 아니다. 정도에 차이는 있지만 충청지역이나 영남지역 어디에서나 하나의 계급이 투표결과를 좌우하는 요인이 된 사실은 찾아볼 수 없다. 모두가 지역중심적인 문화적 정치의 패턴pattern을 따르고 있다. 만일 오늘 한국에서 빈민층과 노동자들이 결속하여 단일 계급을 형성하고 그들을 대표하는 정당을 통해 정권을 장악할 수 있다면 '계급정치'가 된다. 오늘 한국에서 그런 계급정치가 가능하다고 믿는 사람이 있다면 지나간 70년간의 한국정치의 본질을 전혀 모르는 사람이라 할 수밖에 없다. 호남과 마찬가지로 영남지역 역시 철저하게 지역이익을 우선시하는 문화적 정치를 하고 있는 것이다.

지금 한국에는 독특한 하위문화sub-culture를 가진 두 개의 지역에서 그 지역 국민의 배타적인 정치성향을 바탕으로 하는 대립과 갈등이 지배하는 형의 지역이기주의와 매우 편향된 문화적 정치가 성행하고 있다. 그 대립은 이념이나 정치사상의 대립에서 생기는 것도 아니다. 정권을 어느 지역에서 장악하느냐가 초미의 관심사가 되는 철저한 지역이기주의 정치다. 역대 대통령 모두가 그 두 지역 출신이다. 지역 어느 하나의 전적인 지지 없이는 대통령에 출마해도 당선이 어려운 정치이다. 이런 특징을 가진 정치를 좌파와 우파라는 정치인 것처럼 논하는 것이 얼마나 황당한 일인지 모른다. 현실과 완전히 괴리된 주장이다. 일부 정치인들이 실체가 없는 계급정치가 있는 것 같이 왜곡하거나 착각하고 있는 것이다. 특히 문재인 정부를 구성한 집권세력 가운데 마르크스주의 도그마에 빠져 나오지 못하고 있는 운동권 출신의 측근 가운데 혹시 한국에서 계급정치가 가능하다고 믿는 사람이 있다면 그는 하나의 환상에 빠져 있는 셈이다.

거짓 '혁명'으로 거둔 것은 정치·경제적 파탄뿐

2017년 대통령 취임식에서 문재인 대통령 당선자는 "한 번도 경험하지 못한 나라"를 만들겠다고 공언하였다. 동화에 나오는 앨리스Alice의 '이상한 나라wonderland'로 이끌겠다는 것인지, 또는 영국의 소설가 제임스 힐튼Hilton이 묘사한 지상의 낙원인 샹그릴라Shangrila를 만들겠다는 것인지 알 수 없는 내용의 취임사를 했다. 그리고 얼마 후 월성의 원자로 1호기를 폐쇄하는 탈원전정책을 시작으로 전혀 예상하지 못했던, 그리고 과거에 한국이 실시한 적이 없는 '획기적인' 경제정책을 급속하게 집행했다.

문재인 정부는 어떤 정부인가? 항간에서는 문 정부를 '좌파정권'이라 부른다. 확실히 문 정부는 보수정권은 아니다. 보수정치세력에 대해 증오심까지는 아니라도 극도로 반감과 혐오감을 가진 세력이 집권한 정부이다. 그러나 '좌파'라고 할 때, 그 뜻은 확실치 않다. 여러 번 이름을 바꾼 후 더불어민주당이라는 당명으로 낙착한 더불어민주당은 일본에서 한때 야당이었던 일본사회당 같은 좌파정당이 아니다. 영국의 노동당 같은 정당도 아니다. 당원들이 마르크스주의 사상으로 뭉친 정당도 아니다. 잡다한 정치이념과 사회적 배경을 가진 정치인의 정당이다. 그런데도 문 정부를 '좌파정권'이라 부른다.

그렇게 부르는 것은 실체에서 벗어난 의미 없는 허명에 불과하다. 문재인 정부가 좌파정부가 될 수 없는 간단한 이유는 그것이 계급정당의 정부가 아니기 때문이다. 문재인 정부의 일부 측근세력을 민노총 같은 정치화된 노동자들의 지지를 얻고 있다고 해서 문재인 정부를 마치 계급 정치를 하는 좌파정부로 착각할지 모른다. 문 정부가 저소득층과 노동단체의 지지를 바탕으로 혁명을 추진하고 있다고 착각할지 모른다. 그러나 그것은 큰 착각이다. 한국에 계급정치는 없고 지역배타주의 정치·문화적 정치만이 존재하기 때문이다.

계급정치가 없는데 좌파와 우파라는 대치개념을 적용하는 것이 별 의미가 없다. 편의상 그렇게 부를 수는 있다. 그러나 일본의 사회당이나 영국의 노동당 같은 좌파정당이 집권했다면 그런 정권은 '좌파정권'이다. 엄밀히 말해서 문재인 정부와 그 여당은 그런 좌파정부는 아니다. 그런 정부를 지향했을 수는 있다. 그러나 노동자들만 아니라 중산층, 지식층, 그리고 심지어 농민층까지도 지지세력으로 하고 있는 문 정부를 '좌파' 정부라고 부르는 것은 의심의 여지가 없는 오칭誤稱, misnomer이다. 속칭俗稱으로는 '좌파'라고 부를 수 있지만, 그 지지층 가운데는 '진보적인' 범주를 넘어선, 극단적인 행동도 마다하지 않는 세력도 있다. 그래서 진보주의로도 볼 수 없으며 일부 좌경화된 운동권 출신의 급진세력이 집권의 핵심을 구성한 정권으로 보는 것이 온당하다.

형식적으로는 문 정부도 1987년 이후 대통령직선제로 복귀한 후 여러 차례 있었던 선거를 거쳐 탈군부독재와 민주화 과정을 통해 수립된 '민주정치체제'의 틀 안에서 집권한 '민주정부'에 속한다. 김영삼, 김대중, 노무현, 이명박, 그리고 박근혜 정부와 같은 민주정권이다. 문 정부는 공산전체주의체제나 군부권위주의 정치정권이 아니다. 특이한 것이 있다면 유례가 없는 대통령탄핵이라는 돌변사태를 거쳐 선거에서 대통령으로 당선된 문재인이 이끄는 정부이다. 역사적으로나 법적으로나 문재인 정부는 그런 '민주정부'의 유형에 속한다.

그런데 왜 '문재인 정부는 어떤 정부인가'라는 질문을 하게 되는가? 문재인 정부는 이명박과 박근혜 정부를 '적폐'로 낙인찍고 두 사람과 이들의 정부와 관련된 많은 사람을 감옥에 보냈다. 김영삼 정부나 김대중 정부를 이어가는 정부가 아니라 노무현 정부에 향수를 느끼는 반법치주의적인 모습을 보여주었다. 그래서 문재인 정부가 '민주'라 할 때 그 '민주'의 의미는 확실히 김영삼 정부나 김대중 정부 때 구호처럼 들렸던 '자유민주주의'의 '민주'는 아니라는 것은 확실하다. 그래서 '문재인 정부는 어떤 정부인가'라는 의문이 나오게 되는 것이다. 노무현 정부 때도 이 질문에 대한 명확한 해답은 없었다. 오늘 문재인 정부에게도 이 질문에 대한 대답은 모호하고 애매하다. 그래서 많은 사람이 문 정부에 대해 어떤 정부인가를 묻게 되는 것이다.

한국처럼 대통령중심제를 가진 나라에서 대통령의 성장배경, 사고방식, 개성, 그리고 가치정향은 정부의 성격을 형성하는 가장 핵심적인 요소이다. 문재인의 과거 역사에 대한 인식은 왜곡되어 있었다. 해방 후부터 한국 국민이 지녀온 역사 인식에서 많이 일탈했다. 왜곡되고 부정적인 인식을 가졌다. 집권 전부터 문재인과 그의 과격한 지지자들은 대한민국을 '태어나지 말았어야 할 정부'라는 말로 한국의 정통성을 부인하거나 폄훼하는 언행을 보여왔다. 대한민국의 건국일을 1948년 8월 15일이 아니라 1919년 상해임시정부의 수립일이라고 주장하기도 하고 이승만을 독재자로 매도하는 대신 김구를 애국자로 심지어 '국부' 같이 떠받드는 행태를 보였다. 해방 후 70년사를 완전히 좌익지향의 '역사뒤집기'를 했다.

문재인 대통령이나 문 정부의 집권세력은 반자유민주주의자라고 보아야 한다. 문재인은 취임 후 '자유민주주의'라는 말을 언급한 일이 없다. 그가 공식적으로 자유민주주의라는 용어를 입 밖에 낸 일을 기억할 수 없다. 그러나 '민주적'이라는 말은 자주 사용했다. 그러나 그 '민주적'의 의미는 매우 애매했다. 문재인은 집권 후 기회 있을 때마다 '촛불집회'를 '혁명'이라 부르며 자신의 정부를 '촛불혁명정부'라고 불렀다. 그러나 그 경우도 '혁명'은 엄밀히 말해서 틀린 것이다. 촛불집회는 혁명이 아니다. 또 민주적인 정치는 '혁명'이 아니라 자유로운 선거로 통치하는 정치질서이다. 문재인은 촛불집회를 중남미 국가에서 자주 일어나는 '폭동'과 같은 성격의 것으로 착각하였는지 모르나 그것은 독재정치적인 포퓰리스트 정권에서 나타난 데모나 시위였지 혁명은 아니었다. 얼마 후 문재인이 국내만이 아니라 해외에 나가서도 자주 썼던 '촛불혁명', '촛불정권'이라는 표현은 정계에서 슬그머니 사라지고 말았다.

문 정부는 혁명을 통해 집권한 정부도 아닌데도 마치 과거 한국역사나 정치와 완전히 단절된 정부인 것처럼 행동하였다. 문재인은 공식적인 모임에서 역대 대통령들의 이름을 불러 그들의 업적을 긍정적으로 언급한 일이 없다. 이승만과 박정희 대통령들이 국가운영의 방향으로 삼았던 국가정체성, 국가통합, 그리고 두 김 대통령의 민주정치 참여의 업적을 긍정적으로 평가하는 말을 한 적이 없다. 봉화마을에서 열린 노무현을 추모하는 자리에서 한국의 대통령은 오직 노무현 한 사람인 것처럼 그를 치켜세웠다.

문재인은 과거 역사만 아니라 과거 대통령들에 대해서도 부정적인 태도를 취해왔다. 마치 이전의 모든 역사는 '비민주적'이고 자신의 정권이 '진정한 민주적' 정부라고 자처하듯했다. 그래서인지 이승만과 박정희는 물론 그들 후의 모든 정권의 성과를 평가절하하고 좌편향의 주장을 하여 정계를 사상논쟁의 전쟁터로 만드는 데 앞장섰다. 이승만과 박정희에 대해서는, 자기의 지지세력이 '친일파'이니 '독재자'이니 하며 온갖 악담과 저주 같은 언사를 해도 그들을 자제하도록 한 적이 없다. 오히려 그러한 극단적인 언사를 "정치를 재미있게 만드는 양념"이라고 했다.

문재인 정부는 왜 실패했나?

이 책의 4장은 한국에서 역대 정권의 수행능력을 중심으로 정권의 성패에 영향을 미친 요인들로 다음 여섯 요인을 제시했었다. 즉 (1) 정권의 정당성, (2) 집권엘리트의 국가운영 및 정책수행 능력, (3) 집권세력의 결속력, (4) 권력계승문제, (5) 국가안보와 대외관계이다. 그리고 특히 이런 요인들에 추가해서 대통령의 리더십을 결정적인 요인으로 간주했다. 그의 가치관, 상황판단능력, 조직운영능력 그리고 결단력을 나타내는 리더쉽 자질이 정부의 성패를 결정하는 결정적인 요인으로 보았다. 이런 요인들을 중심으로 지나간 4년 동안의 문재인 정부의 정권으로서의 수행능력을 살펴볼 때 그 정부가 실패한 이유를 다음과 같이 지적할 수 있다.

1) 문 정부의 첫 번째 실패 요인으로 들 수 있는 것은 '정당성Legitimacy' 문제이다. 정권이나 정부에게 정당성은 중요한 요소이다. 정당성은 단적으로 말해서 정부의 권위와 합법성 또는 도덕성을 합친 개념이다. 특정 정부가 존재해야 할 법적 그리고 도덕적 이유를 주장하는 근거를 의미하기 때문이다. 전제정치가 행해지는 왕국에서는 왕국의 건국자의 '직계' 와 혈통에 의한 세습제가 정당성의 근거가 된다. 민주정치에서는 선거제도와 법치주의가 정당성의 근거가 된다. 정권이나 정부가 자유롭고 합법적인 방법에 따라 구성되었을 때 정당성을 확보하게 된다. 그런데 그 정당성에는 '법'만이 아니라 '도덕성'도 내포된다.

정부가 합법적인 방법에 따라 정권을 구성해도 그것이 국민의 신뢰와 지지를 얻고 유지할 때 탄탄한 기반을 갖는다. 정당성의 의미는 국민이 국가의 지도자를 '그 자리에 있는 게 마땅하고 정당하다'고 긍정적으로 여길 때나, 그와 정반대로 지도자가 그런 능력과 자격이 없다고 부정하는 때도 포함하고 있다. 긍정적일 경우 정치적 안정에 도움이 되나 부정적일 경우 정치 불안의 원천이 될 수 있다.

문재인은 집권 후 4년이 넘은 2021년 3월 17일 열린 국무회의에서 "촛불혁명으로 탄생한 우리 정부는 부정부패와 불공정을 혁파하고 투명하고 공정한 사회를 만들기 위해 최선을 다해 왔으나 아직도 해결해야 할 해묵은 과제들이 많다"고 했다. 문재인은 자신의 정부가 '촛불혁명'으로 태어났다고 함으로써 광화문에서 열린 '촛불집회'가 문 정부의 '정당성 근거'가 된다고 말했다. 그런데 누구도 촛불집회를 '혁명적'인 정치활동이었다고 보지 않는다. 박근혜 전 대통령의 탄핵과정도 폭력을 수반한 '혁명'은 아니다. 국회가 소추하여 헌재가 '해직'판결한 법적 절차를 따른 것이다. 아무리 레토릭으로 촛불혁명이라는 말로 문 정부의 집권을 정당화하려 해도 그것은 선거라는 합법적인 절차를 따라 선출된 정부이지 혁명정부는 아니다.

2017년 대통령선거에서 문재인을 대통령으로 지지한 유권자는 전체 투표자의 41퍼센트에 불과했다. 또 문재인은 국무회의의 발언에서 보듯, 촛불혁명으로 태어난 정부임을 강조하면서 정부가 최선을 다해 왔지만 해결해야 할 해묵은 과제가 많다며 기회 있을 때마다 자신이 져야 할 문제와 책임을 과거의 정권이 잘못한 탓으로 돌리는 발언을 자주 해왔다. 그럴수록 국민은 대통령에게 실망하는 반응을 보였다.

문재인 정부의 가장 큰 과실은 법치주의의 파괴이다. 자유와 법치주의로부터의 이탈이다. 법치가 무너지면서 '제왕적 대통령'이라는 비판이 쏟아졌다. 법치주의의 와해나 부정은 곧 민주주의의 와해와 후퇴를 가져왔다. 문재인 정부는 자기를 비판한 언론에 대해 강권을 행사하고 억압하면서 과거 인민민주주의를 주장했던 전체주의체제에서나 썼을 용어로 '민주적인 통제'라는 말로 자신의 조치와 행동을 정당화하였다. 또 시민사회를 장악하기 위해 정체가 불명확한 이익단체나 노동단체에 지원금을 배당하고 어용 언론들과 이익단체를 지원하였다. 시민사회를 장악하여 그것을 친정부세력으로 '일원화Uni-dimension'하려고 했다. 그것은 시민사회의 본질인 다양성과 자율성을 와해시킬 뿐 아니라 민주화과정을 후퇴시키는 결과를 가져 왔다.

법치주의가 무너지고 3권분립이 사라지고 정권의 최고 집권자에게 권력이 집중되었다. 그러나 21세기 오늘의 한국은 군부 권위주의 시대가 아니다. 강권과 정부조직과 군부의 지지로 통치하던 시대가 아니라 김영삼과 김대중의 시대를 거쳐 민주화된 시민사회와 민주적인 정치참여의 시대이다. 문재인이 그 역사적 의미를 제대로 인식하고 있었는지가 의심스럽다.

2) 문정부의 두 번째 실패요인은 정치엘리트의 국가운영과 정책수행 능력 부족이다. 문재인 대통령은 취임식의 식사에서 "한번도 겪어보지 못한 세상"을 약속하였다. 그리고 문재인 정부가 국정과제나 목표로 내세워 추진한 대표적인 정책들로 (1) 탈원전과 월성1호 원자로 폐로, (2) 소득주도 성장정책, (3) 권력구조 개혁(검찰대상), (4) 4대강 보 제거, (5) 평화 프로세스, (6) 미·일 및 대중관계 수정, (7) 코로나방역과 백신확보 등 예방대책을 꼽을 수 있다. 지나간 4년 동안 이런 정책을 놓고 문 정부의 국정운영에 대해 국회의원과 정당 지지층, 언론인, 비평가, 그리고 시민사회의 여러 정치세력 사이에 격렬한 찬반론이 제기되어왔다.

문 정부가 추진해온 주요 정책과제는 탈원전과 대체에너지정책, 소득주도 성장정책, 평화 프로세스, 대중국정책과 대미관계 수정, 검찰을 표적으로 삼은 권력구조 개혁이었다. 그런데 문 정부는 그런 것 중 어느 하나도 긍정적인 성과를 올렸다는 평가를 받지 못했다. 문재인 정부의 집권엘리트의 국정운영 능력은 수준 이하라는 것이 모든 여론조사에서 나타난 중론이다.

문재인 정부가 정부 출범 초 추진한 '경험하지 못한' 정책 중의 하나가 소득주도성장(소주성)정책이다. 그것은 기존의 궤도와 정도에서 크게 일탈한 것이었다. 경제학자들이 그것을 비판했다. 그 정책은 대폭적인 최저임금인상, 근로 52시간제 등으로 기존 경제·산업·환경·교육 분야에 걸쳐 광범한 변화를 가져오려는 것이었다. 소득주도성장정책이 기대한 것과는 반대로 실업자만 늘어났고, 조급하게 추진한 최저임금의 인상문제도 중소기업에 치명적인 타격을 주었다. 대기업은 정권의 불확실하고 예측할 수 없는 정책에 불안을 갖게 되었고 시설투자나 고용에 소극적이었다.

문재인 정부의 또 다른 경제정책인 부동산정책도 일대 참사로 끝났다. 30여 차례의 법률개정으로 부동산시장은 큰 혼란에 빠졌고 집값만 천정부지로 올랐고 세입자들을 절망적인 상황으로 몰아넣었다. 그러면서 문재인이 주장한 '1인 1가구'라는 대통령지시에도 정부나 주변인들의 투기가 횡행하였으나 누구 하나 책임을 지지 않았다. 설상가상으로 LH사건을 통해 집권세력의 부정부패가 표출되고 공정을 부르짖던 정부가 불공정의 상징이 되었다.

문 정부는 추진하려던 경제정책이 실패했는데도 그것을 재검토하거나 반대 의견을 수렴하여 정책을 수정하려는 자세는 전혀 보이지 않았다. 자신들의 정책이 틀릴 수 없다는 듯이 자기주장을 고집하였을 뿐이다. 잘못을 겸허하게 받아들이지 않고 사실을 왜곡하거나 거짓말과 숫자를 날조하면서 자기주장을 고집하는 오만과 독선적인 태도를 보였다. 문 정부의 최대 목표인 정권 재창출을 위해서는 목적달성을 위한 수단만이 보일 뿐 국가의 장기적인 목표와 그것을 뒷받침할 이념과 정책을 논하면서 국민합의를 조성하려는 일엔 관심을 보이지 않았다.

문재인 정부의 또 다른 정책은 정부의 권력구조 개편이었다. 결과적으로 이 정책은 '개혁'이라는 미명으로 사실은 기존 검찰조직을 개편하여 정권 측 인사들이 주도권을 잡도록 하려는 데 목적이 있음이 드러났다. 문 정부는 말끝마다 정의와 공정을 실천하겠다고 약속했다. 진보세력을 자처한 문 정부가 마치 정의를 독점하는 것처럼 행세해왔다. 그러나 집권 초부터 문 정부는 그 자신들의 부정과 비리를 감춘 채 정의로운 정부를 자처하며 무책임한 일련의 불법행위를 저질렀다. 대통령의 친구를 시장으로 당선시키기 위해 조작된 부정사건으로 프레임을 씌워 야당의 강력한 후보를 탈락시켰다.

청와대 대변인이 불법으로 부동산에 투기하여 큰 이득을 본 것이 탄로나자 도중하차하였다. 그 후 조국 전 민정수석과 그 아내가 꾸민 입시부정사건을 옹호하려다 1년 동안 온 세상을 들끓게 하였다. 발단은 자기자녀들의 대학입학을 위해 불법으로 사문서를 위조하다 탄로가 난 조국 전 서울대 법대 교수와 그의 처 정영심 전 동양대교수를 고발한 검찰총장을 추출하려는 데서 비롯되었다. 2019년부터 2020년까지 1년에 걸쳐 일어났던 조국 사건을 둘러싼 추미애 법무부장관과 윤석열 검찰총장 사이에 있었던 대립을 국민은 직접 눈으로 똑똑히 보면서 '정의'를 외치던 문 정부의 민낯이 그대로 드러나는 것을 볼 수 있었다.

문 정부의 정치엘리트는 국가운영을 하는 과정에 이승만의 독재정치나 박정희의 군부정치에서 적어도 명목상으로나마 국론통일을 위한 수단으로 활용해 온 '자유민주주의'를 완전히 외면하고 무시하면서 아무런 대안도 제시하지 못하고 방황하여 정치적 아노미 현상을 초래하였다. 뿐만 아니라 국민을 친문親文과 반문으로 갈라놓았다. 노동자와 기업주 사이를 갈라놓았으며 이미 갈라진 지 오래된 호남과 영남 사이를 더욱 치열한 감정대립상태와 이기주의로 대립하도록 갈라놓았다. 반기업적 사고에 젖어온, 경제와 정치 현실에 어둡고 경험이 없는 운동권 출신의 청와대 참모진이 세운 정책은 모두 실패했다.

문제는 있었으나 제대로 돌아가던 시장경제라는 기계에 커다란 망치를 박아놓아 기계를 고장나게 하는 것 같은 결과를 가져왔다. 장기집권을 위한 포석으로 여겼는지 모르나 '복지'라는 이름으로 저소득층을 위해 빚을 져가면서도 과거 어느 정부보다 많은 재정지원을 했다. 그러나 모두가 일시적인 효과를 냈을 뿐 그들에게 실질적으로 변화를 가져올 수는 없었다.

지난 4년간의 문재인 정부의 정치엘리트의 정부 운영능력과 정치적 수행력performance을 평가한다면 모두 실패했다고 보는 것이 온당하다. 최근에 수시로 발표되고 있는 다수의 여론조사 결과가 그것을 뒷받침하고 있다. 조사결과 문 정부가 "잘못하고 있다"라고 응당한 비율이 50퍼센트 수준이다. "잘하고 있다"는 응답자의 비율은 30~40퍼센트 사이에 머문다. 이것은 호남지역의 압도적이고 고정적인 지지율이 반영되고 있을 것으로 추측된다.

이것이 문재인 정부가 집권한 후 4년 동안 "한 번도 겪어보지 못한 세상"으로 변한 한국의 정치와 경제가 겪은 혼란상의 전모이다. 문재인 정부의 집권세력이 추구한 구체적인 목표는 하나뿐이었다. 좌경화 세력의 장기집권이었다. 그 목적을 달성하기 위해서는 정책의 일관성이나 실효성이나 정당성 따위는 관심도 없다. 물론 과거를 돌아볼 필요도 없다. 그것을 인정하지도 않는다. 이것도 운동권 출신들이 갖는 독선주의가 갖는 특성이다. 또 목적을 위해서는 수단을 가리지 않는다. 그래서 문 재인 정부의 한국정치가 집권 후부터 뒤죽박죽이 되었다. 그리고 정책과 공약내용의 '뒤집기'를 예사로 했다.

문재인 정부가 최대 주요정책으로 삼은 것은 평화 프로세스라고 호칭한 대북정책이다. 그것은 국민 사이에서 비상한 관심사가 되었다. 한국의 대북관계에 큰 변화를 가져올 수 있었다. 성공하면 정권유지만이 아니라 문재인 정부가 노리던 좌익세력에 의한 영구집권의 꿈도 실현 가능성이 높은 정치·군사적 전략이었다. 또 국민의 안전과도 직결되는 것이었다. 평화 프로세스라는 이름으로 진행된 대북정책은 그런 다양한 목적을 지녔다.

김대중 정부의 '햇볕정책'도 평화 프로세스였다. 그러나 의도와는 달리 아무런 성과 없이 끝났다. 햇볕정책은 이른바 '기능주의 이론'이라는 잘못된 가정 위에 수립되었다. 경제적 협력이 정치적 협력과 평화로 유도한다는 대전제를 근거로 했다. 그러나 이 주장은 자유민주국가들 사이에나 적용될 수 있었지 공산국가와 비민주국가 사이에 적용된 적이 없다. 또 햇볕정책이 실패한 것은 미국이 한국에 강한 브레이크를 걸었기 때문이었다. 김정일이 서울방문을 할 수 없었다는 것도 또 하나의 이유이었다. 문재인의 경우도 김정은의 서울방문은 무산되었다. 큰 이유는 북한의 대륙간탄도미사일과 핵개발이 미국을 위협하기 시작했기 때문이다. 문재인 정부의 '평화 프로세스'라는 대북정책도 김대중의 햇볕정책 같은 전철을 밟았다.

문재인은 평양을 방문하는 동안 '남북한 군사협의'를 맺어 휴전선에 설치되었던 감시체제를 해이하게 만들었다. 휴전선 주변을 감시하던 공군의 공중정찰을 금지했다. 한국군의 최전방 방위체제를 해이하게 만들 위험을 자초했다. 마치 남북한의 군사적 대결이 종식이나 되는 것 같은 착각을 갖게 했다. 휴전 당시 설정한 해상경계선의 일부를 북한 측의 요구에 따라 양보하기도 했다. 문 정부는 이 모든 조치가 남북한 사이에 평화적인 관계가 진전하도록 하는 데 필요한 군사적 조치라고 주장했다. 북한으로부터는 군사위협이 없을 것 같은 환상을 갖도록 했다.

그런데 문재인 정부의 평화 프로세스는 '평화주의 도덕론pacifist moralism'이라는 용어가 지적하는 문제점을 안고 있었다. 무장한 나라들에 의해 둘러싸여 있는 나라의 지도자가 '무장 없는 무방비상태가 최선의 방어책'이라는 역설적인 군사전략을 택하기로 하고 다른 나라의 지도자들도 그의 역설적인 전략을 수용하리라고 믿고 있다면 그 지도자는 '평화주의적 도덕주의'에 빠져 있는 것 이다. 집권 후, 미국의 핵우산 아래에 있는 남한의 대통령으로서 북한을 향해 남북한의 비핵화를 주장하였다. 듣기로는 매우 개방적인 제안으로 볼 수 있으나, 이것은 남북한이 같이 비무장화하는 것이 한반도의 평화유지를 위한 최선의 방어책이라는 주장과 같다. 바로 평화주의적 도덕론이라는 역설적인 전략을 제안한 것이나 다름없다.

문재인 정부가 많은 비판에도 불구하고 평화프로세스에 집착하게 된 이유는 자세히 알 수 없다. 일설에 의하면 2018년 한국의 특별사절사단이 평양을 방문했을 때 김정은이 사절단에게 "핵무기는 물론 재래식 무기를 남쪽을 향해 사용하지 않을 것"을 확약했다는 것이다. 이것은 달리 말하면 북한이 남한을 공격할 의도가 없으니 남한이 '무장해제해도 안전하다'는 주장이나 다름없다. 그런데도 김정은은 "무장 없는 무방비상태가 최선의 방어책"이라는 주장을 자신에게 적용하려고 하지 않고 남한을 공격할 의도가 없으니 남한은 미국의 핵우산에서 벗어나고 주한미군을 철수시키면 평화를 이룰 수 있다고 주장한다.

이것은 김정은의 '한반도 비핵화'라는 주장에 숨은 의도가 무엇인지를 보여준다. 한반도의 비핵화란 실질적으로 북한과 남한의 '동시 비핵화'이다. 남한이 핵무기를 보유하지 않을 뿐 아니라 미군의 핵보호에서도 벗어나야 한다는 주장이다. 이것이 북한 측이 생각하는 한반도 비핵화의 의미이다.

그러나 북한의 실정으로 보아 북한이 스스로 비핵화로 '무장해제'를 할 의도는 전혀 없다고 보아야 한다. 사방이 핵 보유 강국들에 의해 둘러싸인 북한의 김정은이 "북한이 남한을 핵 공격할 의도가 없으니 핵무장하지 말고 안심하라"고 한국을 향해 마치 '평화주의적 도덕주의' 논리를 권고하려고 하지만, 김정일 자신이 '비무장이 최선의 방어'라는 정책을 따를 의지는 조금도 없다. 그것은 김정은에게 자살행위나 마찬가지이기 때문이다. 평화 프로세스가 실패할 수밖에 없었던 근거가 여기에 있다.

어떤 전문가는 문재인의 평화 프로세스를 과거 스웨덴에서 있었던 인질 사건에서 비롯된 '스톡홀름증후군'으로 설명하고 있다. 인질로 잡힌 사람들이 인질범의 얄팍한 일시적 선심에 감동하여 인질범을 사랑하고 동정하게 된다는 것이다. 한국에서 그런 현상은 북한이라는 우리의 동족이 혹독한 역경 속에서 "핵무기를 개발하고 우리가 감히 상상할 수 없는 세계 최강국인 미국을 상대로 싸움을 하고 있다"든가 "같은 동족인데 우리에게 핵무기를 사용할 수 있겠는가"라는 식의 주장으로 나타난다. 핵무장한 북한을 자랑스럽다거나 그것을 사용하지 않겠다고 말한 북한의 '선심'에 감동하는 경우라고 할 수 있다.

그러나 평화 프로세스는 시작한 지 2년이 지나기 전에 북한의 일방적인 파기행동으로 좌초하였다. 북미회담으로 미국의 대북경제제재 완화를 기대했던 북한은 회담이 실패하자 한국을 향해 온갖 욕설로 비판하였고 남북관계는 다시 이전상태로 돌아갔다. 아직 북한과의 협상 가능성에 미련을 갖는 나라는 한국 정부뿐이다. 미국은 트럼프와 다른 대북한 정책을 추구할 것으로 전망되고 또한 실제로 그렇게 실행되고 있다. 지금 문재인의 평화프로세스에 동조하는 척하는 나라는 아마도 중국과 북한 뿐일 것이다.

문재인 정부는 한국의 기존의 외교관계를 일탈한 정부이다. 특히 문 정부가 추진한 중국편향과 반일·반미 지향의 외교는 한국이 그동안 쌓아온 대외관계의 틀을 흔드는 '모험주의' 발상이다. 문 정부는 집권 초부터 중국과의 관계변화에 큰 비중을 두었다. 여기에는 경제적인 이유도 있었다. 원래 반미反美경향이 강한 좌경화된 집권층의 중국 공산주의에 대한 환상과 친화성과 호감이 작용했을 것이다. 문 정권의 최대 목표의 하나인 '평화 프로세스'를 추진하기 위해 중국의 후원과 개입도 필요했다.

그러나 감정적인 반일정책과 편향된 대중국관계가 한국의 국가이익에 얼마나 이득과 손실을 가져왔느냐를 생각하면 득보다 실이 너무나 크다. 대중관계나 일본과의 불합리한 감정대립이 가져오는 이익은 그동안 한국이 우방국이나 동맹국과의 관계를 통해 얻은 국가이익과 비교하거나 논의할 가치조차 없다. 국가이익에 대한 균형감 없는 정책으로 인해 우방국이나 동맹국의 반감과 심지어 불이익을 자초하는 심각한 문제를 야기하였다.

3) 문 정부의 실패 요인으로 세 번째로 들 수 있는 것은 586세대라고 불리던 집권층의 결속력과 응집력문제이다. 이념지향적인 집단이 갖는 결속력은 강하지만 범위도 좁고 지지기반도 협소하다. 그런 이유로 집권 엘리트는 매우 배타적이고 독선적이었다. 문재인 정부가 다양한 세력의 지지를 받지 못한 것은 그런 이유 때문이다. 특히 권력과 결탁한 운동권 출신이 비리와 부정행위에 연루되면서 국민의 문 정부의 집권층에 대한

불신과 실망이 높아졌다.

문 정부의 집권엘리트는 결속력을 지닌 동시에 동질성을 지녔다. 여러 가지 이유가 있지만 그중 하나는 경직된 좌익성향의 사고방식을 공유한 데서 비롯되었다. 집권엘리트 사이에서 동질성과 결속이 강할수록 중요 쟁점에 대한 다양한 의견을 수렴하기 어렵다. 반대의견을 주장하는 것이 마치 동질과 결속을 해치는 이질적인 행동으로 보일 수도 있기 때문이다. 그런 점에서 문 정부의 정치엘리트의 경직되고 이념지향적인 결속이나 동질화 현상은 오히려 배타적으로 작용하여 외부의 전문가나 관료의 의견을 외면함으로써 정책수립이나 이행과정에서 많은 시행착오를 가져오는 요인으로 작용하게 되었다.

문 정부 집권층의 핵심을 구성한 것은 좌파이념지적인 사람들로 알려졌지만 시간이 갈수록 집권층 내부에 균열이 생겼다. 문재인의 지지세력도 온건한 지지층과 문 정부의 정치성향을 공유하면서 과격하고 거의 광신적인 지지층으로 분열되었다. 문재인이 "정치를 재미있게 만드는 양념"이라 부른, 일종의 이슬람 근본주의자들을 연상시키는 것 같은 과격 지지층이 문 정부를 위해 온갖 형식의 테러와 불법행동으로 민주적인 정치질서를 파괴하고 법치주의를 해치는 행동을 취함으로써 오히려 많은 사람을 문 정부로부터 등을 돌리게 하는 역작용을 낳기도 했다. 그런 결과로 문 정권에 대한 국민의 신뢰도는 시간이 갈수록 낮아졌다. 대통령의 임기 말이 가까워질수록, 초조해진 집권세력은 정권 재창출을 위해 수단 방법을 가리지 않는 양상을 드러내고 있다. 노골적으로 법질서를 파괴하면서 국회에 절대다수를 차지한 더불어민주당은 빨가벗은 권력에 의지하여 집권연장을 기도하며, 그것을 가로막은 권력기관인 검찰조직을 무력화하는 시도를 하고 있다.

4) 넷째로 그리고 가장 중요한 실패 요인은 문재인 대통령의 리더십이다. 대통령중심체제에서 대통령은 국사와 관련된 모든 책임을 진다. 내각책임제의 경우는 내각이 집단책임을 지고 사퇴한다. 대통령제에서는 국가의 최고지도자가 맡은 업무와 책임은 막중하다. 대통령 혼자만이 궁극적으로 국가의 존폐와 명운을 좌우하는 문제들에 대한 최종적인 결정권과 아울러 자신의 행동에 대한 전적인 책임을 지고 있기 때문이다.

국민의 눈에 비친 문재인 대통령은 일국의 최고책임자로서 국민이 안심하도록 자신 있게 국사를 이끌어 나가기에 능력이 부족했다. 국가운영에 대한 자신감과 확신을 가진 지도자의 이미지는 아니었다. 한 나라의 국가원수元首로서 갖추어야 할 견식과 통찰력을 지닌 지도자의 면모는 아니었다. 미국이나 다른 선진국 영수들과의 회담과 그 후의 기자회견에서 보인 문재인의 모습은 당당하기보다 초라해 보였다. 미국에서 트럼프 같은 중요 국가원수와의 회담에 A4용지에 쓴 메모를 가지고 대화하는 모습이나, 미국기자들의 질문에 동문서답으로 답하는 모습이 미디어를 통해 전 세계에 전달되는 것을 본 많은 국민은 씁쓸한 느낌이었다.

국내에서도 1년에 한두 차례 가진 기자회견에서도 기자들의 질문에 응답하는 대통령의 퍼포먼스performance는 국정에 대해 자신있게 설득력으로 응답하는 것이 아니라 마치 각본에 따라 움직이는 연기자와 같은 이미지이었다. 야당에 대해서는 '협치'를 주장하면서 야당과 제대로 대화나 협상을 주선하거나 여야 간의 갈등을 조정하려는 대토를 보이지 않았다. 다른 민주국가의 대통령처럼 언론과의 정규적인 인터뷰를 통해 국민에게 국정을 상세히 설명하고 국민과 언론의 비판과 평가에 응하는 개방적이고 자유로운 의사소통하는 대통령이 아니었다. 국민이 접하는 대통령은 신문에 실린 청와대 비서진과의 정규적인 회의에서 지시하는 모습이었다.

문재인은 대통령 취임식에서 한 연설에서 "한 번도 경험하지 못한 나라"를 만들겠다고 약속했다. 4년이 지나고 임기가 끝나가는 이 시점에서, 다시 문재인 정부는 어떤 성격의 정부였나를 묻게 된다. 박근혜 전 대통령의 탄핵이라는 한국정치사에 처음 일어난 정변이 가져온 혼란 속에서 실시 된 대통령선거에서 당선된 문재인 후보가 집권한 후 정치·경제·문화 그리고 대외관계에서 추진했던 정책들은 모두가 실패하였다. 가장 큰 이유는 문 정부가 한국이 기존의 역사와 경험으로 쌓아놓은 궤도에서 크게 일탈逸脫한 정부이었기 때문이다.

문 정부는 어둑한 좌익사상으로 무장한 소수세력이 장악한 정부이며 제대로 된 좌파정부도 아니고 물론 자유주의 민주정부도 아니다. 굳이 평가한다면, 문재인 정부는 '사이비 민주주의 정부'로 가장한 중남미형의 좌파 포퓰리스트 정권을 모방한 정부이다. 정부가 의도했던 정책들이 실패하자 당황한 문 정부에게 남은 유일한 목적은 정권 재창출이 되었다. 다음 대선에서 그 목적을 달성하기 위해 국민을 지지층과 반대층으로 양분시키고 지지층의 확대를 위해 최악의 '금전살포정치'로 전락하였다.

문 정부는 민주정치의 기본가치인 자유를 경멸하고 법치주의와 3권분립제도를 훼손했으며, 검증되지 않은 이념에 집착한 정책으로 경제적 파탄을 가져온 실패한 정부이다. 문 정부는 이슬람 근본주의자들을 방불케 하는 광적인 지지층을 이용하여 우방국인 일본과 쉽게 해소하기 어려운 갈등을 빚었고 한국의 국가이익과 위상에 크게 손상을 입혔다. 편향된 대중국정책으로 미국과의 기존의 동맹관계 유지에 심각한 차질을 빚게 함으로써 북한의 위협에 대처하려는 한반도에서의 한·미 안보체제의 입지를 '구조적'으로 와해시킬 위험성을 가져왔다.

문 정부가 가장 역점을 두었던 것이 평화 프로세스라는 대북정책이다. 그러나 평화 프로세스는 남북한이 핵 강대국들에 들러싸여 있는데 '핵

없는 무방비상태가 최상의 방어책'이라는 '한반도의 비핵화'를 주장하여 평화주의적 도덕주의의 역설적인 군사전략에 기초하고 있다는 모순을 지녔다. 문재인의 평화 프로세스는 김정은이 '핵을 포기한 무방비상태가 최상의 방어책'이라는 역설적이고 평화주의적 도덕주의라는 군사전략을 채택하기로 하지 않는 한 성공할 수 없다. 그러나 김정은이 핵무기를 포기한다는 것은 자살행위나 마찬가지이다. 평화 프로세스는 시작한 지 2년이 지나기도 전에 모든 남북관계가 중단상태에 빠지면서 남북한이 다시 전과 같은 대결 상태로 돌아갔다.

민주정치와 정의, 어떻게 회복하나?

대한민국이라는 국가는 2차 세계대전 후 미·소 간의 극한 대립 속에서 역경을 딛고 태어난 국가다. 미래가 보이지 않고 38선 이남에서 남한을 지키던 미군이 철수하기 시작하는 어둡고 불안한 시기에 남북분단의 아픔을 겪고 출범한 국가이다. 그리고 대한민국이 건국 된 지 2년도 지나기 전인 1950년 6월 25일 소련과 중공의 지원 아래 김일성이 남침을 감행함으로써 북한이 무력으로 적화통일을 달성하려던 직전에, 유엔군의 참전으로 북한에 의한 남한의 공산화는 실패했지만 전쟁으로 북한과 남한 전역이 잿더미로 변했다. 이것은 삼척동자도 다 아는 역사적인 사실이다. 이념이나 편견의 색안경을 끼고 현재의 입장에서 과거를 인식하려는 것처럼 위험하고 무모한 일은 없다. 왜냐하면 인간의 능력에는 한계가 있는 것이어서 노란색의 안경을 쓰고 보면 세상이 노랗게 보이기 때문이다.

대한민국의 국가건설단계라는 시각perspective에서 볼 때 이승만은 대한민국을 건국한 지도자로서 한국을 국제사회(특히 UN)에서 인정받은 국가로 만드는 데 결정적인 공을 세웠다. 그것은 국가건설단계라는 시각으로 보면 '국가적 정체성'의 확립의 단계로 규정할 수 있다. 물론 한국이 '분단국가'이고 그 권한이 남한이라는 지역에 국한된 것이라 해도 국가로 지위를 확보한 것이 중요한 일이다.

한국은 국가건설과 '주체성' 확립부터 다음 단계인 '국가통합'의 단계로 가기까지 근 20년이 걸렸다. 이승만정부는 국가로서나 정부로서 모든 구색은 갖추었다. 정부조직도 형식을 갖추었다. 경찰과 군대도 있었다. 국가를 지탱하는 요소도 갖추었다. 자유당이라는 정당도 구색은 갖추었다. 그러나 자유당정부의 국가운영은 순조롭지 못했다. 문제는 경제적 빈곤상태였다. 국민의 절대다수가 실직상태였고 권력층의 부패가 만연하였다. 중앙집권체제였지만 중앙집권화 수준은 낮았다.

박정희의 군부정권은 이승만 정부의 이런 문제와 약점을 강력한 군대조직을 가지고 '힘'을 통해서 극복한 정권이다. 군부가 '망국세력'이라고 불신해온 민간정치인들을 숙청하고 대신 기술관료들을 대폭 충원하여 군부주도의 정부를 구성했다. 이것은 곧 '힘'과 '폭력'과 '조직력'을 가지고 전국을 하나의 통치권으로 전환시키는 결과를 가져왔다. 동시에 민간인 기업가들을 재편성하여 정권의 경제정책의 파트너로 만들었다. 결과는 고도경제성장이고 소위 '한강의 기적'이었다. 무엇보다 국가건설단계의 시각에서 보면 이승만 정권보다 '국가통합integration'의 수준을 한 단계 높여 준 셈이다.

박정희 정권의 국가통합방법은 구소련이나 나치독일 같은 전체주의체제처럼 국민을 '공포와 테러'로 강제로 통합하는 방식은 아니었다. 박정권의 집권 초기에는 전국적인 조직망을 갖춘 정보부를 신설하여 반대세력을 통제하였다가 5개년 경제계획이 성과를 보게 되자 자신감을 갖게 된 후 힘보다 경제발전을 공동목표로 내세우는 '국민화합'을 강조하였다. 박 정권은 그 바탕 위에서 고도경제성장을 이룩할 수 있었다. 그러다 박 정권은 3선 개헌과 유신체제의 도입으로 내부적으로 크게 금이 가기 시작했다.

하나의 아이러니는 세계에서 빠른 시일에 산업화와 고도경제성장과 군사력강화가 모두 독재자들에 의해 이루어졌다는 사실이다. 그렇기에 심지어는 "경제발전을 하려면 독재가 필요하다"는 말이 나올 수 있다. 나쁜 예이지만 소련, 독일, 이탈리아, 군국주의 일본이 그렇다. 모두가 늦게 근대화를 달성한 나라들이고 희대의 독재자가 출현한 나라들이다. 그런데 역사는 그런 독재자들에게 결코 친절하지 않았다. 오히려 그들에게 증오의 눈길을 보낼 뿐이다. 역사는 경제적 업적만으로 지도자를 평가하지 않는다. 한국에도 박정희의 출현을 놓고 '축복'으로 여기는 지지층이 있었고 '악'으로 비난하던 진보와 반대세력이 있었다. 그러나 많은 국민은 그를 '필요악'으로 여겼다. 특히 한국에서 민주주의의 가능성에 비관적이었던 지식층 가운데 그런 경우가 많았다.

군부정권에 맞서 전개된 한국의 민주화운동은 1960년대에 시작하여 1980년대에 절정에 달했다. 김영삼과 김대중은 모두가 1960년대 민주화운동에 첫발을 디뎠던 정치가들이다. 그들은 박 정권하에서 야당을 통해 꺼져가는 민주화운동의 불씨를 살리는 활동을 계속했던 민주투사이었다. 그런 그들에게 '민주주의(민주화)'라는 단어는 하나의 '주문'처럼 되었다. 박정희에게 감히 반대와 도전의 깃발을 들었던 두 사람이었다. 그들은 1990년대에 이르러 국가건설의 3단계인 '민주적인 정치참여의 확대'와 '법치주의의 회복'의 길을 여는 데 앞장섰던 지도자들이었다.

노무현 정부나 문재인 정부의 가장 큰 과오는 이런 역사와 김영삼과 김대중 대통령이 가졌던 민주화의 신념과 열정을 공유하지 않았다는 사실이다. 노무현과 문재인의 '민주화'의 의미는 김영삼이나 김대중이 생명을 걸고 싸웠던 '민주화'의 의미와 같은 것인지, 아니면 그것과 내용이 전혀 다른 의미의 것인지가 의심스러웠다. 그런데 문재인 집권 후 문재인의 '민주화'는 그들과는 의미가 다른 것이 드러났다. 문재인 정부 아래 헌법은 무시되고, 사법부의 독립은 사라졌고, 언론의 자유는 크게 제한되었고, 야당에 대한 정부나 여당의 자세는 타협이나 협상이 아니라 대결로 일관되었다. 말로는 '공정'과 '정의'를 외쳤지만 집권엘리트와 그의 주변세력을 둘러싼 엄청난 권력형 비리와 부정부패가 폭로되면서 정부에 대한 불신과 공분만 크게 늘어났다.

세상에는 '착한 정부' 또는 '좋은 정부'는 없다. 다행이도 해방 후 오늘에 이르기까지 한국에는 구소련이나 독일 나치 같은 '최악의 아주 사악'한 정권은 없었다. 나쁘다거나 더 나쁘다는 정권은 있었다. 그러나 '아주' 나쁜 정부는 없었다. 물론 좋다와 나쁘다는 기준은 애매하기는 하다. 도덕적인 잣대로 논할 수도 있고 유능과 무능이 기준이 될 수도 있다. 두 가지 모두가 적용될 수도 있다. 무능하면서 도덕적으로 타락한 정치는 매우 나쁜 정치상황이다.

이승만 정부도 한국을 독립국가로 확립하고 국제적으로 인정을 받았고 국민에게 자유와 법치는 제한하였지만 북한의 6·25 남침으로부터 안전과 생명을 보장하는 데 기여한 정부였다. 박정희 정부도 빈곤의 악순환으로 허덕이던 국민과 국가를 경제대국의 국민으로 탈바꿈시키고 국가의 안보체제를 확고하게 한 공이 있다. 인권을 탄압하고 정권의 장기화를 노린 '나쁜' 면도 있었지만 '악'한 정부는 아니었다. 도덕성보다 능력을 평가의 기준으로 한다면 이 정부와 박 정부는 '공'과 '과'의 양면을 지닌 정부였다.

김영삼과 김대중 두 대통령도 민주화를 위한 오랜 투쟁 끝에 민주정권 수립에 기여한 업적은 역사적으로 높이 평가되고 있다. 김영삼은 20여

년의 군부통치에 종지부를 찍기 위해 '하나회'를 해산시키고 두 군부정권의 집권자를 감옥에 보냈다. 김대중은 북한을 방문하는 첫 한국 대통령이 되어 남북한 사이에 새로운 차원의 관계개선의 길을 열어주었다.

역대 대통령이 남겨놓은 업적들은 한국정치가 겪은 정치적 유산遺産과 같은 것이다. 그것은 집권자의 민낯을 그대로 비쳐줄 수 있는 거울과 같다. 현명한 지도자라면 그런 정치유산을 귀중하게 여기고 그것으로부터 많은 영감과 교훈을 얻으려 노력할 것이다. 특히 한국에서 자유와 법치주의가 정착하기 어려웠던 이유와 그것을 극복하고 민주정치 절서를 정착하는 역사를 깊이 있게 이해하는 데 도움을 줄 수 있다.

문 정부는 4년 동안에 경제파탄을 가져왔고 외교적으로 고립과 딜레마를 자초했고 국론을 분열하도록 하였다. 소수인 야당의 비판을 외면하였고 정부의 정책을 비판하는 목소리에 진지하게 귀를 기울이지 않았다. 잘못된 정책을 수정하려는 겸손한 자세는 볼 수 없었고 자기만이 옳다는 식의 오만과 독선으로 일관하였다. 학계나 전문가들의 견해를 무시하고 해방 후 온갖 고난과 노력과 희생으로 쌓아온 한국역사를 자기들의 편향되고 왜곡된 시각으로 제멋대로 일방적으로 뒤집는 과오를 범했다. 이런 사실만으로도 문 정부는 능률면에서 '나쁜' 정부로 평가되지만 그보다 더 중요한 것은 문 정부의 도덕성 문제에 대한 부정적인 평가이다. 그래서 문재인 정부는 도덕적으로나 능률면에서 '아주 나쁜' 정부로 부정적인 평가를 받는다 해도 놀라운 일은 아니다.

이런 정부가 또다시 뒤이어 나타나는 일같이 가장 두려운 일은 없다. 그것은 두려움을 넘어 악몽nightmare이다. 또 다른 "문재인 정부 같은 정부"의 등장은 막아야 한다. 그래서 문 정부가 무너트린 민주정치와 법치주의를 다시 올바른 궤도 위에 올려놓는 회복차원을 넘어 문재인 정부 같은 정부의 재발까지 막을 수 있는 길을 찾아야 한다. 이것은 단순히 문 정부 이전의 것으로 돌아가야 한다는 뜻이 아니다. 앞으로 집권할 세력은 '무엇이 잘못되어서' 문 정부 같은 일탈적인 정부가 나오게 되었는지 그 이유를 깊이 성찰해야 한다. 그런 일의 재발을 방지하기 위한 과감한 단기 및 장기적인 개혁과 쇄신을 추진해야 한다.

문 정부가 무너트린 민주정치와 헌정질서를 바로잡아야 할 일들은 일일이 세기 어려울 정도로 많다. 단기short-range로는 그동안 문 정부가 실시한 정책들을 재검토하고 정리하는 일이다. 문 정부의 무능하고 무원칙적인 정책이 경제분야, 안보분야, 그리고 외교분야에 미친 결과는 광범하다. 그것들은 시간을 두고 바로잡아야 한다. 정치와 관련해서는 단기적인 동시에 장기적으로 그리고 지속적으로 추진할 내용의 것으로 다음 세 가지를 지적할 수 있다. (1) 다양하고 자율적인 시민사회 건설, (2) 국론분열을 극복하여 새로운 국민합의consensus 조성, (3) 안정된 보수·진보주의 정당체제의 정착이다.

이 세 개의 과제는 한국에 자유민주주의 정치질서를 정착시키기 위해 반드시 추진하고 실현해야 할 과제들이다. 건전한 자유민주사회를 건설하기 위해 거쳐야 하는 과정이기도 하다. 이 과제들은 단시일 내에 쉽게 달성할 수 있는 것은 아니다. 한국에서 국가정체성을 확립하고 국가통합과 경제발전을 이루는 데 1948년부터 1970년 후반까지 근 '30'년이 걸렸다는 사실에 비추어본다면 앞으로 민주적인 정치참여를 통해 '질서와 정의'가 정착하기까지 상당한 시간이 걸릴 것으로 보아야 한다. 적어도 10여 년 이상 또는 보다 긴 시간이 걸릴 것으로 내다보아야 한다. 그런 점에서 여기에 열거한 세 가지 목표는 민주정치가 정착되기 위해서는 계속해서 장기적인 과제로 추진할 내용의 것들이다. 한국의 민주정치의 미래가 이 과제들을 성공적으로 달성하느냐에 달려 있다.

1. 다양하고 자율적인 시민사회 형성

첫 번째 과제는 시민사회의 순화와 바로 세우기이다. 시민사회의 본질은 '다양성과 자율성'에 있다. 그것이 사라진 시민사회는 권력의 통제 아래에 있는 잡다한 사회집단들이다. 문 정부의 시민사회는 그런 다양성과 자율성을 상실하게 되었다. 그래서 시민사회를 본래의 목적대로 회복시켜야 한다. 자율적이고 안정된 시민사회가 건전한 민주정치를 만들 수 있다. 민주화가 되었다고 자동적으로 시민사회가 조성되는 것은 아니다. 시민들이 건전하고 민주적인 시민사회를 건설해야 한다. 그 이유는 간단하다. 민주적인 시민사회 없이는 민주정치는 없기 때문이다. 달리 말하면 사회가 비민주적인데 정치는 민주적인 나라는 없다. 시민사회가 권위주의적이고 무질서하고 불안정한데 정치가 민주적으로 변화할 수 없다. 정치가 민주적으로 변화하려면 시민사회가 민주적이어야 한다. 정치적인 변화의 원동력은 정치가 아니라 사회에 있다는 것이다. 민주적인 시민사회의 형성만이 정치적으로도 건전한 민주정치를 형성할 수 있다.

민주화 후 특히 두 김 전 대통령의 후원 아래 시민사회가 모습을 나타냈다. 권위주의정치 밑에서 '자율적'인 활동이 크게 제한받아온 탓으로 민주화하면서 민간단체들이 우후죽순 격으로 나타났다. 그러나 대부분의 단체가 시민사회를 형성하는 역할을 할 수준은 아니었다. 그런 상황에서 민주화의 대세에 편승한 운동권 출신의 진보세력이 일찍이 시민운동을 중심으로 주도권을 장악하였다. 권위주의 정권에 협력했거나 보수적인 정치성향의 집단들은 시민운동이나 시민사회에 대해 큰 관심을 주지 않았다. 결국 시민사회는 좌파 내지는 그 동조세력의 점유물이 되었다.

시민사회를 좌경화하면 좌파 정당에게 유리하다는 것을 안 것은 좌경화된 집단이었다. 다시 말하면 좌익세력은 시민사회를 장악하면 정치도 장악할 수 있다는 것을 알고 있었다. 민주세력이 시민사회에서 주도권을 잡기전에 선수를 친 것이다. 김대중 정부 때 시작하여 노무현 정부 때부터 본격화한 활동을 전개하기 시작한 전교조가 그것이다. 전교조는 민주시민으로 성장해야 할 학생들만 아니라 앞으로 그들에 의해 발전되어야 할 민주적인 시민사회의 장래마저도 유린하고 있다고 해도 과언이 아니다.

전교조는 시민단체도 아니다. 엄밀한 의미의 노동단체라고도 할 수 없다. 그러나 그 단체가 지닌 심각한 문제는 그것이 어린 학생들을 '민주시민'으로 정치화politicization하는 것이 아니라, 과거를 부정하거나 편향되고 좌경화된 교육내용을 학생에게 일방적으로 주입시키고 있다는 사실이다. 학생을 민주시민으로 교육시키는 것과는 상반된 일이 벌어졌다. 이것은 자라나는 후세들을 건전한 민주시민으로 교육하는 것이 아니라 일방적이고 심지어 왜곡된 사상으로 무장시키는 결과가 된다.

민주국가에서 국민을 민주시민으로 육성하는 대행자agents는 가정, 학교, 교회, 시민단체, 정당이다. 민주시민으로서 갖추어야 할 규범으로 시작해서 자국의 역사와 정치에 관해서 되도록 객관적으로 다루는 정신교육을 하고 있다. 가장 특이한 시민교육을 해온 나라는 독일이다. 나치정권하에서 최악의 독재정치에 순치되어 온 독일 국민을 '정치학교'라는 전국적인 규모의 조직을 설치하여 교화하고 순화시켜 민주시민으로 정치화하는 작업을 했다. 그것이 오늘의 민주국가인 독일로 변화하는 데 중요한 역할을 했다. 독일에 건전하고 활성화된 시민사회의 등장을 가져왔다.

전교조는 단순히 교사들의 신분보장을 위한 이익단체라는 차원으로 머물지 않고 있다. 그것을 본래의 목적으로 환원시켜 교사의 이익을 보호하고 복지향상에 도움이 되는 것으로 변화시켜야 한다. 전교조 소속 교사들이 주입시켜온 내용의 교과서를 철저히 검토하여 역사교육 바로 세우는 조직적인 활동을 전개해야 한다. 그동안 문 정부가 교육감들을 통해 실시해온 초·중·고등학교에 대한 일련의 통제와 사상교육과 학교 정책에 대해 철저한 분석과 검토로 학교교육을 정상화하고 학교를 민주시민 육성의 훈련장으로 만들어야 한다.

민주적인 시민사회 없이는 민주적인 정치도 없다. 정치변화는 정치에서 일어나지 않는다. 사회변화에서 생겨난다. 시민사회의 민주화에서만 민주정치라는 정치가 나올 수 있다. 시민사회가 정치를 선도하는 것이 민주화 과정이다. 민주화 과정은 1990년대에 끝난 것이 아니다. 시민사회가 민주화하는 만큼 한국의 정치도 민주화하는 것이다. 그 과정은 끝나지 않았고 앞으로도 계속되어야 한다. 그것이 진정한 의미의 민주화과정이다.

시민사회가 민주화되기 위해서 일부의 편향되고 부정과 비리에 연루된 시민단체나 이익단체는 법의 심판을 받아야 하고 시민사회가 국민의 신망을 얻도록 정화淨化해야 한다. 시민사회를 그 본질대로 환원시켜야 한다. 다양한 이익과 쟁점을 추구하는 시민들이 자율적으로 민주적인 행동원칙을 따르도록 하고 배우도록 하여 법치국가의 국민으로서 지켜야 할 법을 준수하도록 교육해야 한다. 그런 민주시민 교육을 대규모로 계획하여 추진할 필요가 있다.

한국에서 '민주시민교육'은 마치 정부가 하는 세뇌교육처럼 착각하고 거부반응을 보여왔다. 그러나 확실한 것은 건전하고 민주적인 시민 없이 민주적인 시민사회가 생길 수 없고, 그런 시민사회 없이 안정되고 건전한 민주정치도 없다는 사실이다. 이것이 민주정치를 떠받들고 있는 단순하면서도 가장 핵심적이고 중요한 원리이다.

2. 국론분열을 극복하여 새로운 국민합의 조성

두 번째로 자유, 민주질서, 정의라는 가치를 바탕으로 새로운 국민합의를 창출해야 한다. 국론이 분열된 곳에 민주주의는 설 자리가 없다. 민주주의는 국민의 과반수 나 압도적인 다수가 민주주의의 가치와 제도를 바람직하다고 여길 때 유지될 수 있다. 국민이 그런 가치와 제도를 놓고 분열된 나라에서 민주주의는 존속할 수 없다. 좌익이건 우익이건, 여든 야든, 과격주의적인 세력들이 판치는 나라에서 민주주의는 정착되고 성공할 수 없다. 적어도 과반수나 그 이상의 수가 민주주의의 가치와 제도를 귀중하게 여기며 그것을 확고하게 지키려는 의지를 갖고 있으면, 나머지 반이 여러 갈래로 나뉘어 갈등을 빚고 있어도 민주주의가 성공할 가능성은 크다.

그 이유는 그 바탕 위에서 법치주의도 확립될 수 있기 때문이다. 북한이나 중국 같은 공산정권에서는 공산당이 당론을 정하고 그것으로 국민을 통치한다. 군부독재 같은 권위주의 정권에서는 정치권력의 정점을 장악한 소수가 죄고 영도자의 사고방식과 의사결정으로 통치를 위한 합의를 강요한다. 그러나 민주국가는 다수의 국민의 자발적인 동의를 내용으로 하는 국민합의를 바탕으로 정치를 한다. 국민합의란 국민 전체가 합의한다는 의미는 아니다. 국민의 다수majority가 합의하는 가치와 목표를 의미하는 것이다. 그러면서 소수의 의견도 존중하고 수렴하는 정치이다.

해방정국과 한국전쟁을 겪은 후 한국에도 그런대로 하나의 합의 또는 총의가 형성되었다. '반공주의'였다. 또 반공주의를 비판하거나 반대하던 당시 야당은 소수였으나 '자유민주주의'를 가지고 반정부투쟁의 기치로 삼아 국민의 지지를 얻었다. 반공주의를 내세웠던 이승만 정권의 독재정치를 민주주의라는 가치와 정치체제로 대치시키고 새로운 국민합의를 창출하려 하였다. 그 결과 야당인 민주당의 장면張勉이 부통령으로 당선되기도 했다. 박정희 군부정권 때의 야당이 내건 기치도 자유민주주의였다.

그런데 과거 노무현 정부를 시발점으로 좌경화된 단체들이 급성장하면서 당연한 것으로 되어온 자유민주주의를 기반으로 하는 기존의 국민합의를 흔드는 움직임이 나타났다. 노태우 정부의 자유화와 그 후 민주화의 물결을 타고, 좌익성향의 운동권 출신이 '민족화합'으로 국민합의를 창출해야 남북한의 통일이 가능하다는 주장을 하기 시작했다. 그런 주장에 동조하려는 일부 젊은 층과 일부 국민이 좌경화된 운동권출신의 정치세력과 결합하여 세운 것이 오늘의 문재인 정부이다.

그 결과 한국은 문재인 정부를 시점으로 자유민주주의를 국민합의의 기본이념으로 간주하는 사람들과 '민족화합'이라는 좌경화된 정치 체력을 따르는 세력이 정치적으로 양분되었다. 서로 다른 정치적 입장과 주장을 반영하는 의미로 '좌'와 '우'라는 용어를 쓰기 시작했다. 그러나 그 어느 쪽에도 확신을 갖지 않는 국민이 다수였다. 문재인 정부가 평화 프로세스의 이름으로 대북 유화정책을 추진하면서 자유민주주의 세력과 민족화합세력 사이에 갈등의 골이 깊어졌고 대립도 더욱 첨예화되었다.

더 심각한 것은 문재인 정부가 들어서면서 국론분열이 더욱 심화되고 정부의 정책이 잘되고 못되고를 떠나서, 무조건 정부와 집권층을 옹호하고 정부를 비판하거나 반대하는 국민에게 여러 형태의 폭력 행위를 취하는 반민주적인 과격세력이 등장하였다. 이것은 언론과 집회 그리고 발표의 자유를 짓밟고 남의 '자유'를 박탈하는 방종이다.

그렇게 분열된 국민 사이의 분열을 수습하여 새로운 국민합의를 조성해야 한다. 그런데 새로운 국민합의 조성에 있어서 한 가지 강조할 것은 권위주의 정치의 폐습과 완전한 결별이 전제되어야 한다는 것이다. 아직도 권위주의 정권 시절부터 놀라운 생존능력을 발휘하여 오늘에 이르기까지 정치활동을 하고 있을 뿐 아니라 보수정당 내에서 지도적인 위치를 계속 차지하고 있는 정치세력은 정치에서 은퇴해야 한다.

사실 그들은 조만간 한국정치에서 사라지게 될 것이다. 그러나 사라져야 할 세력은 그런 보수세력만이 아니다. 극단주의적인 좌익사상이나 소위 주체사상을 추종하는 세력도 한국정치에 자리를 잡지 못하도록 해야 한다. 그것을 법으로 하는 것은 한계가 있다. 이들을 한국의 정치광장arena에서 제거하는 일은 정당들과 유권자들의 몫이다. 한국에서 그런 극단주의세력이 정치적 기반을 가질 수 있는 시대는 지났다.

한국정치에 대해 희망적인 이유는 한국 국민의 다수는 자유와 민주질서 그리고 정의라는 가치를 귀중하게 여기고 있기 때문이다. 자유와 정의는 미국의 가치도 아니고 유럽국가만의 가치도 아니다. 보편적인 가치이다. 한국에도 자유와 정의의 가치를 목표로 하는 정치가 실현되기를 원하는 국민이 절대다수를 이룬다. 선진 민주국가들의 가치라서가 아니라 그것이 좋은 가치라고 여기기 때문이다. 민주국가라고 부를 수 있는 나라들이 모두 자유와 정의를 바탕으로 국민합의consensus를 이루고 있는 것은 우연한 것은 아니다. 대한민국에는 아무리 대북정책에 변화가 필요하더라도 그것을 위해 자유와 정의의 가치를 포기하기를 원하는 사람은 일부 극단주의세력일 뿐이다.

한국에 다수의 국민이 자유와 정의라는 가치를 원하고 추구하고 있다면 그것은 국민 사이에서 공유되고 있는 '공통분모'라고 할 수 있다. 자유와 정의라는 공통분모를 바탕으로 국민합의를 이룩하는 일은 그다지 어려운 일은 아니다. 그래서 국민합의의 바탕으로서의 자유와 정의의 의미를 심도있게 논할 필요가 있다.

한국에서는 좌경화된 정치세력이 자기들만이 진정한 '민주'이고 '정의'를 구현하려는 세력이라고 자처해 왔다. 마치 '정의'가 자기들만의 전유물인 것처럼 행세하였다. 물론 그것은 사실이 아니다. 정의라는 용어처럼 다의적인 것도 없다. 쓰는 사람마다 의미가 다르다. 좌파에서는 정의를 경제적인 의미의 평등한 분배로 이해하려 한다. 그러면서 사회주의 체제가 가장 정의롭다는 주장을 내세우기도 한다. 물론 그것은 망상이다. 그런 사회는 없었고 앞으로도 없다. 가장 보편적으로 쓰는 의미는 징악懲惡을 의미한다. 죄를 지은 사람이 벌을 받는 것이 마땅하다는 것이 정의라고 한다. 살인자를 사형시키는 것이 정의이다. 법무부의 영어로 표기는 'Ministry of Justice'이다. 죄를 지은 사람을 징벌하거나 교정한다는 뜻이다.

정의는 평등을 의미하기도 한다. 모든 사람이 '법 앞에 평등하다'고 한다. 절대적인 의미의 평등이 아니라 법이 규정한 바에 의해 누구나 평등한 판결을 받아야 한다는 의미이다. 또 정치적 '정의'라고 말할 때는 모두가 정치체제에서 평등하게 동등한 권리를 누려야 한다는 의미가 있다. 미국의 남부지방에서 흑인들이 참정권을 박탈당했을 때 일어난 것인 민권운동이다. 정치적 자유와 정치적 평등을 요구한 것이다.

그런데 잘 알려지지 않은 정의의 또 다른 의미로 적절하다adequacy는 의미가 있다. 여기서 적절성이란 정책이나 제도가 아직도 '적절한가'라는 물음과 연관된다. 기존의 제도나 관습이나 정책이 변천하는 사회니 정치에 적절하지 않을 경우 그것을 개혁하고 개선하며 새롭게 하는 것은 정의가 된다는 것이다. 보다 적절하게 만든다는 의미이다. 개혁을 하는 것도 정의가 되는 것이다. 반대로 법적으로나 도덕적으로 '적절하지' 못한 정치나 사회적 행위나 국가의 정책은 '부정의injustice'가 되는 것이다.

그러나 적절하다는 의미는 도덕적 판단을 포함하기도 한다. 국민을 대표해서 국정에 참여하도록 국민이 뽑아준 국회의원이나 선출직 공무원들이 '적절'하게 행위를 하지 않으면 '정의롭지' 못하고 당연히 법과 국민의 심판을 받아야 한다. 실정법을 어긴 대통령을 비롯한 모든 선출직 공무원(국회의원)을 감옥에 보내는 것은 징벌로서의 정의의 실현이다.

그들이 얼마나 지도자로서 도덕적으로 '적절'하지 못한 행위를 했느냐도 국민의 심판대상이 되어야 한다. 그것이 국민이 선거를 통해서나 또는 다른 방법을 동원하여 정의를 적절하고 올바르게 실현하는 길이다. 그런 정의로운 정치와 사회를 실현하는 데에는 보수주의와 진보주의 사이에 차이가 없다.

이미 앞서 3장에서 정치의 본질을 논하면서 "정치의 본질은 가치의 권위적인 분배"라고 진술하였다. 부, 권력, 자유, 정의, 안정, 애정, 복지 모두가 인간에게 주어진 귀중한 가치들이다. 그런 가치를 '권위적'으로 분배한다는 것은 무슨 일 일까? '권위적authoritative'을 법치주의로 해석할 수도 있고 정당성legitimate이나 합법적으로 이해할 수도 있다. 공정성도 포함될 수 있다. 한마디로 '국민의 요구를 따라 신망과 지지를 받는 방법으로 가치를 분배하는 것'이 곧 권위적이고 정의롭다는 것이다. 그런 정권이 지배하는 나라는 광범위하고 탄탄한 국민의 합의와 지지의 뒷받침을 받게 될 것이다.

3. 안정된 보수·진보주의 정당의 정착

해방 후부터 오늘까지 한국에 계급정치는 없었다. 엄밀한 의미의 좌익정당도 없었고 제대로 된 우익정당도 없었다. 계급정치를 해온 서구 민주사회에서 볼 수 있는 진보나 보수 같은 정치도 없었다. 심지어 가까운 일본정치에서 일본사회당과 자유민주당(자민당) 같은 소위 보수와 혁신保革 같은 대립도 없었다. 이것이 한국의 정당정치의 현실이다. 권위주의 정치체제하에서 정당정치는 이름뿐, 정부(행정부)가 독주하는 정치였다. 여당은 정부의 들러리 역할을 했고 야당은 감시와 통제의 대상이었다. 그런 체제하에서 선거는 실시해야 했으며 대통령선거나 국회의원선거나 전국적으로 분포된 인구를 기반으로 하는 것이었기 때문에 지역주민의 성향을 따라 지지층을 형성하게 되는 배타적이고 지역중심의, 지역이익 주의의 편향된 정치와 정치문화만 무성하게 발달했다.

그동안 한국정치의 문제는 집권세력을 견제할 시민사회도 정당도 그리고 다른 어떤 세력도 없었다는 사실이다. 여당은 독주했고 야당은 무력했다. 자유당 때나 공화당 때나 그 후의 모든 정권하에서 집권층이 아무리 권력을 남용하고 국정을 자의적으로 운영해도 그들을 견제하는 정당(야당)이나 다른 어떤 견제세력도 없었다. 권위주의정권하의 여야 정당의 모습이다. 그런 정권은 견제할 세력도 없지만 어떤 견제도 받지 않으려는 정권이다. 그런 정권을 민주체제로 대치하거나 변화시키기 전에는 어떤 견제도 불가능하다. 쿠데타 아니면 민중봉기 또는 그와 유사한 폭력과 저항을 수반한 과격한 방법이다. 한국은 민주화의 과정에서 이 모든 방법을 모두 경험해 본 나라이다.

서구사회에서의 정당의 발달과정을 보면 정당은 집권세력의 독주로 정치에 대한 통제가 불가능하거나 어려운 시기에 정부의 권력 남용과 비리를 견제하기 위해 등장했다. 정권을 견제할 대항세력countervailing force으로 등장한 것이다. 그리고 정당의 발달 배경에는 정치적인 통제로부터 자유로워지기를 원하는 역동적으로 활동하는 시민사회civil society가 있었다. 정치권력은 견제가 없으면 힘을 한정 없이 마음대로 확장하려는 생리가 있다. 정치의 본질을 '가치를 권위적으로 분배하는 현상'이라고 한 것은 그런 힘에 의한 정치가 아니라 국민과 법에 따라 견제를 받을 때 정권의 권위가 설 수 있다는 의미를 함축하고 있다. 그렇게 보면 정치를 견제하려는 시민사회 없이 정치를 견제하고 가치를 보다 정의롭고 공정하게 분배하는 정치는 있을 수 없다.

민주정치가 정착된 나라들을 보면 선거에서 여당과 야당이 얻는 표차가 근소하다. 그럴수록 정치권력에 대한 견제가 가능하다. 여야 간에 표 차가 근소할 때 여당은 다음 선거에 재집권하기 위해 국민 다수의 지지를 얻을 정책을 추진하려 할 것이며 야당은 여당을 견제하거나 다음 선거에서 승리하기 위한 정책을 개발하여 지지층을 확장하려 한다. 이런 경쟁과 견제와 균형을 갖춘 정당정치는 독재 정부가 등장할 여지를 주지 않는다. 이것이 정치적인 의미의 '정의', 즉 공정성을 실현하는 방법이라 할 수 있다.

2020년 4·15 총선에서 여당인 민주당이 압도적으로 승리를 거두었다. 야당인 미래통합당은 소수정당으로 밀려났다. 더불어민주당이 180석을 얻었다. 미래통합당은 100석을 조금 넘었다. 조선일보의 2020년 4월 24일자의 1면 기사는 한 여론조사 결과를 보도하면서 더불어민주당 압승의 이유를 물은 질문에 전체 응답자의 22퍼센트가 "여당이 잘해서"라고 응답했다고 쓰고 있다. 또 여당에 투표한 자의 61퍼센트는 "야당이 못해서"라고 응답했다고 쓰고 있다. 응답자의 절대다수가 여당이 좋아서가 아니라 야당이 '싫어서' 여당을 찍었다는 것이 된다. 미워서인지, 아니면 기대에 어긋나서인지는 응답자를 심층 질문해봐야 알겠지만 이런 투표행태는 선진국에서는 상상조차 할 수 없는 일이다. 이성적이 아니라 매우 감정적이라고 말해야 한다. 그래서 한국은 감정적 요소가 선거결과를 좌우하는 매우 '불안정'하고 변덕스러운 정치성향과 정치문화를 가진 국민의 나라라는 것이다.

4·15 선거를 치른 후 한국 국민은 국회에서 절대다수인 여당에 의해 어떤 사태가 일어났는지를 직접 목도 하였다. 여당의 독주와 폭거 현상이 벌어졌다. 여당의 극도로 오만하고 독선적인 행동으로 나타났으며 정당들이 균형과 견제를 할 수 없는 상황이 되었고 입법부가 행정부를 견제하고 상호균형을 잡는 일도 불가능하게 되었다. 입법부의 독립은 축

소되고 청와대의 지지를 받아 움직이는 종속적인 기구로 전락하였다. 자유당이 절대다수로 횡포를 자행하던 이승만 시대의 국회나 유신정치 시대의 국회와 오늘날 180석을 가지고 폭주하며 단독입법을 강행하고 있는 더불어민주당 의 국회와는 너무나 유사한 점이 있다.

한국에서 정당이 발달할 수 없었던 이유는 많다. 한국이 처한 특수한 상황이 있다. 그중에서도 북한에 가장 최악의 스탈린식 전체주의가 존재해온 것과도 무관하지 않다. 극단적인 좌익사상이나 이와 유사한 사상은 철저하게 금기시되었다. 먼저 정당정치가 발달한 영국이나 유럽 여러 국가는 모두가 왕제를 가진 나라들이다. 귀족들과 상인·서면들이 장기간의 갈등과 대립을 겪고 그 결과 계급정치가 등장하였고 정당도 좌와 우 내지는 진보와 보수라는 계급이익을 반영하는 기치로 내세웠다. 한국에는 계급사이에 갈등이 장기화되어 계급정치가 형성된 적이 없다. 사농공상士農工商이라는 위계질서hierarchy로서의 신분만 있었다. 그중에서 사士가 권력과 부를 독점하고 지배했다. 그런 한국의 역사가 남긴 영향이 한국 정치에 잠재하고 있다.

한국에는 일본의 정당이 구소련 붕괴 이전까지 유지했던 자민당과 사회당의 보수주의와 진보주의와 같은 의미의 진보주의와 보수주의도 없다. 그렇다고 한국에 정교하고 보편적인 내용의 것은 아니지만 나름대로 진보주의와 보수주의의 정치성향과 선호를 가지고 정치활동을 하는 정치세력이 없었던 것은 아니다. 한국에도 해방 이후 보수주의 일변도로 지속되어온 한국정치에 대해 비판하고 정치나 경제 분야의 개혁을 주장한 민주당이라는 야당도 있었다. 장면 정부 시절 여당이었던 민주당 내부에도 '신파'로 불리던 세력은 '구파'에 비해 개혁적이라는 평이 있었다. 4·19 후에 노조결성을 추진한 재야세력도 있었다. 그 당시 보수와 진보를 갈라놓은 요소는 민주정치와 독재정치라는 대립적인 입장이었다.

한국에서 정치를 진보와 보수로 갈라놓은 또 하나의 축은 안보와 통일에 대한 상이한 주장에서 비롯한다. 해방 직후부터 정치세력들을 갈라놓는 결정적인 이슈는 남북통일이냐 단독정부 추진이냐의 문제였다. 북한이 공산화되면서 이승만의 단독정부 주장이 설득력을 얻게 되었고 반대로 남북협상파의 통일론은 현실정치에서 밀려났다. 5·10 총선에도 불참하였고 협상을 주장하던 정치인은 정계를 은퇴하기도 했다. 그리고 얼마 후에 발발한 한국전쟁은 한국정치를 반공주의 일변도로 만드는 결정적인 계기가 되었다.

그러다가 김대중이 1971년 대선에서 야당후보로 선거유세하던 중에 오랫동안 금기되어온 '통일론'을 거론하였다. 김대중 후보는 4대국 보장에 의한 통일이라는 주장을 펼쳤다. 현실적으로 실현이 불가능한 것이었으나 통일론을 다시 불붙이기 위한 불쏘시개 역할을 하기에 충분하였다. 그 후 통일론은 계속 금기에 가까운 통제를 받았으나 정계와 일부 정치세력 일각에서, 그리고 특히 군부정권 당시 운동권이라는 학생층과 재야세력 가운데 민주화와 통일을 결부시켜 투쟁목표로 삼았다. 그 가운데 일부 과격한 세력은 친북이나 종북을 통일을 위한 해결책으로 주장하는 극단주의로 빠지기도 했다. 오늘의 한국정치에서 안보와 통일이라는 쟁점은 아직도 보수와 진보를 구별하는 요소의 하나로 남아 있다. 보수가 안보를 중요시하는 반면에 진보는 통일에 더 관심을 쏟는 경향이 있다.

그렇게 보면 한국에도 나름대로 '역사에 대한 부정과 긍정', '민주와 독재', '안보와 통일', '사회변화의 속도와 범위'라는 쟁점을 놓고 서로 다른 정치성향을 지닌 세력이 다양한 이름으로 부르는 정당을 결성하여 활동해 온 것이다. 극좌나 극우의 극단주의세력을 제외하면, 오늘의 한국의 정당정치는 진보와 보수라는 상이한 태도와 견해와 입장을 가지고 경합하는 상황에 이르렀다. 정당들을 갈라놓은 요소는 정치성향과 변화에 대한 다른 태도이지 경직된 이데올로기는 아니다. 서구정치에서는 그것을 정치설득력political persuasion이라 한다. 자기의 주장과 신념을 상대방이 동조하고 자기를 지지하도록 하도록 설득하려는 행동을 말한다. 어떤 독단dogma적 이데올로기를 가지고 대립하는 것이 아니라 정책으로 유권자를 설득한다는 뜻이다. 정책으로 서로가 상대를 설득시키는 정치를 하려는 것이다.

이미 지적한 대로 한국에 계급정치는 없다. 지역중심적이고 편향된 문화적 정치로 일관해 온 나라에서 좌파와 우파라는 말로 마치 실체가 있는 것처럼 논하는 것은 무의미하다. 한국에서는 정치적으로 의미가 있는 중요한 쟁점들을 가지고 보수와 진보의 차이점을 논한다면 해방 후의 역사를 긍정적으로 인식하느냐 부정하느냐, 안보냐 통일이냐, 사회경제의 개혁의 범위와 속도를 어느 정도 하느냐라는 쟁점을 포함할 수 있다. 따라서 '역사에 대한 인식', '안보와 통일' 그리고 '사회변화와 개혁의 속도와 범위에 대한 선호'라는 세 가지 차원dimension을 축軸으로 삼아 보수주의와 진보주의의 유형을 구성해 볼 수 있다.

	급진과격주의	진보주의	보수주의	극단보수주의
역사관	해방 후의 역사부정, 이승만, 박정희 매도, 혁명 주장	진전과 후퇴 과오 있지만 대체로 긍정. 국가발전 인정, 헌정주의	지나간 역사 조건부 긍정, 비판의 여지 인정	해방 후 역사 무조건 긍정, 역사 미화 경향
사회변화 (속도/범위)	착취와 부정뿐 급격한 변화 추구, 해결은 혁명	보수정권 아래 혜택은 편향적 개혁으로 적극 변화, 방법은 민주적	점진적 변화, 질서 속의 변화, 사유재산제 강조	사회변화가 혼란 조성 및 혼돈 초래, 질서제일주의
통일	모든 방법으로 단시일 내 남북통일 달성	현재로는 통일의 전망 어두움, 접촉을 유지하고 기회를 기다림	지금은 통일보다 안보에 더 치중해야 함	가능하면 무력통일, 북한정권 괴멸통일

첫 번째는 급진과격주의자radical이다. 이 유형은 분단 후 한국의 역사를 부정하고 그동안의 지배계급이 착취행위를 해온 역사로 인식한다. 혁명 같은 과격한 변화를 통해 빠르고 전면적인 사회변화를 실현해야 한다고 주장한다. 가령 '주사파'라고 불리는 좌파 과격집단을 예로 들 수 있다. 남한에서 공산주의혁명을 일으켜 통일하겠다는 집단이며 사실상 국가전복을 목표로 하는 불법 집단이다.

두 번째는 극단적인 보수주의자이다. 자유민주주의에 대해 매우 부정적이고 민주정치가 한국의 현실에 맞지 않는다고 믿고 있다. 북한 공산정권의 위협에서 한국을 지키는 안보가 최우선 과제라고 생각한다. 강력한 리더와 세력이 정권을 잡아서 진보주의 세력을 제압하고 무질서한 사회를 강권과 제재로 정상화해야 한다는 생각이다. 과거 군부독재와 특히 유신체제를 적극 지지했던 유형이며, 과거의 군부 권위주의에 대한 향수를 느끼고 있는 극우 보수주의자의 전형이다. 역사를 무조건 미화美化 또는 오류가 없는 만고의 진실로 여기며 사회변화로 혼란이 일어나는 것을 반대한다. 무엇보다 질서와 안보를 강조하고 철저한 반공주의자이기도 하다.

세 번째는 진보주의자이다. 역사에 대해 대체로 긍정하나 일부분은 비판하기도 한다. 빠르고 광범위한 사회변화와 개혁을 강조하나 그것을 실현하는 방법은 폭력이 아니라 점진적이고 법을 준수해야 한다고 생각한다. 통일문제에 대해서도 남북이 변해야 한다고 생각하며 평화적으로 통일해야 한다고 생각한다. 그런 문제들을 국회에서 공개적으로 논의하고 결정해야 한다고 본다. 이런 진보주의자는 '의회주의자'이다. 그래서 대통령제라도 국회가 국정에 적극적으로 참여하고 독자적인 영향력을 발휘할 것을 강조한다. 국회가 입법을 통해 복지를 향상시키고 개혁을 주도하면서 사회정의를 구현할 수 있다고 주장한다.

넷째로 보수주의자는 현상유지를 선호하는 유형이다. 그렇지만 극단적인 보수주의처럼 폐쇄적은 아니다. 안보문제를 중요시하고 북한의 군사위협에 강력하게 대응해야 한다고 본다. 그러나 안보를 위해 자유를 제한해야 한다는 안보 우선주의자는 아니다. 사회변화의 필요성을 인정하나 속도를 조정하면서 점진적으로 진행하기를 원한다. 변화의 범위도 신중하게 고려해서 정해야 한다. 해방 후 역사에 대해 긍정적이나 잘못된 부분이 많다고 인정한다. 그래서 역사를 미화하지 않으며 그것으로부터 교훈과 영감을 얻을 필요가 있다고 생각한다. 보수주의는 특히 사회 구성원의 이익과 재산과 권리를 보장할 것을 강조한다. 무엇보다 사유재산을 옹호할 것을 강조한다.

네 개의 유형 가운데 첫째와 둘째의 극단적인 유형은 앞으로 한국에서 민주화가 진척될수록 정치의 광장arena에서 사라지는 운명에 놓여 있는 세력이다. 그것이 대세를 이루는 일은 결코 없다. 자연도태의 과정을 겪게 될 것이다. 보수와 진보 외에 중도주의자라고 부르는 유권자의 유형이 있다. 보수와 진보 어느 한쪽과 자신을 동일시identify하지 않으나 선거에서 상황에 따라 둘 가운데 한쪽을 지지하는 경우를 말한다. 민주화 후 한국에도 그런 유형의 정치성향이나 선호를 지니는 유권자들의 수가 늘어나고 있다. 극단주의적인 세력보다 진보주의와 보수주의 어느 하나와 일체화하려는 유권자들이 다수를 이루며, 어느 한쪽보다 상황에 따라 또는 자신의 선호에 따라 진보나 보수를 택하는 독자적인independent 유권자들이 있다. 한국에서 그들을 무당파나 중도층이라고도 부르고 있다. 그런데 중도란 양극단을 피한다는 의미이다. 진보와 보수를 모두 피한다는 의미는 아니다. 그래서 독자적이라고 부르는 것이 적절하다.

위에서 서술한 진보주의와 보수주의의 특징은 정당이 국민을 설득하려 할 때 들어날 가능성이 있는 정치성향이다. 한국의 정당들은 독단적

dogmatic이고 급진주의를 지향하는 정당들은 아니다. 극단주의를 지지하는 유권자는 많지 않다. 극단주의는 국민 다수의 지지를 받지 못한다. 건국 후부터 한국정치는 명색으로는 자유민주주의를 표방한 보수정당들이 주류를 이루어왔다. 진보주의 세력은 소수를 구성했다. 민주화 후 진보주의적인 세력이 정치에 진출하여 정의를 구호로 지지층 확대에 주력해오고 있고 그런 진보세력의 지지층도 늘어나고 있다. 단순화해서 말하면 자유의 보장과 확대를 중요시하려는 보수주의 지지층과, 평등과 분배라는 의미로 이해되는 정의를 '캐치 프레이즈catch phrase'로 하는 진보세력의 지지층도 늘어나고 있다.

그런데 지적할 것은, 시회주의자나, 민주주의자나, 보수나 진보나, 인간의 본성으로 보나 인간사회가 지닌 한계로 보나 '영원한 평화'도 없고, '완전한 평등'과 인간애라는 꿈은 실현할 수 없다는 진실 앞에 겸손해야 한다. 앞에서도 인용했으나 신학자 니버 교수에 따르면 인간사회에 권력은 필요하지만 통제돼야 하는데, 권력을 축소하고 도덕적으로나 이성적으로 사회생활을 조직할 방법이 없다. 또 사회가 무책임한 권력을 파괴할 수 있고 도덕적이고 자제력을 지닌 유형의 권력을 완전히 사회적 통제하에 두어야 하는데 그렇게 할 방법도 없다. 그래서 영원한 평화도 완전한 평등도 불가능하다는 것이다. 그러나 정의를 실현하는 것은 가능하다. 정의가 충분한 사회를 실현하는 일은 가능하다. 그것을 어떻게, 많이 실현하느냐가 정치의 과제이다.

근래에 한국의 역사에 대한 인식과 변화에 대한 견해를 위시해서 한국정치의 주요 쟁점에 대한 인식과 선호를 중심으로 진보주의와 보수주의라는 용어가 회자되고 있다. 아직 일각에서 좌파와 우파라는 이분법을 쓰는 경우가 있으나, 일반적으로 진보주의와 보수주의라는 명칭이 많이 사용되기 시작했다. 그런데 '정의'가 충분한 사회를 지향하는 데 보수와 진보의 차이가 없다. 진보주의는 자유 없이 정의도 평등도 실현될 수 없다는 것을 알고 있다. 보수주의도 정의와 질서가 없이는 자유도 안보도 없다는 것을 인정해야 한다. 과거의 경우, 평등을 강조하면 무조건 '좌파'라던가 '체제비판'인 양 편향적으로 인식하던 때가 있었다. 그러면서 안보를 중요시하여 자유를 억압하면서 안보의 이름으로 집권을 유지하려던 보수주의 세력이 있었다. 그러나 오늘의 한국사회에서 자유와 안보를 구실로 법적으로나 사회적으로 평등과 정의를 억압하려는 보수주의는 용납될 수 없다.

그렇게 보면 진보주의와 보수주의는 상극이 아니라 상호보완이 될 수 있다. 완전한 평등은 불가능하지만 그래도 정의의 실현을 통해 좀더 평등한 사회를 만들려고 노력하는 정치는 가능하다. 그래서 보수와 진보 사이에 어느 정도의 평등하고 정의로운 사회를 만드느냐에 대해 견해 차이는 있을 수 있으나 그것을 놓고 근본대립을 가질 필요는 없다. 보수와 진보는 정치적 성향과 선호選好의 문제이지 이념 대립은 아니기 때문이다. 자신의 이념만이 진리이고 진실이기 때문에 다른 주장을 적대시하는 배타적인 관계가 아니다. 자신만이 평등을 실현할 수 있고 다른 사람은 그것을 저해하고 있다고 주장하지 않는다. 자유를 없애야 정의가 실현되는 것은 아니기 때문이다. 보수와 진보 사이의 차이는 자유와 정의를 실현하는 데 어느 정도의 차이이지 유무有無의 차이가 아니라는 것이다. 양자 사이에 얼마든지 타협과 조화의 여지가 있다.

니버 교수는 또 「세속주의, 공산주의, 그리고 민주주의」라는 논설문에서 "정의를 실현하려는 의지를 가진 국민이 많을수록 민주정치를 추구할 가능성은 높다"고 했다. 여기서 '정의'는 평등이나 공정이나 분배를 의미하나 민주정치에서 말하는 법치주의rule of law도 의미한다. 니버 교수는 그의 책에서 "인간은 누구나 죄를 범할 수 있는 본성을 가졌기 때문에 지배자를 통제하기 위해서도 민주주의가 필요하다. 그러나 다른 한편으로 인간에게는 주어진 '창의성'이라는 자질 때문에 민주주의를 실현할 능력을 가지고 있다"고 쓰고 있다.

한국 국민은 정의를 갈망하는 국민이다. 민주정치를 실현할 만한 정의에 대한 요구와 민주정치를 창출한 창의성이 충분한 국민이다. 한국의 민주화는 자유와 정의를 갈망하던 국민 스스로가 투쟁으로 이룩한 '자생적'인 민주화이다. 독일이나 일본처럼 전승국들에 의해 외부세력으로부터 강요된 민주화가 아니다. 그렇다고 교만에 빠지지 말라는 법도 없다. 인간은 창의성도 갖고 있지만 동시에 무서운 파괴성도 갖고 있다. 특히 집권세력이 자신들의 이익과 권력유지만 아니라 자신의 안전을 위해 국가를 돌이킬 수 없는 위기와 파탄으로 몰아갈 수도 있다. 한국은 그런 경험을 겪었고 아직도 겪고 있다. 인간은 그런 이중적인 존재이다. 그것을 견제하는 일은 있어도 없앨 수 있는 길은 없다.

다행히 한국 국민의 다수가 간절하게 바라는 것은 자유롭고 정의로운 정치이다. 그리고 미래지향적이며 지속가능한 경제이다. 시장경제의 활성화이다. 또한 확고한 국가안보이다. 그런 목표들을 자유와 정의라는 가치를 바탕으로 해서 달성하는 것이다. 지금과 같은 지역이기주의로 왜곡된 문화적 정치가 아니라 계층, 종교, 교육수준, 직업, 그리고 지역의 차이를 넘어서서 국민 각자의 자유로운 판단으로 집권층을 선출할 수 있는 일이다. 그런 '문화적' 정치에 의한 민주적인 참여정치의 확립이다.

지금 많은 국민이 우려하는 것은 선거에서 국고와 자원을 마구 뿌리면서 정권 재창출을 위해 수단 방법을 가리지 않고 집권하려는 세력이 있다는 사실이다. 혁명이라는 이름으로 끝없이 폭동과 정변이 일어나는 중남미 바나나공화국들의 대중영합populist 정치의 한국판 등장이다. 살아 있는 권력, 집권층의 비리를 수사하려는 검찰을 온갖 수단으로 막고 검찰총장을 해임까지 하려고 하면서 장기집권을 추진하려는 정권이다. 제왕帝王적 대통령이 극도로 타락하면서 나타나는 현상이다. 그런 사태가 계속 일어나면 그것은 한국에서 민주정치의 종말만이 아니라 나아가 국가의 존망을 위협할 수도 있다. 다음 선거에서 그런 가능성은 완전하게 제거해야 한다.

누구나 알고 있는 한 가지 매우 중요한 사실을 지적함으로써 이 장章을 마감하려고 한다. 다름 아니라 독일, 일본, 그리고 한국이 한때 잿더미였다 다시 일어난 공통점을 가지고 있다는 사실이다. 독일은 히틀러의 나치 치하에서 침략전쟁을 벌이다 패전으로 온 나라가 잿더미가 되었다. 일본도 아시아 일대에서 침략행위를 하다 미국과의 전쟁에서 패전하고 세계에서 유일하게 원자탄의 세례를 받았고 전국이 잿더미가 되었다. 한국은 김일성이 중공中共과 구소련의 지원을 받아 남한을 침공하였으나 미국을 비롯한 많은 유엔국가의 참전으로 공산화를 막을 수 있었다. 그러나 전화로 온 나라가 잿더미가 되었다. 한때 잿더미였던 세 나라가 지금은 세계 경제를 주름잡는 국가들로 다시 태어났다. 그것도 모두가 자유민주주의 정치체제를 기반으로 하는 국가들이 되었다. 경제정책을 잘 세웠기 때문만은 아니다. 그 나라들이 공산주의가 아니라 자유민주주의를 택했기 때문이다.

세 나라의 또 다른 공통점은 세 국가가 모두 유사한 국가건설단계를 거쳤다는 사실이다. 독일은 인종우위를 주장하던 나치즘에서 벗어나 민주국가로서 새로운 국가정체성을 수립하였다. 그 바탕 위에 국가통합을 달성하였고 안정된 민주정치체제로 경제대국만 아니라 종국에는 동서독을 통일하였다. 일본도 유사하다. 제국주의 국가 일본이 패전한 후 일본은 '천황제 국가'의 틀에서 벗어나 민주국가로 새로운 국가 주체성을 형성한 후 민주적인 제도로 국민통합을 거쳐 아시아에서 경제대국이자 가장 안정된 자유민주주의 국가로 다시 태어났다. 한국도 국가 정체성과 국가통합의 단계까지는 성공적으로 달성하였으나 세 번째 단계인 민주적인 참여단계에서 독일과 일본과는 차이를 나타내고 있다.

세 나라가 성공하는 데 관건key이 된 것은 민주적인 정치제도이다. 자유민주주의라는 정치이념이자 정치체제이다. 자유와 정의를 핵심적인 가치로 삼는 자유민주주의이다. 독일과 일본의 경험은 한국에게도 많은 참고와 교훈을 주고 있다. 두 나라의 지나간 70년의 역사와 한국의 역사를 깊이 그리고 진지한 태도로 비교하면 좋은 교훈을 얻을 수 있다. 특히 한국과 일본의 경우 냉철하게 현실을 바라보는 자세가 필요하다. 과거에 지나치게 집착하거나 감정적인 대립과 갈등의 늪에서 벗어나 국가이익과 상호이해와 협조를 바탕으로 한일관계를 새롭게 조성해 가야 한다.

자유민주주의는 모든 갈등을 무조건 무력이나 폭력으로 해결하려는 극단주의를 배격한다. 급진적으로 해결하려고 하기보다 개선하고 쇄신하여 해결하는 것을 선호한다. 인권을 존중하고 인도주의를 강조한다. 자유민주주의는 낡고 가치 없는 이념이 아니다. 그것은 진보주의 못지않게 진보적인 개혁을 추진하는 이상과 실천을 추진할 수 있는 개방된 정치사상이다.

인간의 본성으로 볼 때 자유민주주의자나 사회주의자나, 진보나 보수나 누구도 착하고 깨끗하고 정의로운 정치를 할 수 없는 제한된 존재라는 사실 앞에서 겸손해야 한다. 진보는 옳고 보수는 틀렸다는 독선주의적 망상을 버리고 진보나 보수나 한국에 민주정치가 정착되도록 모두가 창의적인 노력에 동참하는 것이 오늘 한국정치가 해결해야 할 과제이다. 자유민주주의는 자유, 인권, 그리고 법치주의를 실현하기 위해 전체주의, 근본주의, 그리고 맹목적인 극단적 보수주의와 싸우며 사회와 국가를 진전하도록 개혁하는 데 공헌해온 정치이념이다. 그래서 일부 편향된 정치세력이 자유민주주의를 보수적이니, '고루하다'느니 근거 없이 비판하는 소리를 하더라도 자유민주주의를 붙들고 있는 한, 그리고 그것에 충실하고 참뜻을 따라 실천하는 한, 한국정치는 개방된 정치, 낡은 것을 쇄신하는 개혁정신으로 변화시키는 정치적인 질서를 창조할 수 있을 것이다.

참고문헌

〈고전적 서적 및 본서 관련문헌〉

- Harold Laski, *The State in Theory and Practice* (New York: The Viking Press, c1935). 철학적 국가론으로 불리는 책으로 주로 마르크스의 국가론 시각에서 다루고 있다. 저자인 라스키는 영국의 페이비언협회 창설자 중의 한 사람으로 런던의 LSE(런던경제)대학원 교수직을 지냈다.

- Karl Marx and Friedrich Engels, *The German Ideology(*(New York: International Publishers Inc. c1939). 포이어바흐를 유물론자이며 이상주의자로 몰아 배척한 글을 실고 있다. 또 이 책에서 과학적 사회주의와 공산주의의 의미를 다루며 독일의 이데올로기를 비판하고 있다.

- Jawaharlal Nehru, *Toward Freedom* (자유를 향하여): *The Autobiography of Nehru* (Boston: Beacon Press, 1941) 영국 식민지배하에서 간디와 함께 독립운동을 하면서 여러 번 투옥된 자신의 경험과 그 당시의 상황을 담고 있는 자서전이다. 그의 사상과 품격이 드러나는 감동적인 도서이다.

- Leon Trotsky, Stalin: *An Appraisal of the Man and His Influence*(Universal Library, c1941). 1937년 스탈린에 의해 암살당한 트로츠키가 망명 중 집필한 스탈린에 대한 평전. 레닌이 자신의 후계자로 생각했던 사람은 트로츠키였다. 레닌사후 제1인자가 되었으나 스탈린 추종세력에게 밀려 외국으로 망명했다. 스탈린에 대해 너무나 잘 알고 있었고 레닌도 스탈린에 대해서 그와 동감이었다. 망명 후 멕시코시에 정착한 그를 스탈린은 1937년 자객을 보내 암살했다. 스탈린의 가족 배경, 성장과정, 그리고 정치가로서의 스탈린에 대해 소상하게 서술하고 있다.

- Talcott Parsons (ed). *Max Weber: The Theory of Socil and Economic Organization* (New York: Oxford University Press, c1947) 독일의 막스 베버가 사회학만이 아니라 정치학에 미친 영향은 광범하고 지대하다. 현대 사회과학의 초석을 놓았다고 해도 과언이 아니다. 사회학자로서 마르크스에 대해 비판하고 사회현상을 객관적이고 개방적이며 사실과 가치라는 두 개의 차원으로 다룰 것을 주장하고. 가치가

편견이 되지 않도록 노력하는 것이 중요하다고 강조하였다. 특히, 그의 '몰가치론'은 사회현상을 이데올로기의 틀을 가지고 보는 것을 비판한 것으로 유명하다.

- Michael Polanyi, *The Logic of Liberty: Reflections and Rejoinders* (Chicago: The University of Chicago Press, 1951). 사회현상을 다원주의적인 시각에서 볼 것을 제안했다. 특히, 한 사람의 천재가 통치하는 공산주의체제보다 다수의 평범한 대중이 통지할 때 큰 과오를 범하지 않을 수 있다고 주장했다.

- H. B. Acton, *The Illusion of the Epoch: Marxism-Leninism as A Philosophical Creed* (이 시대의 환상: 하나의 철학적 신조로서의 마르크스–레닌주의) (Boston and London: Beacon Press, 1955). 런던대학교의 철학교수인 액튼(절대권력은 절대부패를 논한 액튼 경은 아님)은 이 책에서 마르크스–레닌주의를 철학적 신조 (creed)와 환상(Illusion)으로 보았다. 변증법유물론에 대한 분석과 비판을 위시해서 마르크스의 이른바 과학적 사회주의와 유물사관의 허점을 예리하게 논리적으로 비판한 최고의 연구서이다.

- G. W. F. Hegel, *The Philosophy of History* (Dover Publications, 1956). Dovervks 책의 서문을 쓴 하버드대의 정치민법학 교수 칼 제 프리드릭(Friedrich)은 '역사란, 세계를 통한 자유의 행진(march)'이라는 헤겔의 주장이 이 책을 관통하는 테제라고 밝혔다. 헤겔은 이 자유의 행진을 '세계정신이 원하고 실현하고자 하려는 것'이라고 해석했다. 헤겔 없는 마르크스는 생각할 수 없다. 헤겔과 정 반대의 방향으로 간 마르크스이지만 젊었을 때는 동료 사이에서 "Young Hegelian"이라고 불렸다. 자유가 헤겔 역사철학의 핵심개념인 데 반해 마르크스는 계급 간의 투쟁이 역사를 움직이는 것으로 보았다. 헤겔의 '이데아' 중심의 형이상학적인 역사철학체계와 마르크스가 세운 유물 사관과 사회주의 이론 중심의 체계를 보여주는 방대한 두 개의 이론체계 사이에 유사점을 찾을 수 있다.

- Hannah Arendt, *The Origins of Totalitarianism* (New York: Meridian Books, 1958). 독일에서 나치의 지배를 받다가 미국으로 망명한 아렌트가 자신의 경험을 토대로 쓴 저명한 책이다. 나치 전체주의 체제의 기원을 반유태주의와 독일제국주의에서 찾고 있으며 나치즘이라는 이대올로기와 비밀경찰, 그리고 전국적인 폭력적 조직의 공포정치를 잘 묘사하고 있다.

- David S. Nivison and Arthur E. Wright (eds), *Confusianism in Action* (Stranford, Calif.: Stanford University Press, 1959) 영미권에서 중국을 다루는 학자들과 일본에서의 유교의 영향을 다룬 하자들의 논문집이다.

- Reinhold Niebuhr, *Moral Man and Immoral Society* (New York: Charles Scribner's Sons, renewal c. 1960). 20세기 미국이 낳은 위대한 신학자이며 사회윤리분야에 대한 광범한 통찰로 유명한 유니언신학교의 니버 교수의 첫 저서이다. 첫판은 1933년에 출판되었다. 인간의 본성에 대한 기독교적 통찰을 바탕으로 인간사회에 특권층은 없어질 수 없고, 그것이 있는 한 평등은 불가능하다는 주장과 사회·경제 분야에 걸쳐 기독교 현실주의라는 시각에서 주요 쟁점에 대한 예리하고 심오한 통찰로 미국과 세계의 많은 지식인들에게 큰 영감을 주었다.

- Karl Kautsky, *Dictatorship of the Proletariat* (Ann Arbor: The University of Michigan Press, c1964). 저자인 카오츠키는 카를 마르크스와 절친한 사이였던 독일의 저명한 사회주의자이다. 마르크스의 무산계급혁명론에 반대하고 독일 내의 마르크스 추종자들과 결별하고 의회와 민주적 방법에 의한 사회주의의 실현을 주장했다. 오늘의 독일사회당(SDP)을 창설하는 데 이론적으로 큰 공헌을 했다.

- 朴正熙, 『國家와 革命 과 나』(高麗書籍株式會社, 1965). 이 책의 〈책머리에〉를 보면 1963년 초가을에 장충단 공관서재에서 쓴 것으로 되어 있다. 이 책은 박정희가 김종필의 외유로까지 악화된 집권 내의 분열에 실망하여 야당에 5·16 공약대로 군으로 복귀하겠다는 선언을 하고, 그것을 다시 번복하면서 민정으로 가기로 한 후에 출판된 것으로 자신이 왜 그런 결정을 하게 됐는가를 해명하려 한 책이다. 내용으로 볼 때 여러 사람의 전문가들이 집필진으로 참여한 것으로 보인다. 목차로는 "혁명은 왜 필요하였는가?", "혁명 2년간의 보고", "혁명의 중간결산", "라인강의 기적과 불사조의 독일민족", "우리와 미·일관계", "조국은 통일될 것인가?", "우리는 무엇을 어떻게 할 것인가?" 등 7장으로 구성되어 있다. 박정희 연구에 필독서라 할 수 있다.

- Karl Marx and Frederick Engels, *Selected Works in Two Volumes,* Fifth impression (Moscow: Foreign Languages Publishing House, 1962). 공산당선언문 (Manifesto of Communist Party)을 비롯하여 부르주아와 반혁명, 임금노동과 자본 등 여러 편의 경제관계 논문으로 구성되었다. 후에 나온 자본론의 밑글들이 포함되어 있다.

- Barrington Moore, Jr., *Social Origins of Dictatorship and Democracy* (Boston: Beacon Press, 1966). 거시적인 시각에서 동양에서는 독재정치가 성행하고 서양에서는 민주정치가 대두하고 성장하게 된 배경을 다루고 있다. 동서에서 나타났던 계급의 특징이 다른 형태와 내용의 혁명으로 이어지고, 그 결과로 독재주의와 민주주의로 다르게 나타났다는 주장이다.

- Harry Eckstein, *Division and Cohesion in Democracy* (민주주의에 있어서 분열과 결집)(Princeton: Princeton Univsersity Press, 1966). 노르웨이에서 현지조사를 한 엑스타인 교수는 '정합(整合)과 부정합'이라는 이론으로 노르웨이가 안정된 민주주의 체제를 형성한 이유는 사회가 민주화되어 있기 때문이며 시민사회와 정치사회가 정합적인 관계를 형성하고 있기 때문이라고 주장한다.

- V. I. Lenin, *Selected Works in Three Volumes: 1897-1923*(Moscow and New York: International Publishers, 1967). 세 권으로 된 레닌선집이다. 특히 주목을 끄는 내용으로 첫 권에 마르크스주의에 대한 설명과 러시아혁명을 위해 무엇을 할 것인지에 대해 논하고, 제국주의론, 혁명을 위한 전술로서 1보 전진 2보 후진 전술, 그리고 민족자결주의의 당위성 등에 대해 논하고 있다. 2권에서는 국가론과 국가소멸론과 함께 그의 유명한 제국주의론에 대해 논하고 있다. 셋째 권에는 공산주의혁명이 성공한 후, 레닌이 사망한 1923년 3월까지 여러 모임에서 한 연설문이 수록되고 있다.

- Erich Fromm, *Escape from Freedom,* paperback edition(Avor Library, 1968). 프롬이 이 책에서 말하는 요점은 "만일 자유를 가지고 살 수 없는 사람이라면 파쇼주의자가 될 가능성이 크다"라는 것이다. 그러면서 자유에서 도피하려는 사람들의 심리적·정신적의 원천과 도피하게 되는 과정과 방법(mechanism)을 분석하고 있다. 특히 5장(157~230쪽)에서는 도피의 매커니즘에 대해 다루며, 6장(231~265쪽)에서는 독일나치주의자들의 심리를 분석한다. 왜 히틀러 같은 독재자에게 굴복하게 되는지에 대해 이해할 수 있는 자료이다.

- James E. Connor (ed.), *Lenin on Politics and Revolution: Selected Writings* (New York: Pegasus, 1968). 이 책은 위에 열거한, 세 권으로 구성된 레닌선집의 내용을 다시 추려 정리한 책이다. 레닌선집에 주요 내용을 담고 있다.

- Franklin (ed). *The Essential Stalin: Major Theoretical Writings, 1905-1952,* (New York: Doubleday & Company, 1972) 스탈린이 저술한 글들을 모아 해설한 책이다. 일국사회주의론과 두 개의 진영론 등이 포함되어 있다.

- Charles Tilly (ed), *The Formation of National States in Western Europe* (Princeton: Princeton University Press, c1973) 서유럽 국가들의 국가건설을 연구한 학자들의 글을 모아 단행본으로 출판한 것이다. 서유럽 국가들이 근대 국가로 발전하기까지 겪은 국가통합의 역사를 여러 분야의 전문가들이 고찰하고 있다. 국가통합에 있어서 군대의 역할, 재정과 기반구조, 경찰, 식량 공급, 관료진의 충원과 훈련

등 국가건설 과정에서 국가가 통합을 이루기 위해 거치고 해결할 문제들을 유럽 국가들을 구체적 예로 들어 설명하고 있다. 박정희 정권도 집권하자 국가통합의 목표로 경찰조직 개편, 재정·통신·식량 확보, 그리고 무엇보다 새로운 관료진을 충원하고 훈련시키는 데 주력했다.

• 金日成, 『朝鮮 / 平和的 統一』(東京: 未來社, 1976). 김일성의 연설문과 외국기자들과의 외견 내용을 모아 일본에서 발간한 책이다. 눈에 띄는 것으로 "우리당의 주체사상과 대내외정책의 몇 가지 문제에 대하여", "미국침략군은 남조선에서 무조건 철수해야 한다" 그리고 특히 "조국통일의 5대 방침에 대하여"라는 소제목들이다. 통일의 5대 방침으로 김일성이 언급한 것은 "북남간의 군사적 대치상태의 해소와 긴장의 완화", "북남 사이의 다면적 합작과 교류의 실현", "북남의 각계각층의 인민과 제정당, 대중단체의 대표로 구성되는 대민족회의의 소집", "고려연방공화국이라는 단일 국호에 의한 남북연방제 실시", "단일의 고려연방공화국을 국호로 하여 국제연합에 가입" 등이다. 결국 고려연방제를 통일방안으로 주장하고 있다.

• Giovanni Sartori, *Parties and Party Systems: A framework for Analysis* (London and New York: Cambridge University Press, c1976). 이탈리아를 대표하는 세계적인 정치학자의 오랜 연구결과를 펴낸 책이다. 정당연구의 결정판이라 할 수 있다.

• Robert A. Dahl, *Democracy and Its Critics*, chapters 17 and 18, pp 243~264, (New Haven: Yale University c1989). 예일대학 정치학교수인 달은 미국정치학계를 대표하는 학자이다. 다두지배체제(Polyarchy)라는 용어도 그가 제안한 것이다. 이 책 17장과 18장은 다두지배체제가 정착된 국가들과 그렇지 못한 나라들(Non-polyarchy)을 실증적인 통계자료를 가지고 비교분석하고 있으며, 특히 18장에서는 다두지재체제가 정착하지 못한 이유도 설명하고 있다.

• Larry Diamond (eds), *Democracy in Asia* (Boulder, Colorado, 1989). 헌팅턴 교수가 말한 "민주화의 제3의 물결"을 겪은 아시아 국가들의 민주화 과정을 서술한 책이다.

• T. H. Green, *Lectures on the Principles of Political Obligation* (Kitchener, Batoche Books, 1999판). 옥스퍼드대 철학교수였던 그린은 적극적 자유주의, 사회적 자유주의를 주장한 대표적 사상가이다. 그가 주장한 'political obligation'의 의미는 시민이 국가에 복종해야 한다는 뜻이 아니라 국가가 국민에 대해 해야 할 의무를 의미한 것이다. 국가의 사회개입을 반대하는 방임주의적 자유주의를 비판하고 국가의

적극적인 역할을 강조한 그를 진보적 자유주의자라고 부르기도 한다. 이후 복지국가론의 사상적 밑거름을 제공했다.

- 盧明植, 『자유주의의 원리와 역사』(민음사, 1991). 성균관대 역사학과 교수를 지낸 고 노명식 교수가 쓴 책으로 자유주의자요 민주주의자였던 고 노명식 교수의 사상과 신념이 그대로 담겨 있다.

- 鄭熙彩, 『政治發展論』(法文社, 2000). 부산대학교 정치학과 교수와 문교부차관을 지낸 저자의 미국 펜실베이니아대학 박사논문을 토대로 정치발전이론을 다양한 측면에서 검토하고 있다. 특히 한국의 정치발전에 대한 조언도 제시했다.

- 木宮 正(기미야 다다시), 『박정희 정부의 선택』(후마니타스, 2008). 현재 일본 도쿄대학 정치학교수로 있는 기미야 교수의 저서이다. 기미야 교수는 도쿄대학 법학부 출신으로 일본에서 석사학위를 마친 후 한국 전문가가 되기 위해 고려대학교 정치외교학과에서 다년간 수학하여 정치학 박사학위를 받았다. 이 책은 박사논문을 발전시킨 책이다. 일본학계에서 촉망받고 있는 학자이다. 박 정권이 수입대체산업화정책에서 수출지향적 산업화정책으로 전환하게 된 국내 및 국제적 배경을 다루고 있다.

저자 소개

한배호(韓培浩)
1931년 서울 출생
미국 메리빌대학 정치학 학사(BA)
미국 노스웨스턴대학원 정치학 석사(MA)
미국 프린스턴대학교 정치학 박사
중앙대학교 정치외교학과 부교수 (1963~1970)
고려대학교 정치외교학과 교수 (1971~1994)
현대일본학회 회장 (1978~1980)
우드로윌슨 국제센터 시니어 펠로(1980~81)
한국정치학회 회장 (1981~1982)
한국사회과학협의회 회장 (1982~1984)
고려대학교 정경대학장 (1986.3~1986.9)
고려대학교 초대 정책대학원장 (1986.9~1989.9)
고려대학교 대학원장 (1989.9~1992.8)
세종연구소 소장 (1994~1999)
유한재단 이사장 (2004~2010)

저서(著書)
『비교정치론』,『일본근대화연구』,『한국현대정치론』,『한국의 정치과정과 변화』,
『한국정치변동론』,『한국정치문화와 민주정치』,『자유를 향한 20세기 한국 정치사』,
『민주정치라야 정치학이 산다』,『한국의 국가건설 단계와 자유민주주의의 진로』등
이 있으며, 그 밖에 수많은 공동연구 저작들이 있다.

[개정증보판]

한국의 국가건설 단계와 자유민주주의의 진로

1쇄 인쇄 2022년 6월 13일

1쇄 발행 2022년 6월 17일

지은이   한배호

발행인 부성옥

발행처 도서출판 오름

등록번호   제2015-000047호 (1993. 5. 11)

주 소 서울특별시 중구 필동로 19 삼가빌딩 4층

전 화 (02) 585-9123 / 팩 스 (02) 584-7952

E-mail oruem9123@naver.com

ISBN 978-89-7778-521-2 93340

* 값은 뒤표지에 있습니다.